说好做好

『命运靠自己』Ⅱ

星云大师说成事的器度

星云大师·著

现代出版社
MODERN PRESS

图字01-2007-2797

图书在版编目（CIP）数据

命运靠自己／星云大师著. —北京：现代出版社，2010.9

ISBN 978-7-80244-808-7

Ⅰ.①命… Ⅱ.①星… Ⅲ.①佛教—人生哲学—通俗读物 Ⅳ.①B948-49

中国版本图书馆CIP数据核字（2010）第173464号

本书版权由“上海大觉文化传播有限公司”授权

作　　者　星云大师
责任编辑　张　晶
策划编辑　一恒盛辉
特约编辑　丁　健　程军川
装帧设计　利　锐
出版发行　现代出版社
地　　址　北京市安定门外安华里504号
邮政编码　100011
电　　话　（010）64267325
传　　真　（010）64245264
电子邮箱　xiandai@cnpitc.com.cn
网　　址　www.xiandaibook.com
印　　刷　三河市鑫金马印装有限公司
开　　本　787×1092　1/16
印　　张　34
版　　次　2010年9月第1版　2010年9月第1次印刷
书　　号　ISBN 978-7-80244-808-7
定　　价　68.80元（全两册）

·目录·

上篇 途中善自珍重

行愿精进，自强不息 /189

刚开始练习利用零碎时间的时候，片断的思想就如同水滴透过石缝般，最初是“滴”、“滴”、“滴”……一点一点地流出来，时日一久，自然就会凿穿石壁，形成一道清流，如银瓶泻地般宣流不止。

共建人间的净土 /219

每到初一、十五，寺院中必诵《宝鼎赞》：“端为世界祈和平，地久天长；端为人民祝康乐，福寿绵长。”凡我佛子应该走入社会，以高超的教养来净化人心，改善风气，才能实际对国家民族有所贡献……

上篇

途中善自珍重

○共担苦乐，助人多利

○富有三千界，贵为人天师

○须像海水时时激荡更新

共担苦乐，助人多利

宇宙人生就在这一来一往，一进一退之间，处处显得生机盎然。凡有去无回者，大多不是好事，像射出的箭一去无回，必定会有死伤……在社会上立身处世，大家彼此你来我往，才能在生命的舞台上随缘放旷，挥洒自如。

结缘总比结怨好

我从小虽然就具有圆融随和的性格，但也与一般男孩子一样，喜欢伸张正义，打抱不平。有一天，在一本书里看到一句话“结缘总比结怨好”，深深打动我顽强的心扉，回忆过去我经常因为执著、好斗而结下许多怨尤，想想实在没有必要。从此以后，我将“结缘总比结怨好”奉为圭臬，果然为我一生带来许多方便。

“物以类聚”是众生的习性之一，在我初出家的僧团里，也难免有此情况，有些人以地域结合，有些人以师承聚集，有些人以性格交友，有些人以兴趣相知。如果觉醒能力欠缺，往往陷入党同伐异而不自知。我向来喜欢融和无争，所以保持中立态度，从未加入任何一方，或许正因为如此，也为自己引来一些困扰。

记得当时的同窗还度法师与我素无渊源，但大概是法系不一，他总喜欢找我麻烦。那时我年纪还小，遭到学长的欺负，心中不免感到委屈，但想到结缘总比结怨好，便按捺心中的不平，以低姿态的方式和他相处，因此平息了许多纷扰。数年后，我们虽然各分西东，但友谊仍然持续维系得十分长久。

栖霞律学院结束后，我进入焦山佛学院就读。由于这是一所闻名全国的佛教高等学府，来自各地佛学院的精英均集中于此，但也因为这样，大家意见不一，时有龃龉。当时有一位来自竹林佛学院的大培法师，对我存有误会，经常冷语相讥，暗中丑化。我明知如此，仍在他需要的时候，给予协助。后来我到南京华藏寺担任监寺时，他也远道来归，齐为振兴佛教而共同努力。可见结缘能化解嫌隙，总比结怨好。

一九五一年，我应聘至新竹青草湖的台湾佛教讲习会负责教务，某法师意欲将我排挤于外，宁可将讲习会迁至台北，可是部分学生不愿同往，想和我一起留在原地，我还是鼓励他们到台北去发展。后来几十年来，大家仍旧十分友好。因此，我更肯定结缘实在比结怨好。

四十年前，初到宜兰弘法时，林松年居士刚从基督教转信佛教。他护持佛法不落人后，而且做事能干，头脑聪明，唯性格刚烈，所以得罪不少信徒。信徒纷纷来向我投诉，甚至由于他护教太过热心，偶尔一些言辞对佛教造成伤害，也使我迭遭怨言。他对我虽礼敬三分，但究竟习气难改，有时说起话来，仍是一副咄咄逼人的模样。尽管如此，想到人要结缘，不要结怨，所以我对他更加友好。后来成立“宜兰念佛会”时，还选派他担任总干事。一向处处挑剔的他，在工作上竟能十分配合，出乎大家意料之外。其实，这就是结缘不结怨的结果啊!

一九五五年，我协助完成高雄佛教堂的建设，原先那一带的信徒像宋仁心、陈明等人，最初是由于接触附佛外道普明灯居士的因缘而信仰佛教，对于佛法真理了解浅薄，只知倡导自性三宝，不知礼敬常住三宝，尤其每次一到我说法的时候，他们总是群集在讲堂外面，或奏乐扰乱、或聚众座谈，一副倨慢傲然，不肯合作的样子，我照样在台上讲经说法，平常也依旧礼遇他们。久而久之，这批人终于被我感化，不仅对我竭诚拥护，而且重新皈依三宝座下，成为正信佛子。类似的经历使我深深感到：平日待人处事如果不将别人的短处视为缺失，而抱持“结缘，不结怨”的态度，容他、耐他、化他、度他，待时机成熟时，一定可以获得对方的尊重。

我生性不喜欢因为一点小事和别人成为冤家，甚至在经济拮据时，对于财务处理，也是宁愿自己吃亏，尽量避免纷争。像宜兰雷音寺大门前的一栋民房，时价三万元，屋主提出以十万元作为让售代价，一个礼拜以后，待我们筹好款项时，他却索价二十万元，再隔几个月，他又提高到四十万元……价码持续提升，徒众得知，无不愤怒切齿，但我最后还是满其所愿，多年后以四千万元成交。目前我们将寺内土地整体规划，加建十八层大楼以为佛光大学的城区分部，预见日后将发挥文教功能，带动当地文化建设，虽说多花了点钱，佛祖还是获得最后的胜利，因此结缘总比结怨要好。

佛光山三十年前是一片荒凉的麻竹林，一亩土地一万元不到，但是现在一亿元都买不到一亩，其中简直有天壤之别。尽管如此，三十年来，我们本着友好结缘的诚意，在经济万分困难下，一块一块地买下了五十亩土地，以此为基础，慢慢发展出世界五大洲的佛教事业，裨益众多的生灵。如果我们当初眼光短浅，和乡民僵持不下，不但徒然结怨，更无法与全球信众广结善缘，岂不因小失大?

数十年来，台湾小型书报杂志社及其他各界人士以种种名目前来募款时，我固然多少都给予一点补助；对于大陆的寺院道场，无论是化缘建设经费，或是募取奖助学金，无论是需求慈善基金，或是索赠汽车、电视，我也都随份、随力地帮忙。虽然经常阮囊羞涩，不胜应付，但想到能够借此机会与大众结缘，还是心存感谢，因为结缘总比结怨好。

多年来，我自以为很慈悲行善，但有一天当弟子将建寺功德名录拿给我看时，见其他寺院同道如菩妙、开证、印海、浩霖、灵根等法师动辄捐献数十万、上百万，才感到别人结缘的心胸比自己更为可贵，惭愧之余，唯有勉励自己更加尽力广结善缘。

一九八八年，美国西来寺落成时，召开第十六届世界佛教徒友谊会议，洛杉矶华人的基督教会天天在寺外举牌游行，抗议呐喊，引起当地居民反感，尽管如此，我们还是本着宗教的慈悲，请信徒端热茶给他们解渴驱寒。一位从公家机关退休的美籍老太太自建寺伊始，便每日以望远镜观测西来寺，写给县政府的密告黑函达数百封之多，我们不断尝试与其沟通，起初她相应不理，有感于我们的诚意，去年她终于出面和我们协谈。每届春节期间，西来寺均举办敦亲睦邻餐会，恳请附近居民同来联谊，那些向来持反对意见的人也都应邀在列。或许由于我们“结缘”的诚意，成立九年以来，西来寺不但未被恶势力击倒，反而目睹越来越多的基督教朋友、各国人士前来参访。这不正是结缘总比结怨好的明证吗?

“感谢主，他的大能给我们在这里施予博爱，给予需要的人。”当一些不知情的信徒参观“仁爱之家”，看到院门的牌匾上写着这样的文字时，不免惊怪：“师父！怎么会这样呢？‘仁爱之家’不是佛光山办的吗？”其实“仁爱之家”原名“兰阳救济院”，乃基督徒董鸿烈先生于一九六三年创立，但两年后因财务困难，由当时的宜兰县县官从中斡旋，交由我来管理。当初接办时，许多信徒建议拆除这块牌匾，我不仅断然拒绝，而且向大家宣布：“基督教肯将救济院交给我们接管，我们怎么可以如此回报？我们不但应该善理院务，更要好好保护这块牌匾，因为历史的轨迹是不容更改的。”后来依融、绍觉从佛学院毕业之后，自动发心前来服务，在院内增设佛堂，虽然如此，我们对于各种信仰的无依老人均一视同仁、收容照顾，让崇尚耶稣基督的，向耶稣基督祷告；让皈依佛陀座下的，向我佛如来礼拜。三十余年来，院中的老人们相处融洽，安然无事，是我心中最大的欣慰。

无独有偶，伦敦佛光寺的建筑本来也是一所天主教神学院，创办人 Authur Micheal Ramsey 大主教在大门口所立的碑铭至今依旧保持原状。一九九二年，伦敦佛光寺举行开光典礼时，邻居教堂的贺特神父（Rev. Hunt of Vicar All Saint's Church）特来道贺。四年后，我每次走访英国伦敦弘法，都邀请该修道会的上级主教参加我们的集会，彼此之间水乳交融。一九九六年八月，在该寺举行的“和平对话”以“宗教与社会的融和”为主题，当地各教派均派人前来共襄盛举，大家踊跃发言，气氛热络，我感到十分高兴，因为这表示在当地弘法的徒众也能依照佛光山的宗风行事，与人结缘，不与人结怨。

早期自愿到佛光山工作的人很多，我一向来者不拒，但部分的人因为不能与别人相应，造成一些纠纷，使得事务难以进行，让主管不得不将之遣离。我每次听说此事，即自愿亲自出面和对方沟通，由于我好言安慰，真心劝告，最后这些人都是欢喜而去，甚至一些已经积为怨怼的事情，结果也都化解为善缘。他们离开以后，不但与佛光山保持联系，而且还经常回来担任义工。可见结缘能化怨怼为助缘，是人生最美好的经验。

多年前，洛杉矶一位作家每次在报章杂志上发表作品，只要提及佛教或西来寺，总是挖苦几句，不少信徒向我反映，表示愤怒。我闻言不语。一天，我邀当地作家协会至西来寺“素斋谈禅”，他也应邀在座，我一句责怪的话都没有，脸上也没有愠色，有的只是赞叹与尊重。从此以后，他的大作里再也没有出现批评佛门的言辞。

中部某报社记者也是经常恶意伤害佛教，当我知道以后，通过别人，邀约他来山一游，让他了解佛教对社会的贡献，不久，他的文章有了一百八十度的大转变。可见人与人之间的结怨，都是误会所引起，如果能够多一点沟通交流，或者有一方肯主动结缘，没有什么解不开的冤业。

像《台湾时报》因为经常以不实的新闻歪曲佛光山，终于激怒了信徒，于一九九六年二月间，发起包围报厂，静坐抗议行动。我得悉此事，立即电请前“监察院”院长陈履安先生由台北南下，以佛光山信徒代表身份前往化解，《台湾时报》立即表达歉意，如今偶尔也刊登有关佛光山正面的报道。所以，主动结缘并不表示自己矮了半截，相反地，它比结怨更能将事情圆满解决。

多少年来，拙作《释迦牟尼佛传》与《玉琳国师》一再被改编成剧本，搬上舞台、电台、电视及电影银幕，但都因为剧情被改得不如法，而使我频遭责难，也曾三番两次想向演艺公司抗议，但自忖一旦如此，以后谁还有心做佛教的节目呢？况且既然已经结缘在先，又何必结怨于后？种种考虑之后，我打消前念，如今，勾峰先生编导的连续剧《再世情缘》改编自《玉琳国师》，不但佳评如潮，而且其中因果观念的传播更有助于人心的净化。后来许多导演、编剧纷纷来问我有关开拍佛教影片的事情，我常想：当初如果据理抗议，让佛教与演艺界结怨，恐怕今天又是另外一番情景了。

许多人见我人缘很好，都说我是上一辈子修来的。其实，我曾经遇到过不少公务人员在办事的时候，不肯给人方便，总以磨人为乐，损人为快。尽管如此，当他们需要佛门的协助时，我仍给予帮忙，从此结下好缘，无形中也让他们对于佛教以结缘、服务代替官僚、结怨的理念有了更深一层的认知。

与大陆阔别四十年期间，一些投机的乡人趁机欺负我俗家的亲眷。一九八九年，我率团返乡弘法探亲之际，对于家乡附近社区的每一户人家，都以一个红包、一份礼品与他们结缘。尤其曾经极力伤害过我家人的一些邻居亲友，我更加厚待，赠予电视机、录像机、电冰箱、收音机等电器。兄弟们都怪我怨亲不分，但我觉得“冤家宜解不宜结”，“冤冤相报何时了”，对于心性浇薄的众生，给予他们多一点因缘，让他们未来也有得度的机会，非但自他受益，整个社会也将蒙利，不是一件很美好的事情吗?

我在世界云游弘法，发现各地的侨团甚多，有的以同乡组合，有的以宗亲结社，有的以职业类聚，有的以性别集会，但彼此之间大多貌合神离，多少年来互不往来，甚至党同伐异，视如水火。但是自从他们参加佛光会以后，都能在同一个信仰之下赓续友谊，引起许多人的好奇，纷纷来问我是何原因。其实，这不是我个人有什么魅力，而是因为佛光会本身实践佛教结缘不结怨的精神，奉行“平等共尊，和平共荣”的理念有以致之。

结缘能助成善业，能化解恶因，比结怨要好，乃古有明训之事，像三迦叶兄弟原是拜火外道，陷害佛陀未果，反被其慈悲精神感召，率领一千门下投皈三宝座下，使佛教在初传世间时就拥有强大的声势；吕洞宾原本志在长生不老，在拜访黄龙禅师时，因为对于“莫做守尸鬼”的劝言不甚明白，在恼羞成怒之下，抽出剑来，欲杀之为快。结果不但不能伤彼，反被其智慧之语点醒。从此不仅劝人以“慈悲度世”为成道途径，更以断除贪、嗔、痴取代剑术之学习，使得北宋道教教理有了突破性的发展，佛门也多添一位护法神仙。齐桓公于即位后，不记管仲昔日射杀之过，举其为宰相，掌理国政，成为春秋时代第一位霸主。唐太宗在登基之后，尽弃敌对前嫌，任用魏征、王珪为大臣，辅弼朝纲，乃有贞观之治大放异彩……凡此不都是因为“结缘”所成就的美事吗？

反观佛世时，琉璃王还是太子的时候，因被释族讥为“婢子”，乃心怀怨恨。即位之后，立即进军迦毗罗卫国，尽灭释种九千九百九十万人，佛陀虽阻道三次企图止战，但终因夙业无法挽回，只有回到精舍，黯然神伤，后来琉璃王也死于非命，受地狱苦报。项羽虽有雄才大略，但自矜征伐之勇，气度狭隘，进入关中之后，坑杀降卒，焚烧秦宫，奸淫掳掠，而后又中了陈平的反间之计，误以为谋臣们皆与汉王刘邦通好，心生怨怒，百般冷淡，自以为是，结果众叛亲离，尽失人心，最后在乌江败亡自刎，这一连串的历史悲剧，不都是“结怨”造成的吗？

经云：“不可以怨止怨，行忍得息怨，此名如来法。”又说：“未成佛道，先结人缘。”诚乃不虚之言。当今的社会充满暴戾气氛，其实，夫妻不和是儿女的不幸，兄弟阋墙是父母的伤痛，员工相争是企业的损失，人民斗乱是国家的悲哀。“结怨”成事不足，败事有余，大家何不以“结缘”的胸襟来庄严我们的世界，美化我们的人间呢？

语言要像阳光、花朵、净水

多年以前，曾经在一篇文章里，读到这么一句话：“语言，要像阳光、花朵、净水。”当时深深感到十分受用，于是谨记心田，时刻反省，随着年岁的增长，益发觉得其中意味深长……

我自幼出家，丛林的教育虽然严苛，但是从师长的对话里，我体会到佛门深睿的智慧与无限的慈悲。例如，见面时常说到的：“欢迎法驾光临，在此为您接驾。”“后学初参，请您老多多开示。”“我能为您服务什么吗？”“感谢您老提拔。”“感谢您给我学习机会。”“请您慈悲原谅。”“打扰您了！非常对不起。”

这些丛林用语和雅谦恭，不就像初春和煦的阳光一样，给人温暖亲切的感觉吗？在佛门常听到的赞美辞，如：“您好威仪。”“您真亲切。”“您很发心。”这些话像夏日绽开的花朵，美丽芬芳，让人心旷神怡。最叫人回味的是：在佛门中，即使对某人不满，在语言的表达上也极具艺术，例如：“不知惭愧！”“不知苦恼！”“拖拉鬼！”（指做事慢半拍者）“初参！”（指初来佛门，行事冒失者）“老皮参！”（指在佛门参学已久的老油条）等等，既具有教训意味，又不失厚道，能令人心生警惕，恰似净水一般，能涤人习染。

及至年长，与社会进一步接触时，我不但保持过去在丛林里养成的习惯，以谦逊的言语待人接物，更广为运用，借着口说笔书，散播乐观进取的思想。我从弱者身上学习到强者的真理，并且发而为言，利乐大众。我告诉哑巴：“你们是世界上口业最清净的人。”我告诉聋子：“不听是非是世界上最幸福的人。”我告诉盲者：“方寸之间是最美丽的世界。”我告诉肢体残障者：“心灵的健康是世界上最宝贵的资产。”

面对怯弱胆小的众生，我鼓励他们前进；面对缺乏信心的众生，我赞美奖励他们的优点；面对自卑心重的众生，我甚至不惜说出我自己的缺点，鼓励他们面对现实，超越心理的障碍。

我对因故失学的青年说：“我一生从没有领过一张毕业证书，有志气的人应该以天下为我们的教室。”我对成绩不佳的学生说：“我过去在佛学院读书时，也曾一度吊在班尾扛榜，但是我的发心、热诚不落人后，一样也能获得大家的肯定。”我对家境贫苦的儿童说：“我幼年时曾以拾荒为生，由于少时多能鄙事，故能在日后承担艰巨的工作。”我对生下畸形儿的妇女说：“我刚出生时半边脸红半边脸白，长相骇人，许多人都说我母亲生了一个妖怪，如今这些人却改口说这是‘瑞相’。”我不以为这样会损害我的形象，破坏我的尊严。我觉得只要能使失意的对方扬起信心的风帆，驶向希望的港口，则于愿足矣。

要使语言能像阳光一样，不只要用爱心温沃人们冷却的心灵，更需要付出心血，发心为众生作光明的指引。因此我留心各行各业的形态，为他们应机说法。

我勉励文艺人士应善运如椽之大笔，立千秋之伟言；我呼吁军警人士应抱持菩萨般的慈悲心肠，行金刚般的霹雳手段；我提醒政界人士应时时不忘初心，为民服务；我开示商业人士应赚取合理的净财，带动社会的繁荣；我建言农工人士应不断研究发展，造福全球人类……

我不仅追溯历史，也分析现况；我不但举出方法，更陈述理由。我虽非天生具有雄辩滔滔的本领，亦非后天习得满腹经纶的学问，但是由于我拥有一份光照普世的热忱，自然而然就产生了一股沛然莫御的动力。

由于曾在大时代的动荡中历经多劫，我深知遭逢苦难的人们特别渴望法水的滋润，失去自由的人们尤其需要佛光的照耀，所以四十年的弘法生涯中，我不辞辛苦地来往于岛内外的监狱、看守所与感训学校之间，探视受刑人士，为他们说法。

我常告诉他们："在社会上，有的人虽然住在有形的牢狱中，但是还有更多的人是住在无形的心牢里……监狱其实是一个最好的修道场所，在狱中虽然身不自由，心却可以自由，只要大家肯真心忏悔，放下万缘。在狱中虽然看不到外面的世界，正可以利用这段禁闭时间反观内心的般若风光。如果能将受刑视为一期的闭关修行，心中何其自在！"

这一席话不知在各地监狱讲说了多少遍，也不知感动了多少受刑人。他们痛哭流涕，真心忏悔，他们自动求受皈依在三宝座前。有的从狱中捎信，感激我的鼓励；有的出狱以后改过自新，专程来向我道谢。知道他们得度有望，为他们庆喜之余，我更加勉励自己要多说好话，以裨益更多的众生。

我曾数度走访香江难民地区，甚至远赴泰北抚慰难胞，也曾与抱屈受冤的人会晤谈话。我勉励他们要自立自强，天下没有绝人之路。我劝告他们要忍耐负重，因为"法律容或有冤枉我们的时候，历史也有辜负我们的一刻，但是真理绝对会给我们公道。在受到委屈，无法申辩的时候，不妨自我充实，以待因缘。”我不但以自己的苦难经验现身说法，更广举司马迁、文天祥作为例证。目睹愤世嫉俗的眼神逐渐转为平和安详，我确信黎明的曙光已经到来。

“一言足以伤天地之和”，我们怎能不慎之于口呢？我不但常常提醒自己慎口，更时时注意说话的场合和时间，使之恰如其分，适时而止。所以无论是在家信徒的婚丧喜庆，或者是机关行号的活动开示，总欢喜邀我前往主持。

显正首要破邪，扬清必先激浊。杯盘器皿还需涤去尘污，方足以纳受洁物；沟渠河床也要疏通杂质，才能够畅流无阻。于是我自许要做一滴净水，从根本上洗除众生心中烦忧：我鼓励恸失亲人者“走向社会，关怀众生”；我勉励事业受挫者“从跌倒的地方自己爬起来”；我安慰感情失落者“以慈作情，以智化情”；我劝告婚姻触礁者“以爱才能赢得真爱”。往往一天的时间就在接引信徒，四处弘法中飞逝而过，直至深夜时分，我才有空闲，于是我又拾起秃笔写作，期能与读者分享心中的禅悦法喜。这样的长期付出，虽然辛劳备至，然而它的收获匪浅。

回忆四十年的弘法生涯里，多少失亲的人走出心头的阴影，在服务大众中，找到自己的一片天地；多少徘徊在歧途边缘的人，放弃自杀、作歹的念头，如今事业有成；多少曾被感情困惑的人，也打破执著，心开意解；多少即将破裂的婚姻，在真爱的覆护下重修旧好……

多少人携家带眷，引朋唤友，千里迢迢，远道而来，只为了感谢我所说的一句话、两句话，成了他们生命的转折点；多少人来信，感谢我文章里的只字词组，给予他们重生的力量。对于这些，我丝毫不敢居功，只觉得完全是他们的善根与彼此的有缘，互相配合成就的结果。然而由于他们的鼓励，我更加积极努力，多说些有建设性的好话，多写些利民的文章，与大家共同结缘。由此可见，我们的一言一行具有互动的作用，所以唯有大家互道好话，互助互利，才能拥有一片光光相摄的人间净土。

俗谓：“良言一句三冬暖，恶语伤人六月寒。”语言是传达感情、沟通交流的工具，但是如果运用不当，虽是出自无心，也会成为伤人的利器。

回想我这一生中，不也常被人拒绝，被人挖苦，甚至被人毁谤，被人诬蔑吗？我之所以能安然渡过每个惊涛骇浪，首先应该感谢经典文籍里的佳句和古德先贤的名言，其中史传描述玄奘大师的“言无名利，行绝虚浮”，是我自年少以来日日自我勉励的座右铭，多年来自觉从中获益甚深；地藏菩萨的“我不入地狱，谁入地狱”的精神，总是在我横逆迭起的时候，掀起我无限的勇气；每当险象环生的时候，想到鉴真大师所说的“为大事也，何惜生命！”强烈的使命感不禁油然而生，增添我心中无限的力量。

在遭遇屈辱而气愤填膺的时候，想起《华严经》中“常乐柔和忍辱法，安住慈悲喜舍中”的偈子，每每令我暗自生愧，从而激励自己广行慈悲。在平日的生活里，《华严经》的“不忘初心”、《维摩诘经》的“不请之友”、《八大人觉经》的“不念旧恶”、《大乘起信论》的“不变随缘”等,虽是短短数语，却带给我宽广健全的人生观；而一些大家耳熟能详的句子，如：“严以律己，宽以待人”、“不迁怒，不贰过”、“无欲则刚，有容乃大”、“淡泊以明志，宁静以致远”等，虽言简意赅，也让我毕生受用无穷。

此外，我也颇能在心里“自创”如阳光、花朵般的语言，陶醉其中，怡然自得。

记得开创佛光山时，学部圆门前面有一块小空地，我常邀师生徒众共同喝茶谈叙，当时心中常对自己说：“真是太好了！居然有这么一块空地，供我们师徒接心！”后来我们开辟了一条菩提路，我心里也十分兴奋：“真是太美了！我们又多了一个跑香散步的地方！”当宝桥完工的时候，快乐的感觉常常涌上心头：“真是太方便了！现在有了这么一条桥越过溪流，再也不用涉水绕路了！”即使买了一本小书放在图书馆，我也是满心欢喜：“大家又多了一份精神食粮了！”

由于把许多事都视为“好大！好美！”所以，我从不将心思局限于人我比较上，而能从心灵的提升，来扩大自己；从建设的增长，来完成自我，故能知足常乐，积极进取。

经云：“心如工画师，能画诸世间。”我们的心就好像工厂一样，设备良好的工厂制造出良好的产品，人见人爱，设备不好的工厂只会增加环境的污染，自恼恼他。如果我们能正本清源，打从自己的心里制造光明的见解、芬芳的思想、洁净的观念，生产阳光、花朵、净水般的语言，与他人共享，则能拥有一个丰美的人生。

排难解纷不是闲事

报载“华视”连续剧《包青天》受到观众热烈欢迎，弟子们说：“师父就像是佛光山的包青天，常常及时伸出正义的援手，专门为大家排难解纷。”

回忆自我懂事以来，就经常看到母亲为邻里亲友排难解纷，记得曾经有人向她说：“何必多管闲事呢？”母亲听了，正色答道：“排难解纷能促进别人的和谐美满，是正事，怎么能说是闲事呢？”这句话深深地烙印在我幼小的心灵上。在耳濡目染下，我也继承了母亲的性格，一直都很喜欢帮助别人化解纷争，而且并不一定是佛光山的徒众，我才特意关怀照顾。每次在事后，当我看到双方皆大欢喜的样子，总是想到母亲所说：“排难解纷不是闲事！”诚然是一句很有智慧的话。

曾经有人见我将很难化解的恩怨予以妥帖摆平，问我秘诀何在？我想，这是因为我向来觉得“排难解纷非等闲之事”，所以总是设身处地，为他人着想，甚至为了让双方都能得到公平合理的待遇，我不惜牺牲已利，以谋求大家的满意。

高雄佛教堂兴建时，将佛像高高地安在天花板下，座下盘踞着两只大型的石狮子，显得不伦不类，引起两派信徒纷争不已。我虽然为建寺工作花费了许多心血，然而为息事宁人，所以在完成建设后即自行退出，觅地另建寿山寺，好让另一派信徒不致流失他处。

虽说“为做事必须求全，要成功何妨忍耐”，然而佛教“忍”之一字，并非只是一味的退缩趋避，在应当向前的时候，我们也要放下一己之毁誉得失，忍受来自各方的困难压力，提起勇气，一争到底。

记得最初我刚来台湾时，风闻寺中之本省比丘尼与大醒法师之间有所争执，但因我初来乍到，不明内情，故未参与其中。李子宽接掌寺务后，属意由太虚大师的传人担任住持，因而又引发新旧两派长老纷争。由于我曾经受教于两位前辈，所以尽管心里很着急，却无能为力。

后来默如、演培法师之间，演培与悟一法师、真华与成一法师之间，也相继有意见纷争之事传出。所谓“旁观者清”，据我了解，他们之间都无私人恩怨，只是因为理念不同而产生异议。在佛门里，自古以来，纵使证到阿罗汉果，我执已除，法执难化者常有所闻。因此，对于他们的争论，我并没有十分介意。直到悟一法师委屈难平，冲突日盛时，我因与悟一法师同在焦山、栖霞受业，故略尽绵薄之力，居间斡旋调解。

早年张少齐居士所建的琉璃精舍，号称“地下丛林”，因为张居士素与佛教大德来往频繁，许多教界纷争都是在该处摊牌解决。我也经常身在其间，承孙张清扬女士与张少齐居士厚爱，待我为上宾，每次亲自为我张罗茶水，准备斋饭，对于佛门的一些争端，也常采纳我的意见。记忆中最深刻的是我曾建议张少齐居士让圣严法师接任台湾佛教文化馆的董事长，当时看得出来他有些勉强，但或许是出于一份尊重，还是接受我的意见。如今目睹该馆能经营有序，我的心中稍有所安。

我不但在事关大局时挺身而出，也替一般家庭排难解纷，像高雄澳洲行、孙张清扬等人的财产纠纷，以及一些信徒的婚姻危机，我都运用佛法，耐烦调解，故能化繁为简，迎刃而解。

一九九四年六月，台湾演艺界知名人士夏玉顺、凌峰之间，因口角龃龉而演成肢体冲突，夏玉顺提出验伤单，向警方提出控诉。我得知后，先和他们互通电话，晓以佛法，然后约他们同来台北道场用餐，一番言谈后，凌峰当即表示道歉，随后彼此握手言和，连在场采访的记者都不禁欢呼鼓掌，一场闹剧终于以喜剧方式收场，但幕后我为他们付清了律师费，则无人得知。

由于排难解纷，我也遭致各界不同的反应：体谅其中辛苦，赞美事情得以圆满处理者固然不少，但也有人持反对意见，说我爱管闲事，太过入世。其实两千五百年前，佛陀不也经常出入于王宫贵胄之中，来往于民宅贫窟之间，为人排难解纷吗？而观世音菩萨为了排难解纷，更是不惜倒驾慈航，以三十三应身化现世间。佛教悲智双运的精神，本来就在入世度众中表现无余，否则没有众生，何来佛道？为人排难解纷，正是自己的本分，怎可说是闲事呢？

比起人类，动物有时反能显现明是非，识大体的一面。十余年前，佛光精舍的老人抱怨大慈育幼院的小狗“黑虎”乱吠，扰乱安宁，并放言将投书报纸，说我们虐待老人。所谓“善门难开，好事难做”，我们以善美之心从事慈善工作，却遭到这种后果，一些徒众为此迭有怨言。但我做事一向为所应为，不计荣辱得失，所以只有一面安慰徒众，一面想法子解决问题。后来几经努力，将“黑虎”送到美浓朝元寺央请慧定法师收养，并且另外找了一只温顺的狗儿，以免院童哭闹，才将此事圆满解决。八年后，我到朝元寺去，“黑虎”居然还认得我，不但没有丝毫怨尤之色，反而似乎很能体会我当初的苦衷，不断摇尾欢迎，而且跟前跟后，一副情深的样子。目睹此情此景，不禁鼻酸，我们将它送到百里以外，但它心中始终没有舍弃我们！

排难解纷，能结好缘，能积善德；能化干戈为玉帛，能转暴戾为祥和；是推己及人，兼善天下；是福慧双修，自利利他。如果每个人都能将排难解纷视为自己的本分，则人类纷争当可减少，世界和平也是指日可待之事。所以，排难解纷是正正当当的好事，不是闲事。

不比较，不计较

十年前，李志奇、李志希双胞兄弟曾透过周志敏女士，向我索取毛笔字，我信手拈来，在宣纸上写下“不比较，不计较”。后来他们在影艺界相互合作，彼此提携，传为佳话。一名弟子曾问我：“您当初怎么想到这样的句子呢？”我反问他：“人生种种烦恼的主要来源是什么呢？”只见他沉思片刻说道：“比较和计较。”

的确，人的烦恼无明都是从“比较、计较”而来：襁褓期间，婴儿运用触觉，比较谁的疼爱多，借着哭声表达自己的计较；上学读书时，又比较谁的分数高，计较老师是否偏心；踏入社会以后，则比较谁的待遇好，计较老板是否公平；即使父母去世了，还要比较谁的财产分得多，计较遗嘱是否公正。有了比较、计较，一切的分别于焉而起，纷争也应运而生。像古来兄弟反目乃至骨肉相残的惨剧，著称者如七国之争、八王之乱等等，莫不是由比较、计较而引起。

童年时，父母经常外出，我虽上有兄姐，下有弟弟，但目睹家事无人料理，便自动负起洒扫烹煮的责任，并且包办一切采购事宜，由于我不比较工作多寡，不计较事务繁杂，八九岁时就“多能鄙事”，从中学习权宜轻重的掌握，对于日后的做人处事助益甚大。

十二岁披剃出家后，到佛教学院读书，当时的生活十分清苦，我不曾穿过新衣，都是捡别人往生后的衣服穿；也不曾饱食一餐，半个月才有一次米饭可吃，汤内无油、无菜，清清如水。在偌大的道场里，人多事繁，冤枉、委屈在所难免，而封闭、棒喝又是当时丛林教育的特色。十年的参学生涯瞬目即过，许多人半途而废，我却将一切磨炼视为当然的训练，不比较人我是非，不计较待遇好坏，因此得以安心修道，自觉法喜充满。

古德云：“至道无难，惟嫌拣择。”年少时读到这句话时，还不能体悟深意，于今回想当年种种，深感所言不虚！反观现代青年之所以难以入道，不外凡事讲究情理，所以别人一句难听的话语，一个难看的脸色，就嗔火中烧，闷闷不乐，道心既缺，遑论成就事业。其实，在我看来，真正的情应该是体谅别人，委曲求全；真正的理应该是讲求实务，顾全大局。我们唯有抱持“不比较、不计较”的态度待人处事，才能允执厥中，得其所在。

从焦山佛学院结业以后，家师志开上人有意让我回到栖霞山寺担任知客，当时自忖此地是我披剃所在，知客是四大纲领之一，于公，我应饮水思源，报答深恩；于己，我也乐意担当，自我考验，所以欣然承命。没想到后来常住却将我派往禅堂当“维那”，这非我所长，但我也不比较职位大小，不计较工作难易，欢喜赴任，老实参学。在这里我获得许多宝贵的实务经验，使我无论在坐禅的体验上，或在规矩的了解上，都有更深一层的领悟。后来我经常劝勉徒众应该自许为一颗“活棋”，以“不比较、不计较”的精神，随常住的调派，多方学习，养深积厚，定有所成。 一九四九年，我随僧伽救护队渡海来台，几番转折之后，总算在中坜落脚。为了感谢寺院的收留，我发心工作以为报答，不料却引起他人的疑忌。遇有难做的事情，一些同道总是在一旁说风凉话：“这个让星云去做，他比较有力气！”记得我常常工作到晕眩呕吐，全身虚脱，但是唯恐耽误寺务，所以往往忍耐苦楚，咬紧牙根，接做余事。后来，承住持妙果老和尚赏识，不但经常带我到各地弘法，还有意介绍寺院交给我管理，但我志不在高位，故予以婉拒。至今想来，什么是星云的力气？不过是不比较别人的闲话，不计较工作的辛劳，所以才能力行不懈，一鼓作气。

一九五一年，我应聘至新竹青草湖，从事台湾佛教讲习会的教务工作。记得有一天，一位同道从外面回来，神色仓皇地嚷着：“不得了啦，现在外省人做住持的竟然有二十人之多！”我听了觉得欣喜万分，高兴地说道：“太好了！他们在各地建寺，我们往后到哪里都有饭可吃，有寺可住了！”不比较成就高低，不计较拥有多少，抱持共存共荣的胸怀，何时何地不是光风霁月？后来他在新加坡建设养老院时，向我化缘，虽然当时佛光山正是草莱初辟，经济十分拮据，想到他在异邦嘉惠他人，难能可贵，我仍然为筹善款，乐见其成。

同年，我应东初法师之邀，编辑《人生》月刊。此后六年当中，不但义务写稿补白，总包一切编务杂事，还倒贴邮费、车资。尽管如此，我不曾比较有无名分，也未尝计较工作繁剧，自觉在当时佛教凋零之际，能担当文教重任，将佛法传递十方，其意义实在非比寻常！后来，在杂志一角将我列为“督印人”，虽名实不副，但也无所计较了。再后来，报章杂志、广播电台纷纷邀我撰文，我都一概不收稿费。五十年来，目睹佛法由衰微到兴盛，不知度化了多少迷失的众生，不禁感到世间一切有非真有，无亦非无，唯有不比较、不计较，才能将有限的生命融入无限的时空之中，为世间留下永恒的贡献。

不计较贫富、不计较有无都还算容易，最困难的是面对得失毁誉，仍能一本初衷，如如不动。民国初年，仁山长老追随太虚大师革新佛教，以“大闹金山寺”事件闻名遐迩。有一回到马来西亚弘法，一位法师不知道他是何许人也，竟然向他说：“您认不认识金山寺一个叫仁山的地狱种子，他造下无边罪业，恐怕将来只有在第十九层地狱才找得到他！”仁山长老当下供养这名法师两枚银圆，并且说：“您刚才开示得很对！”言罢潇洒而去。对他而言，革新佛教乃势在必行，但对于别人的言行，则不必斤斤计较。

当时，大醒法师也是太虚大师的高足之一，他因为办理《现代僧伽》杂志，大肆批评旧僧制度而饱受非议。一天，他到苏州灵岩山寺拜谒印光大师。印光大师一见面就愤愤地责备：“你是在造口业啊！”为了纪念印光大师的开示，他回去以后即刻将杂志内的文章结集成书，订名为《口业集》，这无非是以实际的行动来说明自己是在为佛教的前途而勇于建言，而不是在私人的荣利上比较、计较！

太虚大师则在他的文章《我的佛教革命失败史》中，道尽佛教积弊难返的情况，字里行间却没有半点比较的怨尤，没有丝毫计较的愤慨。年少时耳闻前贤大德的为教热忱，只觉得正气凛然，钦服不已，直至自己来台以后从事种种改革时，才感到大不易也！

当年台湾民风保守，基督教盛行，而且正值戒严时期，言行有些许开放，佛教有稍许改革，均足以惊世骇俗，小至出家人戴手表、用钢笔、坐车子都会备受指摘。而我却教导学生打篮球、组织青年成立佛教歌咏队，因此更是被人视为异端，饱受恐吓。从到处弘法布教，被警察人员频频监视，到大胆起用言论开放的学者讲课，被有关当局连番调查……乃至不实的毁谤连番而至，使得一向求全求好的我一度感到悲愤难平，然而念及佛教的未来，心中又顿生动力，奋勇向前。如今我冲破种种难关，回想过去种种，深感成功之道无他，只要凡事往大处、远处着想，不在无谓的事情上比较、计较，当因缘成熟时，自然水到渠成，一切现前。

新观念的建立固然耗时费事，新方式的推展也必须拥有不比较辛劳、不计较错误的雅量，才不至前功尽弃。一九五八年，台湾电影界首次开拍《释迦传》时邀我当顾问，我义不容辞地答应；但当时缺乏经验，只知助成好事，没有细看脚本，没想到演出后因剧情不当，引起轩然大波，不但台湾的信徒们纷纷来到三重市新成立的"佛教文化服务处"向我谩骂，扬言要捣毁办公的地方，甚至到马来西亚上映时，当地僧侣也聚集在戏院门口静坐抗议，在台湾的我当然也连带受责。尽管知情者为我叫屈，但我未尝以只字词组怪罪电影制作单位，因为我总认为，佛教电影化在刚开始时难免有各种缺点，必须有人担当责难，否则因噎废食，阻碍了佛教的进步，岂不枉哉！后来游娟女士在台视制作《佛祖传》连续剧，也是因为以我的著作《释迦牟尼佛传》为蓝本，而让我再度遭受无妄之灾，但我觉得一些不如法的地方只是过程，将来一定会有所改善。所以只有自己含垢忍辱，不予计较。果真，现在制作的佛教影片不是越来越进步了吗？

三年前，勾峰先生将我撰写的《玉琳国师》改编成《再世情缘》剧本在"中视"上演，不但轰动岛内外，而且度化了影片的男女主角、工作人员，乃至许多电视观众皈依佛教。记得二十多年前，《玉琳国师》在电台以文艺小说播出时，教界乏人认同，直至今日，大家才日益肯定声光化电对弘扬佛教的重要性，所以我们不计较一时的成败得失不是很好的事吗？

一九九四年的一日午后，周游女士来电表示想来拜访我，没想到见面时，她已经带了一组摄影队来到现场，并且要我为她新制作的连续剧《唐太宗》说几句好话。我一向不逆人意，虽然心中不悦，明知此举将遭到议论，依然勉为其难，满人所愿。后来片头上演后，多少通电话、多少封来信交相指责。但由于这个因缘，佛教得到更开阔的发展空间，从而度化更多的民众。所以，凡事无法尽如人意，如果只是在枝末细节上比较、计较，不唯因此蹉跎光阴，也往往错过良机，倒不如直下承担，忍辱负重。

四十年前刚到宜兰弘法时，为了化导顽强的民众，也着实费了一番工夫。像林松年每次进我的寮房，总是踢门而入，怒言相向；熊岫云一向以知识分子自诩，在他伯父的劝诱下前来宜兰念佛会听我讲经，刚开始时也都是双手抱胸，一副倨傲怀疑的模样。我当时自忖来到一个新地方，必定会有新的挑战，但对于个人有利与否，我不想比较、计较，唯愿在自己的岗位上成就大众，所以仍以平常心来待人处事，后来他们都成为最忠实的佛教护法者，而我也从此没有离开过宜兰。

俗语说："同行相轻。"但我的同道中，却不乏互相提携的善友，其中煮云法师是我在栖霞佛学院的同学，因为我们彼此"不比较，不计较"，所以成为莫逆之交。记得一九五三年在宜兰念佛会，一位老居士对我说：二月份煮云法师要到高雄凤山，但他很喜欢在宜兰弘法，希望我能和他调换。我想到大家同学一场，所以欣然答应，没想到后来煮云法师从花莲经台东来到凤山时，受到当地信徒的盛大欢迎，于是就在当地落脚。

一九六四年，我在寿山寺创立佛学院，特邀煮云法师前来授课。他每次来，信徒供养的水果、从报摊上买来的杂志都放在桌上，甚至厨房里好一点的菜，总是先被他的弟子收去给他。我的弟子三番两次和我抱怨，我都和他们说："煮师和我数十年的交情，如今他不嫌弃和我同住，我没什么好供养他，这点小事算得了什么？"

同道们都称煮老为"上、中、前"的法师，因为他每次用餐时习惯坐在上位，照相时喜欢坐在中间，走路时自动走在前面，唯独外出买车票付钱时，他一定后退，由我付钱。次数一多，我的弟子又发出不满的声音，我经常告诉他们："钱就是要拿来用的，不劳你们为我担心！"

煮云法师对我很好。有位同道多少次背后说我的坏话，从中挑拨我们之间的友谊，他不是哈哈一笑，就是为我说好话。我们相知相惜，直到他往生为止。

一九五五年，我着手筹建高雄佛教堂，没想到从开工伊始，人为纷争即不断发生。我一生做事，觉得完成使命才是重点，从未在利上和人比较、计较，所以一落成以后便交给我过去的师长月基法师主持。

后来，我以此为据点，创建寿山寺，开辟佛光山，在岛内外发展一百多个佛教事业单位。回想来台四十年，之所以能为佛教做这么多的事，不在于我有智慧、有能力，而是跟随我的弟子也都与我一样，具有“不比较，不计较”的性格，大家分工合作，集体创作，所以能集思广益，众志成城。

于今我云游世界讲经说法，海外华人问我应如何出人头地时，我总是以自己的经验告诉他们：不要只在私利上比较、计较，而应抱持“既来之，则安之”的心态，融入当地社会，努力奉献服务，和大家共同开创美好的未来。

在大自然的世界里，树木因为承受风吹雨打，所以浓荫密布，众鸟栖息；海水因为不辞百川，所以宽广深邃，水族群集。人，也唯有秉持“不比较，不计较”的胸怀，才能涵容万物，罗致十方。在佛教里，禅门所谓的“不思善，不思恶”，正是要我们不在表相上分别比较；《心经》所说的“不住色声香味触法”，也是要我们不在外境上执著计较。唯有超越对待，我们才能和虚空一样，随缘自在，任性逍遥。

老二哲学

说起来，这世界上有许多事情十分凑巧：在俗家兄弟三人中，我排行老二；出家以后，在师兄弟三人里，我又处于仲位，可以说我与“老二”很有缘分，而我也很喜欢当“老二”。因为老二可以拣老大的衣服鞋袜穿，虽然已经不新，但也不算太旧；老二不懂的事，可以萧规曹随，跟着老大的方法去做，尽管不一定十分正确，但也不会相差太远。总之，我优游在“老二”的天地里，自得其乐，最重要的是，我安于做好“老二”的本分，在承上启下当中得到无限的满足。

在同学里面，我最敬佩的就是智勇法师。他不但辩才敏捷，文笔流畅，而且富于道义，精通武艺。基于一份景仰之心，我待他有如兄长，甘于追随左右，任其差遣，凡接受一点衣食供养，我便转赠给他，宁可自己受冻挨饿。对于他所交代的一切事情，我看得比自己的还重要，一定想法妥善完成。虽然我们年龄相仿，但是《论语》中所说的弟子之道“有事，服其劳；有食，先生馔”，我可以说通通都做到了。

一九四七年，时局动荡，人心涣散，再加上佛教衰颓，无补时弊，因此我四处筹款，出资兴办《怒涛》月刊，宣扬兴教救国之道，并且推举智勇法师担任社长，而我自愿做副社长，为他效劳奔忙。由于大家配合自然，理想一致，社务蒸蒸日上，获得许多好评。记得蒋梦麟先生曾说：“做事时，困难不成问题,危险不成问题,所患者,无伟大之精神矣！”孙中山先生就是凭着“立志做大事，不做大官”的精神，得以创立民国。我与同道们虽然仅具微滴之力，但是以坚强的正念为动能，汇入江海，终于一泻千里，形成波波“怒涛”，在教界产生激浊扬清的效应。

在旧僧势力澎湃激扬的当时，位居全国首善之区的南京名刹华藏寺荫云和尚竟然邀请我们前往接管，大家一致公推智勇法师做住持，而我理所当然地又在他手下担任监院，为他作种种策划。在彼此配合无间之下，大家众志成城，拼死抵挡旧势力的种种压迫，将寺务渐渐带入正轨。

一九四九年，我渡海来台。初时三餐不继，生活极为落魄，但还不是很大的问题，因为在我的心目中，找个真正志在兴教利民的寺院，长期奉献，才是最重要的事情。其间，承蒙一些同道看得起，想将道场寺院交给我管理，然自忖出家学佛，不是为了做住持而来，若不能改变当地佛教崇尚愚昧的现状，何忍坐享十方供养？例如台中佛教会馆、新竹青草湖灵隐寺、苗栗法云寺等，我都因此婉拒，宁愿一面从事苦役，一面阅藏撰文，以一管秃笔，将正信佛法介绍给大家。

一九五二年，我听说没有人肯去偏远的宜兰弘法，觉得这才是一份真正有价值的工作，于是放弃在都会发展的机会，自愿独往这风雨饱润的山城。

在那里，不是老大，也不是老二，只是无名苦役，每天搬蒲团，搬桌椅，让不同程度的人了解佛法，更努力接引青年佛子，教导他们中文写作，阅读佛经。每次到各地乡镇弘法以前，我总是将台词写好让他们背熟，而他们也都能不负所望，在台上表现得可圈可点。慈庄、慈惠、慈容、慈嘉……乃至目前在教育界的郑石岩、林清志等，数十年来弘法不断，都是在那时种下了菩提幼苗，如今他们不但自己花果满树，同时也在各地撒播种子。慧定法师的朝元寺、如学法师在世的师子会等，我都曾用心为他们作幕僚策划。我觉得只要有机会为众谋福，不必计较你我，甚至在幕后默默工作也很好，重要的是，大家是否有一份为教为众的共识。

一九五四年起，我曾经参与高雄佛教堂的筹建工作十年之久；落成后，我推举月基老和尚任住持，自愿在他底下担任监院。当时一心只想从旁辅佐，让寺务健全起来，使更多南部人士均沾法益，所以不计劳苦，南北两地奔波。无奈内部人事复杂，大家都争着要做“老大”，因而争执频起，我观察分析，自觉势不可为，所以告辞离去。但月基法师建设栖霞精舍，他任住持，我仍做“老二”，直至他圆寂。之后我不但不去做“老大”，连“老二”都放弃。

在苍茫的暮色中，我徒步走到高雄车站，回忆十年间，眼看着矮屋高楼平地起落，沧海桑田变化无穷，深深感到世事的兴衰看似无常，其实还是有一些常规可循——如果自身有不败之资，即使是外患交乘，也能继绝存亡，否则，尽管是因缘殊胜，终将步入穷途。无论是富国也好，兴教也罢，都和“人”的思想正确与否有着密切的关系，所以必须从根本“树人”着手，才是长治久安之道。

基于当时在北部法缘益广，应酬日多，无法专心办道兴学，所以几经考虑，决定告别繁华的台北，转往南部偏僻乡间办学招生，授以正统的丛林教育。那时外省僧侣住在北部，都是神通广大，住在南部的人，好像矮了半截，只有以“老二”自居。但佛光山的毕业生数以千计，目前都在各地弘法利生。回顾位居市区要津的台北佛教界，甚至高雄佛教堂，三十年来却是纷扰不断，至今有寺无人住持，当年的信徒也都四散他方，只有徒增兴叹。

我不仅热心僧伽教育，也积极从事社会教育。一九六四年，我与南亭、悟一两位法师共同发起筹建智光商工学校，并推举南亭法师为董事长，感谢他几次推让后，终于答应就任。可惜当年的君子之风，却没有泽及后人，目前的主事者竟然处心积虑地欲将我这个创校董事除名于外，抚今追昔，对于今人否定前人努力的心态，连“老二”也要除之而后快，安能妄想“老大”？

由于顾虑到贫苦的山区民众就医不便，一九八三年，我们首创云水医院，每天用车子将医护人员载往偏远的乡间，为贫苦的山民诊疗，而且为病患洗澡擦药，整理居家环境，做尽“孝子贤孙”的工作。因为做的都是卑微的“老二”事情，后来，慈容、慧龙、依融、绍觉、永胜等，陆续当选为台湾好人好事代表。

当佛光山渐渐在国际崭露头角之际，有鉴于香港人十分排斥出家人，所以只得把“佛香精舍”设在九龙的一栋公寓里，默默接引信徒，等到在红磡体育馆举办了几次大型讲座以后，时机成熟，我们才又成立佛香讲堂，广施法雨。最近，香港最大佛教道场之一的东莲觉苑也聘请佛光山慈惠法师前去住持管理。这一切的风云际会，岂是偶然得来？所谓“自助，然后人助之”，古德说：“要做佛门龙象，先做众生马牛。”想要成就任何一件事，就得效法秋圃老农，躬身耕耘，培植善因好缘，才能有丰硕的收获。

所以，当我听到有人称赞我创下了许多“佛教第一”时，心里真是惭愧极了。匮乏如我，只不过是努力做一个跑腿的“老二”，将各种人、事、物结合在一起罢了。无论是建寺安僧，还是弘法度众，都是众人因缘成熟，感应道交所致。因此我常说：“光荣归于佛陀，成就归于大众，利益归于常住，功德归于檀那。”往后这份福报能否延续下去，还必须靠大家共同努力，“一将功成万骨枯”，不要光看到高高在上的老大，那些无名的老二才更伟大！

佛法说万法相互缘起，故法法平等，每一法都可以是老大，也可以都是老二，但看你以什么角度去观察。红花如果没有四周的绿叶围绕，怎能显得娇媚动人？主角假使没有诸多配角的陪衬，也表现不出他的重要性来。所以绿叶、配角其实都有着举足轻重的地位。做个老大，能够领导群伦固然很好；做个老二，去成就别人也很伟大。历史上，项羽打天下，结果竟是刘邦得天下；

陈友谅先自立称雄，南征北讨，后来却是朱元璋统一大局，坐上王位。世事不必强求，只要因缘具足，自能水到渠成。

当初，我自号星云，只想自我勉励做星云团里的一颗小星星，以一己微弱的光芒和其他星光互相辉映，光照寰宇。如今佛光遍照五大洲，当年的心愿已逐渐成就，印证了发心行道自能聚合善缘，其果报是不可思议的。最怕的是自己说食数宝，不肯耐烦吃苦，连一点亮光都吝于付出，你不愿做老二，谁服气你做老大呢？

五指中的拇指，由于生得肥矮，所以能成其大用，试想吃饭、写字，哪一样不用到它？高山不辞土壤，故能成其高；大海不择细流，故能成其大；天地无私，故能覆载万物；真如无相，故能遍于一切处。凡此种种，证明古德所说："无欲则刚，自胜则强。"因此，我们如果想要展现成功的人生，必得先从老二做起，不强出头，随缘随分。如果能在服务奉献当中成就他人，在努力工作中实现自我，那么不管现在或将来是否能当上别人的老大，至少你已经做了自己的主人。

被领导学

最近领导学、统御学、统帅学、主管学等书籍林林总总，充斥书店，正符合中国人"宁为鸡首，不为牛后"的观念。其实就我一生的阅历来说，被人领导是一门重要的学问，而且能够被人领导的人将来才能做好领导的角色。我深感领导别人固然很难做好，但能够善于被人领导，亦非易事。所以，当目睹大家热衷于做领导人时，我不禁在此大声疾呼：做一个成功的被领导者才是一门最重要的学问。

我从小出家时，就一直希望能有一位领导者让我追随效法。当时，太虚大师有感于中国佛教积弊甚深，所以极力推动教制、教理、教产改革，他的悲心愿力、深厚学养、热忱为教、勇于承担……再度成为许多青年僧伽心目中最景仰的对象。虽然我只有亲聆教诲一二次，但心常向往之，甚至经常想到如果有一天能为他效命，即使赴汤蹈火，也在所不辞。一九四六年，我好不容易获得师父志开上人的允准，准备回家，这是我出家以来第一次探亲，正当喜不自胜时，太虚大师倡组“中国佛教会第一届会务人员训练班”的消息传来，我立刻放弃返乡计划，争取参加，成为我一生中难忘的回忆之一。

中国佛教会正筹组第一届大会时，太虚大师在上海圆寂的噩耗惊动了整个佛教界，缁素二众无不哀恸莫名，我也如遭晴天霹雳，镇日失魂落魄，顿感前途一片茫然，犹如日月无光，大地一片漆黑，不知何去何从。因为我不仅是在为我个人的损失而伤感，也是为中国佛教的未来感到担忧。后来我想到同学智勇法师能写善说，文武兼具，遂一心追随，并多次去函表示欲将宜兴地方小学校长一职让给他做，请他速来领导。后来在某种机缘之下，我们联袂离开宜兴，抵达南京华藏寺时，我也拥护他当住持，并自愿做他的副手，接受领导，亟思竭智尽忠，共为复兴佛教而努力。

一九四九年，我们相约分头努力，希望借此天涯海角，分灯为教。后来他从南京又回到宜兴，我从大陆来到台湾，从此关山远隔，音讯全无。我心中依然盼望能有一位大德让我追随左右，奉行领导。所以，我观察良久，准备择主常随。在寻寻觅觅之中，我发现尽管有的大德长于教理研究，有的大德精于时势分析，有的大德善于政论批评，有的安于高位荣显，但都未能怀抱振兴佛教的理念。在茫然无主之余，我更加渴望能出现一位没有自私主观立场，而且真正关心整个佛教的高僧大德，来作为依止的对象。

一九五五年，大藏经环岛弘法宣传团成立，我担任领队，追随团长南亭法师四处布教，秉持属下分担忧劳应有的态度为其效命。只是生性保守的南亭法师经常指示我这样不能做，那样不可做，所以虽然合作期间从未发生争执，但心中深以为憾。尽管如此，我自始至终从未有不欢的场面，一直很庆幸自己还是能接受别人的领导。

一九六三年，我和白圣法师组织台湾佛教会第一个访问团到世界各国访问时，曾亟思扮演好助理的角色，无奈身为发言人的我却不能发言。我有一种不被人尊重的感觉。虽然别人如此不尊重我，但我仍要尊重别人，最后才能圆满结局。

四十年前，有鉴于圣教不彰，佛子大多因循旧习，仅思向外求福，不知自我实践，我也曾一度为人编辑《人生》杂志，为人助印发行大藏经影印工作，希望借此推展佛教文化事业。但主事者仅想守成，与我开创的理念无法相符。虽然我并不满意他的领导作风前后有多年，但直到我向他辞退时，他依依不舍，说我很适合跟随他工作。这可以证明一点，我懂得被人领导。

尽管世事无法尽如己愿，我还是十分尽力地做好幕僚工作。我曾亲近新竹、桃园、苗栗三地佛教会理事长妙果老和尚，任其助理。记忆中，我所拟定的各种计划，回复的各种公文，不曾见他更动一字；所建议的各种事项，所从事的各种活动安排，乃至会客、翻译，也未尝见他否决。不仅如此，在当时交通不便的年代，还承蒙他亲自带我跋山涉水，周游各个客家地区，例如竹南的狮头山、大湖的法云寺、竹东的师善堂，关西的潮音寺，乃至平镇、杨梅，还有许多新竹、苗栗的道场，都感谢他的慈悲向导，让我结下许多因缘。记得有一天，太阳很大，他以一顶拿破仑式的帽子赠给我遮荫，直到今日，我仍参不透老和尚的肚里玄机。

我也曾做过《慈航法师全集》的助编，并多次前往探望慈航法师，承其慈悲垂护，亲切接待。他虽然是我的长辈，但每次来信皆以“云弟”称我，可谓厚爱备至。不幸年至六十时，正如人云：“慈航止于汐止。”我因而未能长期亲炙，受他领导，至今追思，深憾缘悭。

由于几次未能如愿地被人长期领导，所谓“蜀中无大将，廖化做先锋”，在不得已的情况下，被青年佛子慢慢推上了领导人的位子。自一九五三年以后，我都是担任住持、会长、校长、院长、所长等职位，更加体会出“被人领导是幸福的，领导别人是辛苦的”。

这一路行来，我虽未曾找到心目中的领导人，但因为我甘于随缘、被人领导，不但悟出一番领导的方法，更深深感到“良禽择木而栖，忠臣择主而事”之铭语诚乃掷地铿锵，历久弥新的至理。换言之，一个称职的被领导者如果找到了名主，就必须心悦诚服，放下“上、中、前”（请客坐在上位，照相坐在中间，走路走在前面）的欲望，捐弃己见，时时记住扮演好幕僚角色，不但不可批评领导者，更不可出卖领导者自我求荣，一个被人领导的晚辈不得利用领导者的名声，而且应该善于体会领导者的理念，勤于执行领导者的指示。春秋时代的乐毅说：“君子绝交，不出恶声；忠臣去国，不洁其名。”像刘墉的方正不阿，尽忠职守；和珅的八面玲珑，只顾私利，是两种不同形态的被领导人。结果前者流芳百世，后者遗臭万年，实足以为后人深思简择。

对于徒众，我从不以领导者自居，而总是循循善诱，观机逗教。大多数的弟子都心甘情愿、死心塌地服从领导，在工作岗位上勤奋精进，但也有些弟子表面顺从，心中却存深厚我见。对于这类人等，我也只好装聋作哑，忍痛见他受挫以后，悔不当初。有时，我也让一些弟子偶尔有机会充当我的管理人，让他们心里高兴一下。所以，在走路时，有时听到他们善意地要我向前退后，我都无不遵守；在吃饭时，有时听到他们好心地要我吃这吃那，我也咸皆从命；乃至在开会时，弟子提出佳见，我均从善如流；在做事时，徒众另有良策,我也随喜接纳。也许正因为我与生俱来这种“被人领导”的性格，所以能与弟子融洽相处，和合无间。

至于我所创设的佛光会，各地协、分会的会长、干部等，大多为事业有成的社会精英，大家在一个佛陀的人间佛教信仰下团结合作，所以我对于他们的领导也仅限于信仰上的指点，其他如感情、事业、友谊、婚姻等问题，我都避免干预。由于彼此认清界线，所以能凝聚共识，发挥力量。

在丛林中，住持虽贵为一寺之主，但举凡进出道场，都要遵守客堂规矩，事先告知头单知客；早先出家的师兄即使年至耄耋，亦须遵从工作伦理，服从序级较高的师弟领导行事。这就是佛教界的长老担任“领导人”和“被领导人”，以法制为尊，不计较名位的典范。放眼古今，可说最合乎工作的伦理，最合乎做人的艺术。

披览圣典，观世音菩萨本于无量劫前证悟佛果，号正法明如来，却甘于倒驾慈航，接受阿弥陀佛的领导，在世间应声救苦，所以娑婆秽土有了光明的希望；弥勒菩萨与释迦如来本为同参道友，但由于前者乐意做补处菩萨，接受后者的领导，使得来世的佛子有幸于龙华三会时，全部得度。诸佛菩萨尚且如此，身为凡夫俗子的我们更应放下尊卑大小的观念，以众生的福祉、世界的安乐为重。

翻阅史籍，周公辅佐周成王，后人不仅赞美成王的仁慈爱民，更对周公的廉能贤达叹服有加；魏征辅弼唐太宗，后人不仅称道太宗的察纳雅言，更被魏征的公忠体国感动不已；诸葛孔明辅佐愚昧的阿斗，阿斗之父刘备虽明示诸葛亮可取而代之，但诸葛亮仍一心为主，鞠躬尽瘁，死而后已；刘伯温帮助明太祖得到天下，却甘于屈居其下，做一个谋臣，贡献良策。凡此无不成为佳话，传诵至今。因此“被领导者”虽于表相上地位较低，但只要肯韬光养晦，涵养人格，坚守岗位，公忠辅弼，其诸般成就即足以与领导者并称媲美。

在中国，经常将妻子称为贤内助，在现今男女平权的时代里，显得女人好像低了一截。但仔细推究，实际上在一个家庭里如果没有母亲、妻子，何以为家？所以一个真正的贤内助应该具备贤慧、勤劳、能干、友善的条件。在欧美，重要人物的身边都有许多助理来帮他打点事情，中国的社会一向称之为秘书，无论是助理也好，秘书也罢，与要人比之，似乎都处于卑微的“被领导”地位，但一切要务若非助理、秘书的推动，则无法成事。所以身为一个被人领导的属下，除了要具备瞻前顾后、策划事务、人际融和、勤奋耐劳的条件之外，更必须有忠诚不贰、通情达理、知进退、不越分的美德，最忌短视近利、欺下瞒上、逢迎攀缘、曲躬谄媚。

所谓“世事通达皆学问”，人间何处不是我们学习的榜样？你看！红花必须要有绿叶的陪衬，才能显得出整体的美感；明月也必须要有众星的点缀，才可以表现出夜色的美丽。“被领导”是一门很大的学问，“被领导者”能做得称职中矩，将一己融入别人，遍入大我之中，也是在扩大自己，成就自己。

给人利用才有价值

刚来台湾的最初几年，我居无定所，因此经常随喜帮助别人，有人兴学，我帮忙教书；有人办杂志，我协助编务；有人讲经，我帮他招募听众；有人建寺院，我助其化缘……更有些老法师发表言论，怕开罪别人，都叫我出面，我则义之所在，从不推辞。因此，一些同道们都笑我说：我总是被人利用来打前锋，当炮灰。

一直到一九六五年，我自行创办佛学院，一位年近八十的唐一玄老师在课余闲聊时，和我说道："给人利用才有价值啊！"这种迥异世俗的言论无疑道尽了自己多年来的心声，我引以为知音，并且在日后的数十载岁月里，我一直本此信念，心甘情愿地与人为善，被人"利用"，无形中为我的人生开拓了无限的"价值"。

记得初来台时，为了弘扬佛教法义，我义务为《人生》月刊担任编辑，不但为撰文照排伤神，为改稿润笔熬夜，还得自付交通费，倒贴邮票钱。前后约六年的时间过去了，发行人反而要我感谢他，他对我说："你利用这个杂志发表文章而出了名。"这个世界上，谁利用谁，真是很难定夺啊！

刚开始到宜兰传教时，我办了各种接引年轻人的活动。有些青年不喜欢枯燥的定期共修法会及佛经讲座，常常借故缺席，却兴高采烈地参加佛歌教唱、中文导读等课程。旁人常劝我不要白费心机，并且跟我说："这些青年没有善根，只是贪图有歌可唱，或想免费补习中文，预备将来考学校而已！他们不是真心信仰佛教的！"我一笑置之，心里想：即使如此，我也愿意成就他们，被他们利用。

没想到日后这些青年，如慈惠、慈容、慈嘉等人，均纷纷皈依佛门，到了今天，他们都成了佛教界的翘楚。《金刚经》云："所谓佛法者，即非佛法，是名佛法。"音乐歌唱，只要运用得当，也不失其度众的价值。马鸣菩萨不就利用一曲自编的《赖吒和罗》，而使得华氏城中的五百位王族弟子同时悟道出家吗？

一九五六年，我计划举办活动，接引大专青年学佛，又有人坚决反对，理由是："大专生只会糟蹋道场，损坏设备，又没有定性，他们只是利用这个活动度假罢了！这种花钱不讨好的事最好不要做。"我当时身无分文，还是力排众议，在台北借用别人的地方，举行大专青年学佛营。结果，吴怡教授、张尚德教授及以写《野鸽子的黄昏》而闻名的王尚义先生，就在这时和佛教结上因缘。

从过去到现在，台北普门寺每周所办的佛光山朝山团，从一九六八年每人的收费二百元台币到现在的三百元，都包括了车费及两宿五餐，以物价来计算，根本不敷支用，经办人乃至信徒本身屡次向我反映调整以平衡收支，我都没有答应。因为我觉得：能够让一些囿于时间或经济因素不能来山的北部人，利用这一点方便，种下得度因缘，未尝不是功德无量啊！果然，许多人就因此皈投三宝，甚至披剃出家，这种慧命的价值可谓山高海深，不可限量。

我在高雄开创佛光山，没有多久，山下就有一家名叫"佛光"饮食店的店面开张了。那时，有人就跟我说："师父！为什么我们佛光山的名字给他们拿去当招牌用，我们应该采取行动阻止，否则外人都误会佛光山在做生意。"我也感到非常无奈，但是想到"佛光"能普照大地，不正表示佛教法力无边吗？

不久，佛光新村、佛光砂石场、佛光旅行社、佛光大旅社、佛光加油站等，都一一出现了，甚至台北、嘉义等地还有以"星云"来作为大楼名称者。徒众更埋怨了，在开会中纷纷表示抗议。我告诉他们："诸佛菩萨连身体脑髓都要布施了，一个名字也算不了什么！我们的名字能够给人去利用一番，也表示自己很有价值啊！"

许多人看到佛光山卖汽水、销售纪念品，便诟病佛光山商业化。其实外人只看到佛光山要钱，却没有看到佛光山不要钱的地方。佛光山的一切收入可说是非佛不做，不但用来弘扬佛教，还要供应三千名僧俗四众食宿生活，乃至教育福利等费用，更要用来办理其他各种佛教事业。其中，约有六百名佛学院学生利用这些收入学佛修道，近百名育幼院院童利用这些收入长养身心，佛光精舍、仁爱之家约二百余名无依老人利用这些收入安养颐年，还有其他行政单位利用这笔收入办理活动，净化人心……我们没有恒产，却能自给自足，应付这些庞大的开销，可说是把十方的钱财高度利用，发挥了十方信施的价值。

创建佛光山至今，经历不少困难，天灾洪水固然可怕，山下悍民更是难缠，以铁牛车围山，以棍棒打出家人，那种无法理喻，叫人难以置信。可是，令人讶异的是：乡民们每逢春节，都扶老携幼来山联谊；冬令救济时，也携家带眷来领赈济品。

一些工作人员对此不能释怀，往往向我抗议，说道："这些人没有良心，他们只会来拿红包，取赠品，利用完了以后，就过河拆桥，既不说好话，又需求无度。"我总是劝他们："我们不能以偏概全，乡民中也有好人，更何况行菩萨道，应该不念旧恶，施不望报。看到他们能欢欢喜喜来山，和佛菩萨结个善缘，我们应该为他们祝福才对！"我们应该以自己拥有价值非凡的功德法财，能给人多多利用，来作为自我期许。

有些出版界人士，包括台湾、香港，马来西亚，甚至大陆等地，未经同意，擅自刊登我的文章著作。上焉者保持原貌，下焉者将我的名字删除，尤有甚者，还补上他们的名字，另一些人则擅改标题，以耸动的文字来吸引读者。我那些从事文化事业的徒众，常为此愤愤不平地说道："这些人剽窃智慧财产，竟然也冒犯到神圣的宗教界来！"我则为现代人的不尊重别人，不看重过去而感慨万分，因为历史是人类演进的过程，我们抹煞了过去的记录，又将如何计划未来？只是往好的一方面来想，我的著述能被这么多人青睐，大概尚有可取之处。文字般若的功用就在于它能无远弗届，深入人心，但愿大家都能采取正确的方法，利用这项价值，就能使佛法流通更广。

为了炒热新闻，促进销路，一些报章杂志以攻讦毁谤佛光山或我的名节声誉为能事，信徒们看到这些不实的言论报道得太过分者，往往利用各种渠道，要求这些刊物在报纸上刊登道歉启事。

记得有一次，名作家刘枋居士看了一篇暗骂我的文章，怒气冲天，老远从台湾打电话到西来寺来找我，说要联合多人发起护师运动，我连说："不必！"个人荣辱不足为念，承蒙信众厚爱，个人铭感五内。想起《西游记》里，大家都想吃一口唐僧肉，不禁自我消遣：能被这些刊物利用，让其分得一杯羹，也未尝不是助人多利啊！

有感于过去从事佛教文化事业的辛苦，我对于一些文人都比较照顾，凡是有求于我者，我都给予资助，有时还做不请之友，自动伸出援手，甚至在自己经济情况也不好的情况之下，一样以诚意关心协助那些过去对我不怀善意的文友。我不是滥慈悲，假仁义，也不是打肿脸充胖子，我只是觉得：我能有这份能力，"利"他人之所需，使其"用"来周转，表示我的境况还是比他好一点，何必吝于喜舍呢？一些小型佛教出版事业要求帮忙，我也尽力纾困，以寄望其利用这一点助缘，而增益佛教对世道人心的贡献。

过去，佛光山沙弥学园曾经招收过二三十名沙弥，我们不辞辛劳，将他们抚育成人后，有些沙弥竟被父母强行带了回去。许多徒众为我难过，他们认为：那些父母只不过是利用佛光山把孩子们养大，因此要求我不要再接受沙弥来山，但我还是照单全收。因为我觉得：即使沙弥们全都被父母带走，他们从小在法水里涵泳浸润，至少长大后就能知因果，明善恶，即使踏入红尘，也不会为非作歹，这种教育无论对个人或对社会而言，都是很有价值的！

为了方便信徒，我设立朝山会馆供应食宿，一些游览公司的导游有时订了数十桌素席，临走时，只付个五元、十元，柜台员工不齿这种无德的行为，遂向前和他解说，却遭反唇相讥："寺庙不都是随喜添油香的吗？"馆长因屡赔不赚，不能帮忙补贴常住而忧心。我常安慰他："没有关系！自己吃亏一点，被别人利用占便宜，正可以广结善缘啊！"

别分院的典座行堂法师也常来和我抱怨：每次法会活动，总有许多志在赶斋的人，抢先到斋堂占位子吃饭，却让那些真正来寺听经闻法、礼佛拜忏的虔诚信徒没有位置，饭菜不够。他们希望我能提供一些防止之道。我说："不但不必防止，而且各住持当家以后要多备桌椅饭菜。因为建立寺庙，就是要普门大开，广度众生。何况这正表示寺院的饭菜煮得好吃，所以才有人利用啊！"

我经常碰到素昧平生的社会人士或竞选公职的政客专程拜访，并且要求合照，徒众常在一旁"警告"我："师父！您要小心啊！他们是利用您来打知名度的。"一些新成立的公司行号或建屋工地，也常在传播媒体上大做不实广告，说我"莅临剪彩"，因而常有信徒特地打电话来为我打抱不平，他们说："这些人利用您的名字招徕顾客，别人不知道，更要说您是企业和尚了！"

甚至，我也曾应邀至灵骨塔寺主持开光，弟子们为此心疼，他们说我很傻，南北舟车劳顿，从未收取一文钱，却不知自己已经被人利用去大赚其钱了。近闻有人为了促销佛像法物，而对外宣称他们的货品被我加持过，更是荒诞无稽！不过，没有关系，如果这样能使他们名利双收，除了为他们的因果业力可惜以外，也是我一种利他的菩萨道吧！

十年前，经济情况还很拮据。有一天，掌管会计的弟子拿着一叠请款收据，说道："师父！最近住众患牙病的人很多，常住尽量给大家方便，但是牙病的医药费很高，他们领了常住的恩惠，却常常对人乌鸦嘴，不说好话。依我看来，实在不必为他们出这笔冤枉钱！"但我坚持为他们换上好牙，因为我宁可他们不说好话，也不能不给他们一口好牙，以便他们将来利用来开口说法时，能令信徒欢喜，得到无上价值的法宝。

佛光山一向提倡福慧双修、解行并重，所以佛学院设有出坡作务的课程，以借此锻炼学生们的身心，一些不知情的香客上山看到，往往说道："这些学生好可怜哟！竟被寺庙利用来做工呢！"有一天，一名机灵的学生欢欢喜喜地反答道："我们是利用这些工作来修行呢！"同一件事情，却有着两种说法，说明了各人心中的价值不同，自然苦乐也就有所差异。

在社会上讲经弘法久了，经常接触到各界人士，其中不乏政治人物前来请示佛法，因而引人侧目，招来“政治和尚”之讥。起初我很不以为然，久而久之，心中也泰然了。想想：佛陀频频出入王宫，与大臣贵胄说法，岂不也成了“政治佛陀”吗？而玄奘大师为皇帝建言国事，以及历代国师的辅弼朝政，又怎么说呢？中国佛教历经多次教难而能如浴火凤凰般再生，在上位者全心全力地拥护佛教，实在是功不可没。此外，国家社会也因为佛法的复兴昌隆而政清人和，这些世所共睹的史实，无非说明了：利用不但不一定只具有负面的意义，而且还能造成大家的利益。

所以，我们不必斤斤计较谁利用谁，因为世间一切事相都是互相缘起，而愿与众人一齐享有互相利用的成果，就能发挥利用的最高价值了。

三分师徒，七分道友

“大师！您有千余名出家弟子，百万在家信徒，您是怎么领导他们的？”每回我在受访时，听到这个问题，就不禁想起我伟大的师父志开上人曾对我说过的话：“三分师徒，七分道友。”他是栖霞佛学院的院长，平日不苟言笑，对我十分严厉，但是从好几件小事情来看，他其实是一位通达事理的长者。

记忆最深刻的是，有一天早课刚完，天色未明，大家正在晨跑，我发现一条人影戴着帽子在前漫步，于是我以班长身份，大叫一声：“你这个拖拉鬼，还不快一点跟上前面的人！”再定睛一看，竟然是院长家师啊！他居然没有生气，反而还对我微微笑着。他虽然经常对我责深言切，但有的时候，他也给我转圜的余地，让我感到他不仅是一位良师，也是一位益友。

在我心目中，家师真正的好，不仅在于他的明理严教，也在他那恢宏的器识与开阔的胸襟。从大陆到台湾，从丛林道场到子孙寺院，我见过不少师父，他们收徒弟进来，或服侍防老，或继承家庙，或为谋道粮，或增添气势，而我伟大的家师则送我到各处参学苦修，让我在大众中熏修磨炼。

一九四九年，家师听说我将赴台湾参访，不仅办斋送行，还给我两枚银圆以备途中不时之需。家师那种为众育徒的慈心悲愿永远深印在我心中。

自古以来，前辈大德们的师徒传灯，心心相印，我只能仰望羡慕，何敢相比？何况我一生中，为徒不孝，为师不严，但想到恩师和古德所云“三分师徒，七分道友”，确实是我戮力以赴的目标。

从家师的为教培才，我意识到收徒度众确是一件非同小可的重责大任，所以尽管刚来台湾时，曾有许多人想随我出家，但我自忖一介云水衲僧，居无定所，又没有自己的寺院道场，无法尽到教养的责任，岂不反而愧对弟子，故均予婉拒，转而介绍给其他善知识。像慧瑞、明藏、觉律、普晖等，都是在这些因缘下，皈投到印顺、白圣、月基及德熙法师等人座下。其他的在家徒众由我介绍到其他道场参学者，也是不计其数，像黄丽明三十年后，还是又回来拜我为师；翁觉华在如熹法师处忠心耿耿地奉献了四十载青春，不久前与我不期而遇，泪流满面，欲言又止，彼此虽无师徒传道之实，但这份佛法因缘也不曾因时移事迁而中断无痕。

数年前，我应邀到宏法寺、澄清寺等道场说法，有许多过去数十年前结缘的在家信徒见到我，向我跪哭，请求我原谅他们成为其他寺院的护法。其实我一生只是为佛教，为众生，为社会培育徒众，从没有想要占为己有，因此，我对他们说：“大家所拜的佛祖都是同一个，到哪一家寺院道场不都是一样吗？”

说起自己收徒剃度，是三十年前在雷音寺落脚以后的事了。最早的出家男女弟子是心平与慈嘉、慈怡、心如等数人，那时我虽然经济困窘，但还是勉力凑钱，发给他们红包，而且亲手为他们制作僧衣，从买布到染色，从剪裁到缝纫，都是我帮忙完成的。直到现在，我还记得当他们接到僧衣时那种欣喜的神情。

后来，我才知道当时在本省，需要身怀相当财物，并自备衣单者，方能如愿披剃，而我却常常为了成就弟子出家，不惜牺牲自我。记得曾有一个年幼女孩向我请求剃度，我答应她后，她竟然还附带条件：“我要先穿一次牛仔裤、玻璃丝袜后，才要发心出家。”于是，我从日本回来时，托人购买。通关时，关员开箱检查，取笑说：“出家人竟然买这些东西！”天下父母心，有谁能了解？

三十年前，还有一位徒众为学佛而逃离家门，我念他仓皇离家，没有携带一衣一物，所以即刻掏出五百元台币，没想到他却对我说：“那么俗气做什么？”二十多年前，一位小姐来山念书，我见她脚登高跟鞋，身穿迷你裙，来参加早晚课诵，于是拿了三千元给她，意在资助她添购海青、制服、棉被、文具等日用物品，她竟然当下拒绝，并且说道：“不要想用金钱来买动我的心！”

虽然有好几次令我愕然的经验，我还是不曾失望，看到别人有心学佛，总是欢欢喜喜地关怀帮助，凡有所匮乏，我也想尽办法，满足所愿。我不但供应日用物品，衣单倷钱，连春节时都未尝少发过一份红包。记得一九六四年在寿山寺，眼看着年关将近，无奈阮囊羞涩，为了赶在除夕夜发给每一个人两百元压岁钱，我还是冒着寒风细雨，在除夕夜等候信徒前来进香。

近十年来，经济稍微宽裕，每次出外弘法之暇，我常常进出百货公司，购买便宜的纪念品，带回来送给徒众和育幼院的孩子们摸彩。虽然携带大箱小箱不但行动不便，而且每经过一次海关，总要接受一番拆箱盘问，才能通过放行，但看到徒众人手一份，皆大欢喜的样子，自觉再困难也是值得的。弟子中百般珍惜者固然有之，但是也有些人觉得大家都有，没什么稀罕。姑且不论运送途中的迂回周折，然为师的一番爱心他们何曾体会？还有些人溜单时，将我送的物品丢弃地上，更是令人见了伤心。也不禁让人想到古德“三分师徒，七分道友”的名言，而今师情隆厚，徒义何存？

对于弟子日常的衣食住行，乃至疾病医药、探亲路费等一切福利，虽然我都考虑周详，并且督促有关单位张罗齐全，有时还是难免老婆心切。心平、永平开刀疗养期间，我一次又一次地去医院探视，其他徒众卧病吊点滴时，我也经常提着稀饭、酱菜前往慰问……力有未逮处，则遣侍者携补品、瓜果代为致意。旁人看了，都笑称我是个“孝顺的师父”，其实我只想尽一点道友之情罢了。

所谓“闻道有先后，术业有专攻”，我并不以为自己比徒弟高明，除了传道、授业、解惑以外，我更希望他们能“青出于蓝，更胜于蓝”，所以不但延聘名师前来教学，也鼓励他们出外参学游访，经由“读万卷书，行万里路”，来增广见闻，拓展胸襟。

十八年前，依空到东京大学深造，我亲自陪他远赴东瀛，托付给水野教授；依昱在驹泽大学读书，我去日本看他，他竟然安排随侍我同行的弟子睡在房间，我则伴着日月星辰，在阳台上睡了一晚；心中悬念慧开的生活起居，我专程前往费城的天普大学；想要了解依法的学习情况，我不辞辛劳，去夏威夷大学、耶鲁大学讲演；甚至我借朝圣之名，数次至印度，走访诗人泰戈尔所创办的梵文大学，探望正在攻读学位的依华；我乘出国弘法之便，巡视各地道场，其实真正的用意，无非是想看看在海外开山拓土的弟子是否安好。我忍耐风霜雨雪，受着暑热严寒侵逼，这份爱徒之心，恐怕只有为人父母者才能体会。

早期的弟子出国参访，我努力筹钱，自掏腰包，但后来留学的人数日益增多，而常住财力也比以前稍好，我恐怕徒众只知道有师父，不知道有常住，于是改由常住支付学杂费用。虽然如此，每回出岛，我还是做“散财老爹”，拿钱给他们购买书籍文具，将身上带的盘缠，沿路收的红包全都送光了，才安心回山。一九九四年，我环球弘法，给五大洲的百余名留学弟子每人百元美金，两万元的美钞就这样从口袋里消失了。在飞机上俯瞰渐离视线的青山绿水时，我衷心默祷他们日后能学有所成，对国际佛教的交流有所贡献。

至今佛光山每一个弟子都有出国的经验，有人曾对我说：这样会使一些人才流失，岂不是白费心血？其实，如果真是这样，也可以散播佛法，与大众结缘，未尝不是“传灯”的方式之一。只要尽其在我，努力耕耘播种，一旦开花结果，不一定只留给自己欣赏，也应该让世人共同分享，这原本就是我一贯的度众信念。

东京佛光协会的陈逸民先生有一次对我说：“大师！您真了不起，不说别的，光是适应这么多不同个性的徒众，想必要费很大的功夫吧！”我未曾觉得自己了不起，因为我与弟子之间不是上令下从，而是思想的沟通，佛道的交流。所以，我同中存异，欣赏他们不同的性格；我异中求同，居间调和不同的观点。当他们向我请示事情时，我倾囊相授，用心指导；当他们前来告假销假时，我招呼喝茶，款待用餐。我不想以威权强迫他们接受我的意见，故采取循循善诱的态度，保其尊严。我不认为自己是至尊至上的，“三分师徒，七分道友”的观念，让我察纳雅言，广集众议。

在佛光山，每一个人都有自由发言的权利。有时，我才说了一句话，周遭的人也争相表达意见，如同小犬齐吠。有时，我话还没说，徒众反倒先开口：

“师父！您听我说……”

“师父！您都不知道啊……”

真是谁大谁小？尽管有时对于他们所说的话不以为然，我还是耐烦倾听。有人对我说：“他们是弟子，理应恭敬，你何必要对他们那么客气？”话虽不错，但想到过去古德对于弟子的自矜，曾留下“老为大，小有用”的教诲，这何尝不是“三分师徒，七分道友”的襟怀？佛寺的山门前面，总是有一尊大肚能容的弥勒菩萨，笑容可掬地接引来者，等到入了山门，回头才看到手持金刚杵的韦驮护法，这正说明了佛门的教育，既有弥勒菩萨爱的摄受，又有韦驮护法力的折服。唯有先让徒众敞开心门，畅所欲言，我们才好观机逗教，以种种方法调伏慢幢，让对方窥见佛法的堂奥。

过去佛光山的人手还不是很多的时候，每到假日期间，来山信徒络绎不绝，我便经常到果乐斋、朝山会馆炒菜煮面供养大众。厨房里锅碗瓢盆和着人声笑语，师徒共聚一堂，协力合作，大家其乐融融，倒也忘了彼此是谁。十年前，我到西来寺弘法时，曾独自一人入厨典座，效率之快速，色香之俱全，至今仍为信徒津津乐道。一九九五年春节，我为台北道场的信众煮了一道百味斋，大家也是有口皆碑，赞不绝口。不知如此之身教，是否比言教更好？

昔时，闵员外送儿子道明至九华山随地藏菩萨出家的故事成为千古美谈；裴休宰相所作的“送子出家诗”，至今读来，仍令人动容不已。现代的闵员外与裴休似乎更胜一筹，像在佛光山，亲人眷属互相成就，父母、兄弟、姊妹先后出家者，就有四十多对。近几年来，随着时代思想的进步，父母送子女来山出家的更是越来越多，每当听到他们改口叫自己的儿女为“法师”时，除了感动以外，更觉得世俗上所谓大小尊卑，岂有一定？

文殊菩萨虽贵为七佛之师，但在释迦牟尼佛面前，也得礼拜请法；鸠摩罗什与槃头达多之间“大乘小乘互相为师”的美谈，更是传扬千载。禅宗六祖发出“迷时师度，悟时自度”的豪语，不但在当时令五祖击节赞赏，即便在今日，仍是脍炙人口的名言；黄檗临济师徒之间的凌厉机锋，不仅无碍两人的道声，而且还成为后代佛子参禅的最佳公案。所以“三分师徒，七分道友”对于个人的成长而言，意味着如果光靠自己，没有指引，则无由因指见月；但一味地依赖别人，则将有如附木之灵，无所成就。

因此，为人父母者，能有“三分师徒，七分道友”的认知，则子女不仅是自己的骨肉，更是自己的朋友，可以分享成长的喜悦；为人师长者，能有“三分师徒，七分道友”的涵养，则弟子不仅是自己的晚辈，更是自己的同参，可以互切互磋；为人长官者，能有“三分师徒，七分道友”的体认，则部下不仅是自己的袍属，更是自己的同事，可以共同承担苦乐；夫妻之间能有“三分师徒，七分道友”的观念，就能彼此包容，互相尊重。能做到“三分师徒，七分道友”的缘分，是多么美妙！

人我之间要跳探戈

一九九六年六月二十七日，台湾编译馆馆长赵丽云博士在电视台《莲心》节目受访时，侃侃道出彼此“跳探戈”是婆媳相处的最佳方法，这席话在我心里留下了深刻的印象。虽然我童年祝发出家，也不懂得舞蹈娱乐，但我常听闻妇女信徒诉说婆媳家常，也曾听说探戈是一种讲求韵律节拍，并且舞者的脚步必须相互协调的舞蹈。亲子、朋友、同窗、上下之间，何尝不是要用跳探戈的方式彼此相处，有进有退，才能恰到好处。总而言之，人我相处之道就是要彼此跳探戈。

回想青少年时，我和师父志开上人之间正是以互跳探戈的方式，在一进一退之间，建立起深厚的师徒之情。他经常对我施以严厉的打骂，但有几次我被人冤枉受罚时，他却暗中助我解危；他怕我俗情未泯，即使放假也不准我回家，但当母亲上山来看我时，他却亲切接待，嘱咐我不能拒绝母亲；他让我受尽闭塞的丛林教育，但当我从学院结业出来时，他却带我游历山水，并且同往宜兴祭拜祖庭；他不准我念师范大学，但对于我参与佛教事业却欣然允诺，并且大力资助。我们师徒一心，以兴教为志。可惜大时代的动荡，让我不能继续承师受教，只有将这浓厚的恩情转为无私的法爱，运用在千万众生身上。

三十年前佛光山初创佛学院时，我担任院长。在生活方面，我的要求十分严谨，但是在思想上，我的作风却非常开明。贪玩的学生因为我助他下山观赏溜冰表演，后来安住学业，努力不懈；好学的学生因为我为他护航夜读，从此更加精进，回馈常住。顽皮的学生因为我帮他掩饰无心之失而改过迁善，痛改前非；愚昧的学生因为我和他一起玩球而恢复自信，自立自强。所以我深感教育并非一成不变，最主要在契理契机，双方知进知退。

慈惠、慈怡、慈嘉出国深造时，正是佛光山经济最困难的时候，尽管为了筹付昂贵的学费，我节衣缩食，劳苦奔忙，但是在和他们通信时，我对财务只字不提，只叮咛他们不要太过节省，应注意饮食营养，起居正常。每当学校放假，三人联袂归来，帮忙寺务，不落人后。当他们学成归来时，我才由别人的口中得知，每次接到我的信以后，他们越发感念为师的苦心，所以更加勤奋向学，省吃俭用，两个人分享一个馒头是经常的事，偶尔到超级市场买了些饼干，但在结账时，念及常住的财务困难，又将饼干放回货架。就这样忍饥耐寒过了六年，他们相继以优异的成绩完成学业之后，立即回山，继续以刻苦耐劳的精神投入到弘法利生的行列。

依法从台大法律系毕业不久，常住就送他到夏威夷大学深造，获得硕士学位之后，接着又赴耶鲁大学攻读博士学位。我每次见他放假回山帮忙，总是向大家介绍："准博士依法法师回来了。"只见他一脸笑容，信心十足。今年他真的获得博士学位了，当他前来向我销假，请示领什么工作时，我却改以严峻的口吻，希望他能"先学做人，因为学会做人然后才会做事。"他敬谨受命，目前从事西来大学的教务工作，忙得不亦乐乎。

孔子对于子路，先赞美他"好勇过我"，然后教训他"无所取材"；对于子贡，既表彰他具有"器"材，却又告诫他有如"瑚琏"。孔子因为能因材施教，所以人称至圣先师；子路、子贡因为肯虚心受教，所以成为孔门俊杰。《禅林宝训》云："妪之妪之，春夏所以生育也；霜之雪之，秋冬所以成长也。"古来的祖师大德们，如玄奘大师以权巧法门，使窥基法师由三车和尚成为三藏法师，直至今日，无人批评玄奘大师滥开方便，反而赞美他知人识才；无人驳斥窥基法师发心不净，反而称扬他及时改过，善莫大焉。马尔巴以种种苦行折磨密勒日巴，为他消除罪业，由粗人魔外变成一代大师。最初马尔巴不因密勒日巴杀业深重而鄙视舍弃，后来密勒日巴也不以马尔巴棒打呵斥而悖离师道，在密勒日巴开悟之时，两人相拥而泣，传为佳话。可见将"人我之间的探戈"跳得好，必须细心留意彼此的步调，知进知退，通权达变，不但不能踩到对方的脚，而且也不能让对方踩到自己的脚。

四十年前，我在宜兰雷音寺弘法时，不但不滥劝居民信佛，反而称赞其他宗教。一向虔信耶稣基督的熊岫云先生在听经闻法六年之后，有感于佛教的包容祥和，一改初衷，皈投在三宝的座下。四十年后，奉上司之命为我立传的符芝瑛小姐第一次与我会面时，自称只为公事而来，不会信仰佛教，我也以平常心应对接待。没想到两年的跟随采访下来，符小姐却以迫不及待的心情皈依佛教。素无信仰的大企业家曹仲植先生由于我说可以"行佛"代替"拜佛"，从此他不但从事社会公益活动，对佛教事业也护持有加。一向排拒佛光山的蔡朝丰居士因为我特地错开行程，在百忙之中，亲往主持其母的告别式，后来不但邀我前往小琉球主持讲座、皈依，而且还组织佛光分会，送女儿上山学佛。

佛门里有一句话说："啐啄同时。"人我初识有如刚学探戈，难免脚步不一，但只要我们肯蠲除成见，以诚相待，终有思想相契的一天。向以国学才子著称的龚鹏程先生在担任佛光大学校长之前，未曾与佛光山接触，因彼此具有互尊的雅量，所以共事愉快，办学顺利。承包佛光山大小工程的萧顶顺先生和我在沟通当中，深知探戈三昧，他对我的看法尊重有加，我对他的意见也是言听计从，所以彼此能合作无间，悠悠岁月，一晃三十年过去了，现在连他的儿子和孙子都投入佛光山的工程行列，与寺务的发展同步迈进。

许多人见我三十年来开山建寺，乃至拓展佛教到全球各地，以为我一帆风顺，前进无阻，其实鲜有人知每一步的推进是多少的后退顿挫累积而成。像早年大雄宝殿的施工，因缘具足时，就多做一点；因缘不够时，就少做一点。就这样进进退退，虽说盖了七年之久才全部落成，但是人人称羡，连五星级的圆山大饭店都曾前来索取蓝图以为建筑样本。而近几年来我主持的弘法大会，如红磡体育馆数万观众的听经场面、马来西亚八万信众的闻法先例、新加坡一票难求的盛况、马尼拉座无虚席的人潮，除感谢当地教界大德如竺摩、金明、寂晃、隆根等长老、法师的爱护支持以外，回想起来，也与我十多年来辛勤耕耘，进退有分，有着密切的关系。

四十年前，初来台时，多少优秀的青年要随我出家学佛，然自忖已无立锥之地，如何领众熏修？故毅然拒绝。后来我在各地建寺安僧，因缘具足，只要见到优秀的佛教人才，我都设法接引培训，如今佛光山有一千三百名出家弟子从事弘法利生的工作。

三十年前，我以北部应酬繁多，因此南下开拓佛教事业，待南部根基稳固之后，才又北上展开弘法工作。在推展国际佛教方面，我热心不减，四处奔忙。五年之间，国际佛光会在全球各地已有百余个协会共同为弘扬佛法而携手努力，佛光终于照耀在五大洲的土地上。偈云："红尘白浪两茫茫，忍辱柔和是妙方，到处随缘延岁月，终身安分度时光。"安身立命之道，首在认清时势，步伐稳健，如跳探戈，该进时进，该退时退，才能掌握分寸，有所作为。

人生的道路本来就是有来有去，有进有退，像待客的妙方是送往迎来；周全的礼貌是礼尚往来；而座谈会议若能问者、答者环环相扣，才会趣味横生；彼此闲聊必须说者、听者应对如流，才能宾主尽欢。大自然的事物也是来往复始，循环不已，像严冬一过，春天跟着来临；太阳下山，星月接着高挂天空；旧的一年逝去，新的一年接踵而至；枯叶落尽，枝椏继续抽出嫩叶。宇宙人生就在这一来一往，一进一退之间，处处显得生机盎然。凡有去无回者，大多不是好事，像射出的箭一去无回，必定会有死伤；攀登高山一去无回，往往凶多吉少。在社会上立身处世，唯有像赵馆长说的要如跳探戈一样，不计较进退得失，大家彼此你来我往，才能在生命的舞台上随缘放旷，挥洒自如。

拒绝要有代替

我的弟子除求学的以外，大部分都分布在佛光山海内外各别分院及事业单位，从事弘法利生的工作。他们恪尽厥责，热忱有余，但由于方便不够，有时让信徒难过而不自知。有鉴于此，我在佛光山的一次徒众讲习会中，语重心长地告诉大家："什么人能干，什么人不能干，从一个小地方就可以看出来。凡是能干的人，叫他做什么事，他大部分都是承诺：'OK！ OK!''没问题！没问题！'不能干的人则推三阻四，事事拒绝：'这个不对，那个不可行。'当然有很多事情实在不容易做到，但是我们在拒绝的时候要有代替，不要让对方难堪，而且要时时想到给别人一个助缘。"一年之后的徒众讲习会，许多回山的弟子告诉我：他们秉持"拒绝要有代替"的方针来待人处事，不但得到许多赞美，而且使道场的法务蒸蒸日上。在欣慰之余，回想自己数十年来，因为秉持"拒绝要有代替"的处事方针，不知结下多少善缘。

二三十年前，经常有信徒的子弟来找我，希望我能为他们介绍一份工作，或者推荐他到某机关任职。那个时候人浮于事，要找一份差事很不容易，更何况自己也不知道帮他介绍的工作适不适合，更不知道他的耐心、恒心、毅力究竟如何，但是基于和信徒之间的香火因缘，总想要助他一臂之力。于是千辛万苦，打听联系，穿针引线，好不容易帮他找到职业，赶忙去通知他，不料对方却说："不要了，我已经在别处上班了。"我当时心想：自己白费一场心也就算了，但是对机关主管失去信用，要我如何交代呢？他们也是卖一个面子啊！这种情况几次以后，再有人找我介绍工作，我心里虽也起了警觉，但轻言拒绝，断了别人的信心，总是于心不忍，所以我想出了一个智慧的办法告诉他："你先看报纸的寻职栏，或者我提供一些资料给你，你认为这个职业和你的能力、兴趣吻合，就自己打电话过去。"对方往往说："不行啊！他们不认识我，又没有人介绍，不会采用我的。"我告诉他："你可以向机关行号的主管介绍自己的专长，并且说：'我让你试用两个月，两个月以后，如果你觉得我可以用，再续用；如果你觉得我不适合，我就走。我是来让你试用的。'老板听说你是来让他试用的，他不需要负什么责任，也没有人情负担，就会试用你。如果你能经得起试用，可能就会一帆风顺，前途光明；如果你经不起试用，那就得重新调整自己，重新学习。"经过我这一番分析说明，年轻人求职大都能无往不利。

创建佛光山以来，最常见的是一些夫妻吵架，其中一方负气离家出走，或者一些小孩被师长责骂，在羞愧懊恼下不告而别。他们常常一来山上，就请求出家，这种情况当然不能收留，但如果一口拒绝，不但无法帮助对方解决苦恼，如果这个人再一走了之，可能一家人都会因此而陷入悲伤的情境，所以我采取智慧的方式，在谈话中得知他的住址、电话，悄悄地和他的家庭联系。结果家人闻讯赶来，一番恳谈之后，夫妇和好如初，父母子女重逢相聚，每次看着他们欢欢喜喜地携手下山，心中的欣悦真是不可言喻。

也有一些人来山找工作，要求长期挂单，但他本身没有一技之长，而山上又不缺员工，我总是以关怀代替拒绝，先请他喝茶、用饭，等他吃饱了，再和他详谈，以鼓励的言语劝他奋发向上，并且建议他可以先到某某地方做一个短期的帮工。虽然一时无法达到他的愿望，但是因为我们的诚意让他心里感到很温馨，所以往往让对方言谢而归，同时也结下一个美好的法缘。

常有一些慈善团体向我化缘，如果当时身上有钱，我十分乐于随喜，偏偏我生性没有储蓄的习惯，经常这手收到的供养金，那手又拿去布施结缘，因此经常有出手不便的时候，但又不忍心让他们空手而归，这时我赶快搬出自己的著作，请对方拿去义卖，这样一来既可以满足来者的需要，又能流通佛法，岂不比断然拒绝更为美好！

一生之中最困窘的是别人向我告贷，因为实际上佛光山开山三十年来，都是在“以无为有”中度日。庞大的弘法事业所费不赀，我们的每一分钱都是用在刀口上，但有多少人能真正了解呢？许多人只看到外表的富丽堂皇，却没有想到背后有多少不为人知的辛酸血泪。然而念及伟大的佛陀尚且不逆人意，我区区凡夫，福薄德浅，岂能随意拒绝，伤害人情？因此我总会准备几十元美金或几千元日币带在身边，当有人提出借钱的请求时，我便直言相告，只有将储蓄的外币以为捐助，这样一来，既满足了对方的请求，也不致彼此难堪。多年以来，或许正因为我向来和任何一个人都没有借贷关系，互相不倒债，所以情义都能维持得十分长久，想来也是人生一得。

在台湾四十年来，不少报章杂志向我邀稿，我向来竭尽己力，满人所愿；但近几年四处弘法，实在抽不出时间，在抱歉之余，我和对方商量，拿其他地方用过的稿子登载，这种智慧的方式总能蒙获对方的谅解。最近电台、电视台争相邀请我到现场节目中讲话，由于法务倥偬，无法排出行程，然而我生性不喜拒绝别人，所以只有问对方是否可派弟子前往智慧受访，以求两全，不料有时却遭对方拒绝，有一次“真相电视台”的节目负责人对我说：“他的知名度没有你的响亮，无法代替你。”我也只好徒呼无奈了。

我到世界各地走访，只要有片刻时间，就到信徒家中作家庭普照，为他们祝祷开示。有一回信徒喜出望外，搬出卡拉ＯＫ来招待我，虽说与一袭僧装不甚相宜，但念及他的一番好意，不忍拂逆，我告诉大家：“可以利用这种现代化的设备来唱诵法语赞偈，将佛法弘扬开来。”说罢，便告辞离去。信徒听到我的赞美，知道佛教现代化的重要性，对于寺院道场更加护持。这样的方式不是比严厉拒绝还要好吗？还有一次，我应邀做客，主人指啤酒为汽水，举杯向我表示礼敬，我不明言拒绝，以茶代酒向大家回敬，并且借此机会说明茶与佛教之间的关系。如此一来，餐会气氛不致尴尬，大家也能从中得到佛法的受益，岂不妙哉！

在云游行脚时，所遇到的偶发事件不胜枚举，但只要抱持一颗灵巧的慧心，以其他方式来代替拒绝，都能得到皆大欢喜的结局。像有一次，信徒临时起意，带我去拜访他的一个朋友，却发现手边没带礼物，我以好话来智慧，没想到对方竟因为这一席话而感动，皈依在三宝座下。还有一次，住在桃园的道友带我去慈湖谒陵，手边没有鲜花，我们以诵经来智慧，护卫的宪兵也十分欢喜地接受。到大陆弘法时，导游带我们到北京的孙中山衣冠冢前致意，我们以一曲《孙中山纪念歌》表示礼敬；后来参观西湖的岳飞庙，我们又齐声高唱《满江红》，这些智慧的方式让当地的地陪人员，包括中国佛教协会秘书长萧秉权先生在内，都耳目一新，同感惊喜。

随着弘法的脚步越加拓宽，信徒日益增加，送来的礼品堆积如山，这是我心中最不欢喜的事情，但自忖信徒也是基于供养三宝的诚意，实不忍难色拒绝，所以我想到一个智慧的方法，凡收到红包，我言明会代为转给常住；凡收到礼品，我也立刻交代侍者交由常住处理。信徒目睹，下一次就不会再送给我个人，而知道要直接捐赠给寺院道场，这样一来，我乐得无事，对于僧信二众来说，也是一种最好的身教。

承蒙社会各界及民间团体的青睐，经常邀请我出来举办公益活动，其实佛光山本身的弘法事业也是十方来十方去，社会大众若能集合群力，必能造成更大的影响，因此我总是提议大家一起来。现在社会上所谓合办、承办、协办的风气鼎盛，虽不敢说是自己首开先河，但是在推动上应有助成之功。所以直言拒绝即使有再好的理由，都是下下之策，若能以积极的方式代替消极的拒绝，才是自利利他之道。

“代替拒绝”不是简单的表面功夫，必须打从心里先不要有抗拒、排斥的念头，从而平心静气面对问题，寻求解决之道，切忌鲁莽行事，迁怒别人。记得三十多年前，我初到宜兰弘法，一位姓郑的警察专门和我为难，我讲经说法，他要我向他报备注册，否则不准开讲；我罄其所有，买了一台日制幻灯机作为教学道具，又忍痛被他没收。总之，这样也不可，那样也不行，让我不知如何是好。有一天，宜兰县警察局分局长前来向我商借“宜兰念佛会”，作为警察甄试的考场，我一口答应，给予种种方便，后来他得知属下对我们诸般为难，第二天，就将这位郑姓警员调职，从此我们的弘法工作逐渐进入佳境。

十多年前出国弘法，经常遇到海关人员的刁难，他们把行李一一撬开检查不说，还东问西问，有一句答得不好，又得到另一处接受调查，往往在海关待上半天还出不来。如是数次之后，我想自己应该主动出击，避免别人的拒绝，因此学了几句英文，每次一到海关，就先面带微笑和大家打招呼，“Hello!”“How are you?”“Good evening!”“Thank you!”不绝于口。果然，通关时就顺利多了。

拒绝不好的后果，必须先用好因好缘来智慧；拒绝积弊已久的问题，则应该以循序渐进的方式来智慧。

诸佛菩萨及高僧大德们最会利用各种善巧方便来代替拒绝，像《法华经》中，释迦牟尼佛不从否定上教人拒绝贪爱邪见，而代之以三乘教法；《净名经》中，维摩诘大士不从消极上教人拒绝世俗之乐，而代之以法乐的施化。提婆菩萨亲近信奉邪道的南天竺王，以参政辅佐来智慧一般行者拒绝、轻视的态度，结果举国人民皆被度化；盘珪禅师收留人人唾弃的小偷，以爱心智慧一般人拒绝、默摈的态度，结果使得佛门多了一位龙象。每次披览圣典，读到古圣先贤慈悲度众的事迹，都令我感动涕零，后来我自己收徒度众，更深深感受到智慧法门的无限妙用。

记得过去我担任佛学院院长时，曾有学生请求不要那么早起床、就寝，希望能有多一点时间念书，我自忖有理，立刻改良传统的课诵程序，将早课、晚课的时间缩短，这种“代替拒绝”的方式既不会动辄改变校规，又能满足学生合理的要求，所以受到大家的欢迎。此后学生们心里有事情，都喜欢找我诉说，而我也从中得知学生的学习状况，彼此坦然相处，其乐融融。

有些学生读书读了半学期，兴起回家的念头，要求请假一个星期，我告诉他："一星期太短了，我帮你请一个月的假，回家看看父母。"结果他们往往十天不到就回来继续学业，从此不再恋家，而家长们看到儿女们在这里生活正常，而且变得更孝顺，更乖巧，自然也很放心地把子女交给我们。

有些青年男女抱持安贫乐道、弘法利生的理想来山学佛，但由于和来自不同环境背景的同学们格格不入，无法共处，因而萌生去意，他们前来找我，说道："我实在很喜欢佛光山，舍不得离开，但是到佛学院念书又不习惯，怎么办呢？"我告诉他们："佛光山有很多路可以走，你可以从事教育、文化、弘法、慈善的工作，不一定要读书。"后来这些人很欢喜地留在常住做事，奉献心力，表现得可圈可点。

有些弟子在好几个单位都无法适任，已经到了调无可调的地步，他们前来找我的时候，我总是请他们自己选择喜欢的工作地点，并且为他们从中斡旋，让他们如愿以偿。由于我不轻易拒绝，而肯给予机会，结果他们大都能安住身心，勤奋办道。所以我常觉得：我们对于一些行不通的事情，不一定要拒绝，如果能从另外一个角度来为对方多一点设想，给予智慧的方法，让他们自由选择，往往可以获得圆满的结果。

在日常生活中，即便是一些不合理的行为，我也很少正面拒绝点破，而代之以启发的方式，给予徒众一些成长的空间。像有些刚入道的弟子一时俗情未泯，经常要求下山，我告诉他们："可以下山，但要先学好五堂功课。"结果他们在道业上熏习日久，自然就不再喜欢愦闹的都会。有些刚出家的弟子一心想到国外去学习，但条件又不具足，我和他们说："必须先学会当地语言，才能请调国外。"这些人当中，有些知难而退，安守现有的岗位；有些则自知不足，从此更加努力。

做事遇到瓶颈在所难免，当这些单位求助于我的时候，我明知其中做法有误，但自忖申斥拒绝只会让他们畏事怕难，逃避责任，因此代之以讨论、交流的方式，和他们一起解决问题，久而久之，大家都能从做事当中学习如何克服困境。

有许多人说："师父！您何必如此客气，直接说明拒绝就好了。"当然，拒绝只要一句话，非常简便，但是它具有很大的杀伤力，我宁愿自己麻烦一点，找寻智慧的方式，让对方能够接受，让对方能够成长。我每到一地，均十分留意当地的事物，数十年来，我发觉教育出问题的地方，往往在于父母师长习惯以拒绝的态度来对待下一代；而人际关系出了问题的人，大都在于他们经常用拒绝的方式来否定别人。在此奉劝诸位：要给人信心，要给人欢喜，要给人希望，要给人方便，所以即使不得已要拒绝的时候，也不要轻易地拒绝，而要"有代替地拒绝"；不要立刻就拒绝，而要能婉转地拒绝；不要无情地拒绝，而要有帮助地拒绝；不要傲慢地拒绝，而要有出路地拒绝。

拒绝要让对方感到欢喜，拒绝对方要有艺术。

富有三千界，贵为人天师

天下无难事，一切的空无贫乏不是阻力，信心、诚心、耐力、毅力，就是最宝贵的财富。等待、拖延、犹豫、无恒，才是贫穷的根源。信心就是我的财富。

弘法利生

我童年是在一个偶然的因缘下出家，当时我是栖霞律学院里年龄最小的一个。有一天，我读到这么一句话："僧伽应以弘法为家务，利生为事业。"

少不更事的我，这时才知道出家人原来背负着如此神圣的使命，一时之间恍然大悟：我学佛修道还是嫌太迟了！如果我早一点来此，就可以养深积厚，早一点荷担如来家业。此后，每当早课讽诵《楞严咒》，唱到"愿将身心奉尘刹，是则名为报佛恩"时，我都在心中发愿："我将来一定要将全部的身心奉献在弘法利生上。"

时至今日，我乐说不怠，也建立了各种佛教事业。在佛陀的加被下，我一生所作所为无一不是为了达到"弘法利生"这个愿心，而力行实践。虽说是"愿不虚发"，但是早期弘法时所经历的艰辛困苦，却也鲜为人知。

五十年代的台湾不但物质生活不丰，更是一块缺乏正信佛法的沙漠，我立志要遍洒甘露法水于台湾各地，润泽群生。于是，我带着一批有志青年，以拓荒者的精神，四处弘法布教。举凡邻里、乡镇、街市、陋巷、庙口、戏院、海边、山地，皆有我们行脚的足迹。每到一处，我们亲自动手拉电线、装灯泡、安麦克风、排椅凳、张贴海报、招呼听众……然后才登台讲演。尽管刚开始时，闻法者很少，我却从不气馁，因为只要有人愿意来听讲，就有人能受到法益。只是往往时间到了，台下一个人也没有，我照常开讲，过了很久，听众才姗姗来迟。后来，大家养成了守时的习惯，听众也越来越多，这时又出现了走动移位的现象，我总是以缄默来教育信众，这种对治方法不久便产生成效。

为了购置布教设备，我将平日微薄的红包供养花用殆尽，日中仅以一块面包果腹是常有的事。凡是不远的地方，我们便以单车代步，在风和日丽的时候，迎着夕阳，沐着晚风，倒也别有一番乐趣。不过有时碰上梅雨季节，或是寒流来袭，尤其是大台风天，在凄风苦雨的肆虐下跋山涉水，实在是倍尝辛苦。然而看到听众逐渐由少而多，冒着风雨，闻法虔诚的态度，在感动之余，也忘了饥寒冻馁的难受。路程遥远的地方，则搭乘火车，沿途田园风光旖旎，令人陶醉其中。只是那时火车班次不多，我们经常为了赶火车而行色匆匆。后来，宜兰线火车站的站长被我们的弘法热忱所感动，往往等我们全都到齐了，才下令开车。

最令我难忘的是，每当布教圆满结束时，在信徒的欢送下，踏上归程，我们盛载满怀的温馨，走过阡陌田野，穿越树林山洞，以充满法喜的歌声，划破万籁俱寂的夜空，我们的心就像当头的皓月一般明净，我们的身犹如掠过的微风一般轻盈。我们间或交换弘法心得，谈起化导顽民的富楼那，一股圣洁的使命感冉冉升起；说到为法丧身的目犍连时，又燃起了悲壮的情怀……我们誓言以高僧大德为榜样，以续佛慧命为己志。一天，我福至心灵，将这种景象与心情描绘在诗篇上，请人谱曲，这就是后来我们在弘法归途中常常高吟的《弘法者之歌》。

最令我安慰的是，当年跟随我忍饿受冻的年轻人在参与活动中茁壮成长，如今都有了美好的前途。而当时的辛苦播种，如今在各地都已绽开菩提花果，则是我一生中最丰硕的收获。

多年来，只要有地方需要佛法，有人邀请我去，再远再忙，即使牺牲吃饭、睡觉的时间，我都欣然答应。记得有一次，到南投鱼池乡布教，夜宿农舍，因为卧处与尿桶为伍，臭气难闻，无法入眠，只得央求同行的煮云法师为我说故事。后来，为了不负他的辛劳，我将这则故事写成了《玉琳国师》，风行一时，也算是弘法外的一桩趣谈美事。

那时，我虽然住在宜兰，却经常要到高雄讲经，每次坐火车，转公车，就要周折上一整天的时间，平日还得节衣缩食，凑足车资。有一回，查票员来验票，火车票却遍寻不获，身上又没有半毛钱，只得掏出一支新买还没用过的钢笔充当补票之款。我这样南北奔波达十余年之久，心中乐此不疲，我不畏舟车之苦，只怕没有人知道佛法的好处。直至今日，我已走遍了整个台湾，行迹还远及离岛，并且直迈国际州郡。曾听到有人调侃我，说我已经退位了，犹仍四处云游弘法，野心实在太大！其实，此言差矣！我虽然卸任住持，但是并没有不做和尚，出家人本来就应该有着“弘扬佛法遍天下，普度众生满人间”的慈悲心肠，这不是野心，而是一种难行能行的愿心啊！

如今，我到各地说法，不必刻意宣传，听众自然蜂拥而至。过去，我唯恐人不来，现在却以人多为苦，因为我不忍心看到人们因为一票难求，而甘冒风吹日晒，早早伫立在门外，苦苦守候进场；我也不忍心目睹观众在场内挤得连站的位子都没有；我更不忍心看到那些有心闻法的善男信女因为会场容纳不下，或因稍微迟到而被阻挡于门外。我曾一再请求有关主管通融，无奈碍于规定，而无法如愿。一九九二年，我到马来西亚东姑讲堂开示，场内爆满，有一千多名听众没有位置可坐，场外还有两千多人不得其门而入，有的拍门叫嚷：“让我们进去！难道我们的师父来此，都不让我们见一眼吗？”有的甚至走太平梯，以旁门左道的方式出奇制胜，进入会场。那种闻法的热忱直叫人感动难忘！

出家人忧道不忧贫，佛法上的安乐足以弥补生活上的困乏，人为的阻挠才是弘法上最大的考验。

回忆我在宜兰初次讲经时，警察不准我公开说法，禁止我播放佛教幻灯片，他们所持的理由是：“你没有向有关单位呈报申请。”在雷音寺弘法时，也有一些外道居民在殿外喧嚣干扰；广播电台的佛学讲座录制好了，电视台的佛教节目制作完成了，却因为对方的负责人声称“限于目前当局政策，不希望富有宗教色彩的节目播出”，而临时遭到封杀的厄运……我并不因此而自怜自艾，相反地，我愈挫愈勇，我据理力争，所谓：“为大事也，何惜生命！”

佛陀在因地修行时，曾被歌利王割截身体而毫无怨尤；地藏菩萨“地狱不空，誓不成佛”，“我要效法诸佛菩萨为法忘躯的精神”。我在心中不断自勉。

我学会了以平常心来应付这些纷至沓来的障碍，“我要为佛教的千秋大业而奋斗不息，我要为万亿众生的慧命而努力不懈！”我如是自许。

我一生弘法无数，感到最难的是如何契理契机。最初，往往为了一篇讲稿，日夜揣摩听众心理；常常为了一句名相，反复思维其中深意，为的是希望大家都能听懂受用，并且能将佛法妙谛运用在生活上，以作为现实人生的指南。

我从不卖弄玄虚，只是一心一意在宣扬佛法的真理，使佛法与世间的生活能够相印证。我经常思虑如何发挥佛教的时代性与前瞻性的功能，期能承前启后，继往开来。为了契合信众的需求，使佛法能普及于社会各个阶层，我不但组织念佛会，还设立青年歌咏队、儿童星期学校、妇女法座会、金刚禅座会。为了助长说法效果，我利用板书、投影机、各种视听设备，乃至在大座讲经时，精心设计献供仪式，穿插各种佛教艺术节目。为了让社会人士重视佛教，我率先举办佛诞花车游行，并且多次举行环岛布教活动……凡此种种创举都在当时引起不少保守人士的非议责难，我并不因此而裹足不前，相反地，我大力推动，我以为只要佛法兴隆，何须计较个人荣辱得失？

我的择善固执终于有了明证：环顾今日的佛教界，当年反对我的同道都不约而同地接受了人间佛教、生活佛教的理念；各地的道场寺院也都不断地以各种活动来凝聚信众的力量；更有不少青年在这种因缘下随我学佛，现在都成了佛光山重要的职事干部。

我当初的用心良苦，斟酌思虑，促成了我对于佛法的融会贯通，更是我始料未及的收获。我走入群众，学会了观机逗教，士、农、工、商，老、弱、妇、孺，鳏、寡、孤、独，都是我说法的对象。我也曾远走大陆内地，深入泰北边区，抵达香港越侨船民营房，为苦难同胞作得度因缘。

现在，我每天的行程被弘法的邀约排得满满的，我日日奔波忙碌，以车厢、飞机作为我的卧室和书房，我赶场弘法，由此地到彼地，由此国到彼国，甚至由此洲到彼洲，席不暇暖。我经常和衣而卧，一觉醒来，朦胧之中，往往一时弄不清楚自己身在何处。我不以此为苦为累，自忖比起佛陀年高八十，犹不辞辛劳，在印度各地行脚弘化，我这一点苦实在不算什么。尤其，当我看到许多人在台下会意点头，甚至拊掌微笑，一切的劳顿全都化为无比的愿力；当我看见许多人因为听了我的讲演而皈依三宝时，心中更是为他们的新生而感到庆喜！

我曾经在火车上，遇见一位不认识的青年让位予我，他悄悄地对我说："师父！我是您在某某监狱弘法时的皈依弟子。"我蒙受过不少礼遇招待，但这一次令我最为终生难忘。我也曾收到一份二百元的红包，上面写着："供养师父：因听您讲演而改邪归正的弟子某某顶礼。"数目虽然微薄，意义却是深远重大。每每一场大型讲座后，感谢的信函即如雪片般飞来，其中，有失和的夫妻因此而破镜重圆者，有吵架的朋友因此而握手言欢者，有落第的考生因此而萌生希望者，有失业的青年因此而力图上进者，更有人因此而断除自杀念头……来鸿中，赞美的诗词也不少，虽不尽然辞畅意顺，然而诚意却是十分感人。在岛内外收到的纪念品，更是多得无法整理，还好我有喜舍结缘的性格，否则就是建一个大仓库，也无法全部容纳。

为了度众之需，三轮车、脚踏车、摩托车、木筏、竹排、轮船、汽艇、军舰、战车，乃至潜水艇、直升机，也都成了我的交通工具。虽是海陆空航道各异，然而承蒙三宝加被，法界任我遨游，岂不妙哉！

我不但自己乐于说法，也极力兴学，培养弘法人才。四十年来的度众生涯中，每得到一份供养，总是先用来建讲堂，盖教室；每领到一些稿费，也都悉数购买佛书典籍给青年学子阅读参考。我涓滴归公，从未想将丝毫用在自己身上。刚兴建佛光山时，徒众建议我买轿车代步，以便至各处讲说，我却买了一部巴士普利大众；目前我在世界各地讲演、皈依所收到的红包，也都捐献给当地的佛寺，作为发展道场之用。直到最近，念及佛光山建设佛教事业所费不赀，我才将外来出版厂商给我的版权收入，挪为自己平日的生活开销及车马费用，以减少常住的负担。

佛教之所以能流传千古，广被四海，文字般若的传递，功不可没。有识于此，我于来台之初，即致力于编辑杂志、撰文出书的文化事业。一九五九年，在三重埔设立佛教文化服务处，印行佛经。当时的经济十分拮据，编印人才也寥寥无几，但凭一股度众的热忱，我度过了捉襟见肘的窘困日子。记得有一次，我将编好的《人生》杂志连夜送到印刷厂，半夜醒来，饥肠辘辘，才想起自己一整天还没吃饭呢！又因为没有钱买稿纸，我常常拿别人丢弃的纸张背面作为涂鸦之用。直到现在，我依然是在年年亏损的情况下，兴办杂志、图书等文化事业，但我从无怨言，因为我深知，佛教的文化度众功能无远弗届，非金钱财富所能比拟。

此外，我还创设云水医院、老人精舍、育幼院、冬令救济等慈善事业，将佛教的爱心广泽于贫苦无依的老弱残疾。我曾多次发起大陆以及世界各地的救灾运动，而佛光山的创建更带动了当地经济建设的繁荣，其本身就是一项利济众生的庞大事业，只是在这些方面，我甚少着意宣传。千百年来，佛寺道场在利民的工作上，何尝不是有多方面的贡献呢？

及至今日，我每至一处，只要见到一块空地，亟思如何来兴建寺院讲堂？只要认识一个人，总是尽力将他吸收作为佛教的一分子；只要看到一件好事，就迫不及待地广为宣传。这一切只是希望能将佛教的欢喜散播给一切众生。

过去常听到一些人说我："好可惜哟！这么年轻就出家了。"对于这些言论，我深深不以为然。弃俗出家，弘法利生，是在做经世济民的伟大事业，怎么说可惜呢？我不但此生此世以出家为荣，我更发愿生生世世都要学习佛陀示教利喜的精神，来此娑婆，做一名"以弘法为家务，以利生为事业"的和尚。

忍耐就是力量

“能行忍者，乃可名为有力大人。若其不能欢喜忍受毁谤、讥讽、恶骂之毒如饮甘露者，不名入道智慧人也。”

一九五四年，我二十七岁，开始撰写佛陀传记，在《佛遗教经》中看到这么一段话时，心中感触甚深，我检视过去颠沛流离的岁月，自忖若非凭仗忍耐作为舟航，如何能安然度过苦难连连的时光？我又盱衡未来复杂多变的社会，人我是非的生存，自觉更需坚此百忍，方足以应付万难。从此，我时时刻刻以忍耐作为我为人处事的圭臬。多年后的今天回顾往事，我深深感到：忍耐，实在是世界上最强大的力量。

我出身贫穷的苏北，十二岁出家以后，生活更是清苦，然而贫寒适足以励志，我刻苦耐劳的性格就是在这个时候孕育而成。二十三岁那年，我播迁来台，在兵荒马乱之中，所携带的包袱不慎遗失，身边一无长物，寺庙又不接受外省人挂单，我只得过着四处漂泊，风餐露宿的日子。记得我曾经在狂风暴雨中摔到沟圳里，被水冲走了好一段路；也曾经在烈日当空下晒得汗流浃背，头皮发麻。最后，好不容易从台南走到台中，感谢宝觉寺林锦东先生肯留我小住数日。

后来，我从中坜、新竹又辗转来到宜兰雷音寺弘法，之后的十余年，我的经济都非常拮据。其间曾经有人要认我做母子兄弟眷属，甚至还有人希望我能继承他的地产家业，都被我严词拒绝。这时我却听说一些同道因为生活艰难，纷纷另谋出路。如果当时我不能忍饥耐贫，岂不也是随俗流转，又哪里能在日后发展弘法利生的抱负呢？所以，忍耐并不是胆怯，而是在面对生死存亡、荣辱毁誉时，还能够打从心里发出一种无比的勇气，坚守自己的理想。

记得在丛林参学十载，为了服务大众，除了平常的劳动出坡以外，我自愿发心典座煮饭两年、饭菜行堂六年、担水司茶一年半。初来台湾，为了报答寺院收留之恩，除了上课教书以外，我发心做一切苦役，每天打六百桶井水，清扫数小时落叶、水沟、茅厕，每天还要拉车到十余里外的市场，购买八十余众的油盐柴米。虽然与当地住众、信徒言语不通，勤快的工作倒也博得大众的好感。只是有谁知道，我常常因为体力透支而晕眩呕吐，往往一阵天旋地转后，我又默默地咬紧牙关，继续未竟的工作。

后来，我以文字般若弘扬佛法，开始搜索枯肠，熬夜笔耕。一九五三年，我走入社会说法布教。为了准备讲辞，我经年累月费心思量，有时竟通宵未眠。佛光山开山初期，我又与山崩洪水日夜搏斗。近十年来，我马不停蹄地在岛内外讲经度众，建寺安僧，每天分秒必争地和有限的时间赛跑。数十年来，无不是在忍耐忙碌、忍耐奔波、忍耐劳累、忍耐疲惫中度过。然而我不以为辛苦，因为忍耐是为了要积极地开拓人生，创造佛教远大的前程。

“英雄只怕病来磨”。我素来身体结实，然而也有好几次病痛的经历让我苦不堪言。在丛林参学十载，我曾经生烂疮，发疟疾，虽然辛苦难耐，足以致死，但是从来没有寻医就诊，为的是已将“色身归于常住，性命付予龙天”，只好用信仰和时间治疗。不知是诸佛菩萨的加被，抑或是忍耐力量所致，我都能不药而愈。其他如感冒、牙疼、眼痛、脑热，就更算不上什么毛病了。所以及至年长，遇到再厉害的感冒、再严重的病痛，我也惯于忍住苦楚，继续弘法写作，常常等到工作告一个段落时，才发觉自己也奇迹似的恢复了健康。

近几年来，精力不复以往，糖尿病、高血压、眼疾、腿伤接踵而至，四肢五根也日渐衰朽退化，所幸头脑清晰如常，故而依然四处云游，弘法利生不断。多年来的经验使我深深感到：色身的病苦不是真苦，只要我们肯忍耐，自然就有力量去承担一切病苦而在病时不觉病，苦时不觉苦，自觉“忍耐的力量”可以应付一切。

过去大陆的丛林教育非常传统，在聆听长老开示时，必须双手合十，如果讲话开示好几个钟点，等到放掌时，手已僵硬不堪。训练最严格的时期要算是在受戒的时候，我们常常在凹凸不平的石子地上一跪就是五六个小时，起身时，地上的小石子都深深地嵌进肉里，两脚酸麻就更不在话下了。纠察师手拿杨枝，如影随形地跟在我们后面，一个动作不合标准，便是一顿鞭笞。试问今天的学子是否也能忍受这种严格的教育？而在平常，打骂棒喝也时常发生，可是从来没听过有人埋怨叫苦。

记得有一回，我向家师禀告学院一位教授推荐我去读“教育学院”，家师听罢骂我：“浑蛋！怎可到社会念书？”还给了我两个耳光。事后我丝毫不感到生气，想想自己也的确浑蛋，怎么会想到社会上去念书。反观时下许多青年贡高我慢，动辄反抗，真是令人担心他们如何在大时代中迎接各种挑战呢？要想成大器，必须先在生活上学习忍耐。“欲成佛门龙象，先做众生马牛”，对于逆境，先忍之于口，是为下忍；再忍之于面，是为中忍；如果能做到凡事不动心，那才是上忍。

我初入佛学院读书时，既不擅长梵呗，又不通晓经文，因此，经常受到同学们的歧视，甚至师长们也认为我不堪造就，往往安排工作时，我都除名在外；有时佛事开牌有份，临时又被取消；作文被老师批评得一无是处，偶有佳作，却被怀疑是抄袭而来；一位职事甚至当众说，如果我能有出息，太阳会打西边出来。其他的冤枉委屈更是不计其数，而我觉得这一切一切都是当然的，不值得计较，因为未来的时日还长，现在谁能知道呢？

初到台湾弘法布教，由于当时正信佛教并不普遍，再加上我是外省人氏，常有人不怀好意地对我指指点点，甚至从中阻拦一些好因好缘；也曾有人故意骚扰说法，乃至纠众持棍，怒目以对。对于这些差别待遇，对于这些误会滋扰，我从来未曾怨恨，只是一心一意地做好出家人的本分，以行动来证明自己的诚意，以静默来回应一切的动乱。所以，忍耐并不是退缩，而是用平常心去对待人间一些不平的境界。

体肤的饥寒、筋骨的劳苦可以通过意志力来克服，心中的委屈、他人的误解也可以用平常心来对治。弘法初期，由于办了许多创新的佛教活动，而被社会误解，被同门批评；有时为你戴红帽子，有时又为你戴黄帽子。红帽子是可以砍头的罪名，黄帽子是在佛教里置你于死地的居心，然而我并不急于争辩，只是尽己所能，为所当为。

早年因我为佛教勇于建言，多次被教界人士议论为异端分子；后来由于军工商各界官员来向我请益佛法，我又被新闻媒体说成与政治挂钩。凡此都是打击伤害的话题，然而我并不予以理会，只是淡泊处之，默然以对。果然事实的发展证明了我理念正确，时间的递嬗也还给我清白公道。所以，忍耐并不是懦弱无能，而是面对毁谤讥讽，还能择善固执，无怨无悔。

有人见我常云游弘法，行脚名都大邑，欣羡万分，其实个人的辛苦鲜为人知。我常常为了一场演说，在高速公路上奔驰一夜；为了一句承诺，在天空中飞行十余小时。近十年来，弘法邀约不断，往往由于行程紧凑，汗湿衣襟，却来不及更换，只得任着衣服湿了又干，干了又湿，身体的温度也随着室内室外的冷气热流忽冷忽热。走访五六个国家是常有的事，有时从热带到寒带，有时绕着地球走了一圈，舟车劳顿固然辛苦，适应不同的时差、天候、风土、人情更是艰困。

记得一九六三年首次访问印度新德里，天气酷热无比，每晚睡不着觉，只得趴在地上写日记，《海天游踪》一书就是这样完成的。一九九三年七月，我第七次走访印度，来到北边的拉达克山区，我明知罹患了足以致命的高山症，仍然强忍着头痛脸肿与呼吸困难，主持法会，会晤访客达一星期之久。类似这种经历不一而足，然而我还是乐此不疲，因为忍耐有时不仅是为了自己，更是为了利益别人。自忖菩萨发心，犹能杀身成仁，舍身取义，我这一点小小的奉献牺牲实在微不足道。

忍贫、忍饥、忍病、忍苦、忍劳、忍打、忍骂还算容易，唯有忍气、忍恨的挣扎最难消解。

记得八九岁时，家乡缺水，乡民为了争水闹得不可开交。正巧，一位解姓邻居在我家门前的水沟跌死，他的儿子解仁保遂来闹事，硬说是我家将他父亲害死，要求我家理赔后事。敦厚诚实的家父随即被官府逮捕，后来幸因解仁保不敢出庭审讯，才使得家父无罪开释。一场无妄之灾虽告结束，我幼小的心灵却始终无法排除怨恨，直到出家以后，听说解仁保失业，无法维生，我心生恻隐，还是忍住怨恨，要求恩师帮他介绍一份工作，解决他一家的生活问题。

一九三七年，日本侵略中国的战争爆发了，美丽的河山在日军铁蹄的蹂躏下变得残破不堪，温馨的家园付之一炬，家父也在经商途中失踪，根据分析判断，应该是牺牲在日军的枪口下。十一岁时，我曾随着寡母四处寻父，所经之处无不是瓦砾残垣，尸首遍野，更加深我心中的仇日意识。及至成人，我虽然有数次赴日深造的机会，终因国仇家恨不共戴天而毅然放弃。

在岛内外，我的在家信众多达百万；在佛光山，我的出家弟子也不下千人，他们固然对我恭敬孝顺，我也奉献了许多精力心血。大处不提，就琐事而言，我容忍他们的差异性格，耐烦地循循善诱；我容忍他们的情绪用事，耐烦地谆谆教导；我容忍他们的不同意见，耐烦地从中调和；我容忍他们的不守时间，耐烦地予以等候。忍耐，是一种力量，是一种慈悲，是一种智慧，更是一种艺术。由于我肯付出容忍耐烦，才能摄受他们来到佛门为大众服务。

幼儿以啼哭为力，然而一旦流出眼泪，力气也耗尽了；妇女以娇媚为力，然而一旦使出娇媚，气势也消失了；莽夫以拳头为力，然而一旦伸出拳头，正气也瓦解了。唯有真正的菩萨行者，他们以忍耐为力，以慈悲为力，难行能行，难忍能忍，所以能一鼓作气，排除万难，成就福国利民，饶益众生的丰功伟业。

虽说我一向推许忍耐，但自念也有不能忍耐的时候，例如，当我在台上演讲，看到台下前面还有空位，而后面的人却没有位子可坐时，我会罣碍难忍；当知道别人受到侵犯的时候，我也会义愤填膺；当弟子怠慢客人，令人不喜时，我会上前指责；见闻好事，不即刻参与，我也会坐立难安。我以为，一成不变的忍气吞声，姑息纵容，并非忍耐之道。真正的忍耐应该是当仁不让，顾全大局，为众谋福。

我今已年老，自愧还是在忍耐上不断学习、突破，在生活当中，对于佛说“忍”的三种境界体会颇多，我以为，“生忍”，是为要生存在人间酝酿的耐力；

“法忍”，是在转识成智，用佛法所产生的智慧；“无生法忍”，则是随缘随处能洞察一切事物本不生灭的自在境界。能够拥有“生忍”，就具足面对生活的勇气；能够拥有“法忍”，就具备斩除烦恼的力量；能够拥有“无生法忍”，则处处所所，无不是桃源净土、自由自在的世界。

不要同归于尽

一九三七年的卢沟桥事变点燃了抗日的炮火。那年我十岁，不久，战祸延及家乡扬州，我的外婆刘氏见情势危急，赶紧召集家人开会磋商，逃避战火兵难，以决定去留。没想到一个个都争着与家园共存亡，在僵持不下时，外婆的一句话令我们茅塞顿开：“大家不可以同归于尽啊！”

当我们逃离家乡百里以外，再度遥望故里，只见远方一片火海，大家在惊惶难过之余，无不庆幸能逃过此劫，外婆的那句话也就深深地植入了我幼小的心田。

十二岁那年，我将出家的意愿告诉母亲，她噙着泪水说道：“李家这棵树上结的三颗果实，就看你这一颗怎么红了！”

我俗家姓李，兄弟三人，我排行老二，后来如愿出家，及至和母亲暌违四十余载，彼此再度见面时，她已是白发皤皤、皱纹满面的老妪。兄弟告诉我：数十年来，她每日思我心切，夜夜泪湿衾枕直到天明。我故意问母亲：“当初您怎么舍得答应让我出家呢？”她说：“家乡的文化教育落后，留你在家，恐怕会误了你一生，何必同归于尽呢？”其实这个答案早已在我心里，如今只不过是作个印证罢了！我早就知道：坚强的母亲秉承外婆的深明大义，不会要求我们聚守在一起，让儿女们“同归于尽”的。

出家后，我曾到各处的名山古刹参学，过去佛学院封闭保守的教育，与青少年天真活泼的思想格格不入。记得我们曾经上书院方，建议设立运动场，纠察老师不但不接受，还要全班罚跪，以为惩戒。为了不希望大家“同归于尽”，我勇敢地独往承担，以免大众受罚。另外一次，全班同学以交白卷来抗议老师授课不讲究方法，教务处追究原因，我自愿前去认过，代众接受处罚，以免大家“同归于尽”。虽然几经责罚，乃至一度被师长们视为问题学生，但是想到佛陀在因地修行时，为着不愿大家“同归于尽”，还曾经舍身饲虎，葬身鱼腹，我这一点小小的牺牲，实在不算什么！　离开佛学院的时候，许多同学都争着去有名的大寺做当家、住持，我却一个人跑到农村去弘扬佛法，一面在田庄耕作，一面在小学教书。因为我觉得何必都走同一路线，佛教的僧才种子应该散播十方，不要死守一处，同归于尽。

一九四九年，我与同学智勇法师谈及未来，彼此都有着“不要同归于尽”的共识，随即商议：他留守神州护教，而我则到台湾，大家分头共为佛教的慧命长存而奋斗。我带着依依不舍的心情，先去栖霞山，向家师志开上人请示去留。他一听到我有志到台湾弘法，立即欢喜答应。临行的前一天晚上，师父亲自办了一桌上堂斋为我饯行，师徒二人对着丰盛的菜肴，却无心举箸，彼此相望默然，热泪盈眶。我想起历史上的道安大师，在东晋末年战乱连连时，不也安排徒众分散到各地续佛慧命吗？他们这种“不要同归于尽”的大无畏精神是何等令人敬仰啊！我心中暗暗发誓：伟大的师父啊！我一定不会让您失望！

回到南京，我听说上海有一班船要开往台湾，为了使法脉在危急存亡之际能够分灯无尽，我连夜坐火车赶往常州佛学院，在黑暗中摇醒与我识与不识的同学，邀集有志的同参共赴宝岛，开创新局。到了人地生疏的台湾以后，我们食宿无着，投靠无门，大家相约各奔前程，以免同归于尽。

当时的同参道友们大都热衷于经忏佛事，讲经说法却很少有人愿意从事，更遑论著书立说的佛教文化事业了。于是，我虽学养不够，慨然有舍我其谁之怀！我撰文投稿，编印刊物，甚至倒贴车费邮资，义务奉献。虽然一贫如洗，三餐不继，我还是一本初衷，不改其乐，我以为文化教育也好，诵经说法也好，殊途同归，都能达到弘法的目的，又何必大家挤在同一条路上，使佛教不能朝多元化发展呢？

来台的最初几年，也曾遇到一些善缘，例如妙果长老请我住持苗栗法云寺，宋修振居士邀我前往佛教会馆，无上法师请我负责灵隐寺，吴随居士要将一善堂送我管理，高雄县请我为其管理仁爱之家，高雄市长陈武璋先生欲将寿山公园交给我负责。对于这些好因好缘，我深深感激，然而每次想到我既没有徒众，又没有同参，即使有了道场，也无法发挥。为了不辜负别人一番好意，我一一予以婉拒。

虽然如此，为了使其他同道能发展长才，为了使信徒能有更多的机会长养慧命，我向台湾林务局争取阿里山的慈云寺，交给伦参法师；我介绍真华法师到罗东念佛会；我推荐成一法师到头城念佛会；我引介煮云法师到虎尾念佛会；当我筹建完成高雄佛教堂之后，极力邀请月基长老担任住持……看到这些地方的佛教陆续发展起来，我感到满心欢喜。“不要同归于尽”的性格开拓了我的人生观，使我随时随地都能以众生的需要为前提。

一九五二年，我听说兰阳地处偏僻，没有出家人驻锡弘法，心生慈悯，便立即束装前往弘法。在宜兰，我胼手胝足，以悲心愿力为犁，以忍耐精进为锄，将一片缺少法雨润泽的沙漠耕耘成菩提花果的净土。但是，保守的当地人仍存有狭隘的地域心态，我把雷音寺重建得富丽庄严，他们以我不是本省人为由，不愿让我担任雷音寺的住持，我也不以为意，因为当初我是本着“不要同归于尽”的想法，才来到这里弘法利生的。所以，我在宜兰数十年，除了讲经弘法以外，从来没有计较过名位，后来甚至推荐宜兰人的心平、慧龙担任住持，雷音寺终于成为佛光山的分院。当初假如我计较于名位，何有后来皆大欢喜的盛事？

到了雷音寺之后，我以讲经弘法为主，经常到监狱、军营、工厂、电台、学校、山区等地布教。我创办幼稚园，设立星期学校、学生会、青年会、妇女会、弘法团、歌咏队，我要把佛法种子播撒到社会每一个阶层之中。

佛光山开山时期，在经济与人力极端匮乏的情况下，我毅然将慈庄、慈惠、慈容、慈嘉、慈怡、依空等人送到国外深造，许多信徒认为到日本留学，会一去不还，岂不流失人才？甚至将来他们回来，我又怎么领导这些高级知识分子呢？我自忖纵然结果如此，也不能因噎废食，我还是一心一意只为培养佛教的人才而努力。我的心血总算没有白费，他们陆续学成归来后，无论是在佛光山主持佛教事业，或者在大学教书授课，都做得有声有色。不仅如此，他们也都承袭了“不要同归于尽”的观念，提携后进，不遗余力。

近十年来，佛光山学佛的人与日俱增，除了随顺弟子们的个性，分派他们担任寺院行政、弘法、文教等工作以外，我更力促各单位多方延聘专家人才，授以专业训练。我自从佛光山退位以来，对于徒众学习的事更为热心，除了为海内外弘法以及国际佛光会的事务而到处云游行脚以外，我总是在忙碌的行程中，尽量拨出时间，为徒众上课，与会员们座谈，听听他们的心声，将自己平生的经验倾囊相授。凡此无非希望弟子们以及会员们都能青出于蓝胜于蓝，长江后浪推前浪，代代人才辈出。

就在这种“不要同归于尽”的理念下，佛光山的徒众自然而然也养成了分工合作的性格，遇有大型活动，一经会议决定，便分头进行；逢有出外参访的机会，也不会一窝蜂地争先恐后，而能彼此谦让。全佛光山千余位僧众弟子，在去年年底以前，全部都已轮流到过外国参访。

看到徒众都能在不要同归于尽的共识中互相成就，无我奉献，心中真是备感欣慰。想起过去，我以著作出版弘扬佛教，有人便讥讽我：“他只会摇笔杆，不会做事！”等到我努力奉献，从事苦役时，又有人嘲笑我：“他只不过块头大，有力气而已，不会说法，怎能称为法师呢？”后来，我到各处讲经，又听到别人指责：“现在是国际化的时代了，他只会用中文开示，不懂得ＡＢＣ，有什么用呢？”我问对方会什么，他也什么都不会，只不过希望我和他一样一事无成，同归于尽罢了。

其实，一个人可以什么都不会，什么都不懂，但是心里面不能没有大众。驽钝如我，不也凭着一股不要同归于尽的信念，建立起海内外数十个道场，培养了无数的佛教人才，树立佛光人“以众为我”的精神吗？

一个人如果心里只有自己，没有别人，是永远不会快乐的。社会上有一种人往往只看到别人发财，不但不为对方欢喜，反而在背后批评："他不知是用什么手段发了横财？"看到别人升迁，不但不去道贺，却在一旁冷冷地说："一定是阿谀奉承得来的！"这种人连随口的赞美都吝于布施，又哪里会有良好的人缘与成功的事业呢？

记得数年前，佛光山普门中学有一个女学生，长得非常清秀，人称"校花"，却因此招来嫉妒，许多同学讥讽她是"妖精"。有一天，我应邀为学生们开示，就趁这个机会和大家说："你们说这位同学长得美丽不好，难道要我们学校里的每一位同学都是丑八怪，你们才欢喜吗？"

"同归于尽"的心态只会造成自恼恼他，一个人如果不喜欢别人成功，不喜欢别人拥有，那么对于自己究竟有什么利益呢？

四十年来，我在台湾致力于弘法利生的工作，但是受到来自于教界的伤害真是无法说尽。除了屡次遭遇毁谤打击不说，譬如台湾佛教会借故扣留我的资料，不让我出外参加会议；甚至各地教界人士也多方阻挠佛光山的别分院在各地的建设……忆及三十年前，我正开办"东方佛教学院"时，一名长老召集教界人士开会，在会议中，他不集合群力研究佛教如何薪传，也不谋求共识，讨论佛法如何弘扬，反而提议："如何打倒东方佛教学院？"幸好席中有人仗义执言，说道："基督教办圣经书院，天主教建立神学院，我们都没有想要去打倒他们，为什么却要打倒佛教人士创办的佛教学院呢？"众人听了这番正义之声后，哑口无言，东方佛教学院才得以幸存。

诸如此类的人为障碍不胜枚举，尽管教界人士一再置我于绝地，我不但从不失望沮丧，也未曾以牙还牙，反而主动和他们广结善缘，譬如每次佛光山举办三坛大戒时，我礼请佛教耆宿担任和尚阿阇梨；举行国际佛教会议时，我也力邀各地佛教精英共同参与；我不念旧恶，协助教界办学；我尽释前嫌，居间调和佛教人事问题；我曾为同参道友觅地建寺；我提拔后生晚辈学有所成……我并非企图他们的感谢酬报，更不是以此来笼络人心，我只是不愿大家"同归于尽"，让佛教蒙害，而希望佛法广被，众生有福。

多年以来的事实证明只要自我健全，别人无法使我们同归于尽。希望普天下的众生应有共存共荣的理念，涵养尊重包容的雅量，捐弃同归于尽的偏狭心态，建立欢喜融和的人间净土。

有情有义

多年前，我每至花莲弘法时，蒙县长吴国栋先生均列席听讲，表示支持，心中铭感无比，后来耳闻其治县理念，对于他的正直无私更加留下深刻的印象。有一天忽见报载，他因涉嫌图利他人而撤职查办，我的心里一直为他叫屈：身为地方父母官不图利他人，难道还要图利自己吗？后来，听说他的父亲往生的消息，我立刻决定做“不请之友”前往参加。为了不妨碍既定的行程，清晨四点，我摸黑从佛光山出发，在花莲用过中餐后，随即赶至他父亲的灵堂拈香致意，并即席说法以慰生者，只见他全家大小泪流满面地送我出门。当车子正要发动时，四维高中校长黄英吉先生走到我的窗前，说道：“大师！您真是一位有情有义的人啊！”一路上望着窗外的蓝天白云，青山绿水，想着黄校长的话，不禁反问自己：我真的是一个有情有义的人吗？有情有义不是每个人应该具备的操守吗？

享誉全球的经济学者高希均先生不但经常在他创办的社会杂志上登载拙作杂文，而且时时就重大事件请我发表意见，他为追踪我的云游足迹，都是数通电话国际往来，不厌其烦地询问我的看法。我经常向他表示惭愧：自己不过是个方外之士，才疏学浅，但承蒙他看得起，我一定有问必答。他却说：“大师！您是社会的意见领袖啊！”其实我哪里比得上高教授的广博多闻，经验丰富呢？所以，我更加感到他是一个虚怀若谷，谦冲有道之士。三年以前，高教授希望他所主持的天下文化出版公司能为我出版传记，弟子们纷纷反对，因为他们向来不想由佛光山以外的人为我立传，更何况这是一家以工商经济为主的出版公司。但我力排众议，欣然允诺，因为我从高教授的平日言行中，深感他是一个有情有义的栋梁之才。

年高八十的陈慈辉老太太是我四十年前在宜兰的老信徒，后来举家迁至台北，一直想再见我一面。数年前当她听说台北道场就在松山火车站旁边，距离她家不远处时，立即在其儿、孙、曾孙，一家四代陪同下，前来台北道场，只为看一眼她四十年前皈依过的师父，令我真是感动不已。其他像金枝姑、郑银姑，三四十年来，每逢农历过年或是我的生日，也都不忘托人带来一份心意给我，我深深觉得他们都是一群有情有义的信徒。

张姚宏影、潘孝锐、许卉吟、陈顺章、游次郎、陈剑城、沈尤成、赖义明、陈潮派等居士大德，有的为圣教兴隆捐资出力，有的为护法卫僧奔走忙碌，有的积极推动佛教文教事业，有的来往岛内岛外弘扬法义，他们数十年来永不退转，有人问他们何以致此？他们都异口同声地以“阿鞞跋致”、“一师一道”自许。我则认为他们都是一群有情有义的菩萨行者。由于佛子们的有情有义，所以早年我在宜兰落脚之后，即随缘于罗东、头城、龙岩、虎尾等地设立并主持念佛会，并且马不停蹄地奔走台北、高雄之间讲经布教，十年后，我又在全省各地创建道场，席不暇暖地到世界各国弘扬佛法，度化群生。

每逢年节，我都会收到来自各地的贺卡，甚至还有来自离岛监狱、山区住民的祝福问候。曾经在火车上，一位青年让座给我，细谈之下，才知道他曾在监狱里听过我讲经说法，现在已改过自新。还有一回在台北道场，一位中年人喊我：“老师好！”原来他是在东海大学上课时的学生。数年前，我前往大陆弘法，从北京、四川、甘肃、河北，一路来到南京等地，沿途友人亲切招待不说，还不断收到各地的来鸿，让我感受到这个世上，有情有义的人无时不在，无处不有，其中，中国佛教协会会长赵朴老伉俪最令我心折。他们八十高龄，身形佝偻，每次知我前来南京探望母亲，都不辞劳苦，远自北京赶来看我，并一再叮咛我要为佛教前途而善自珍重，我也同样地祝福他们法体康泰，教运昌隆。一九九三年二月，他与我在母亲的住处会面晤谈，即兴题诗二首相赠，在家乡传诵一时，信众们莫不欣喜走告，诗曰：

大孝终身慕父母，深悲历劫利群生，

西来祖意云何是？无尽天涯赤子心。

一时千载莫非缘，法炬高擎照海天，

自勉与公坚此愿，庄严国土万年安。

在赵朴老的眼里，在赵朴老的字里，我看到了有情有义的光芒闪烁不已。

五十年前曾经在佛学院教授我唯识课程的圆湛法师更是毅力可佩！他经常挺身而出，总是帮我宣扬“人间佛教”理念，这种义无反顾的精神真是令我又喜又愧，想来我自己的徒众之中，又有几人对“人间佛教”的普及如此认真卖力呢？母亲在世时，每逢过年过节，他都亲往母亲的寓所，代我慰问探望，这份体贴人意，不计高下的风范，又岂是常人所及？合尘老法师则因与我家师之间的一份道谊，长年为我设立延生禄位，祈福祝祷。每于清夜扪心自问，何功何德，竟受长辈如此有情有义的爱护，所以更加发愤立志，精进弘法，以期能回报他们深厚的恩德。

所谓“俗情不比僧情浓”，短短数语道尽了佛门里的有情有义实有甚于世俗中有求有取的感情。在我初出家不久，对于这句话便早有体会。记得十五岁受戒时，母亲跋山涉水远来探望，我趁着晚自习的时间，来到女众寮房与母亲会面。开大静的时间到了，母亲依依不舍，泪流满面，我只好留下来安慰她。第二天，纠察师向女众戒坛的开堂和尚月基法师报告我没有回寮就寝，当时自忖，这下惨了，不知道会不会被迁单开除？没想到月基法师当众回答：“他昨晚在我寮房里啊！”纠察师知趣而退，我也因此免于受罚。我当时不过是一名默默无闻的小沙弥，对于他的通达人情，机智解危真是由衷感戴。一九五四年，得知他在香港无人接济时，我想尽方法将他迎接来台。这年我正参与筹建高雄佛教堂的工作，落成以后，我推举他为住持。后来在他晚年多病时，我几次半夜三更送他就医，付费照顾，直至终老，并且亲自将他的骨灰送往栖霞山寺，为其建塔安奉。当时也有人说，我是一个有情有义的人，其实“滴水之恩，涌泉以报”，我只不过是将当年那份图报恩情的心思铭记方寸延续下去，并且付以实际的行动，成为一项有始有终的道义罢了。

四十年前，我在雷音寺驻锡弘法时期，曾花费一番心思，将深妙的佛法化为平易的词语，教育当地的青年。日后，心平、慈庄、慈惠、慈容、慈嘉、心定、杨慈满、萧碧霞、吴宝琴等人便相继死心塌地地跟随我南来北往，弘法建寺。他们有的不计待遇，一生奉献常住；有的不辞辛苦，整日清理作务；有的以美味的素食广度众生；有的用悦耳的音声讲经说法；有的将父母遗留的嫁妆悉数作为办学经费；有的把全副精力投入佛教事业，因为他们的有情有义，使得弘法工作顺利展开，纵使遇到挫折阻难，也总能在众志成城之下迎刃而解。

如今我有一千二百名入室弟子分散世界各地，或住持一方，或接引信众，或开办教育，或到处说法，或养老育幼，或编辑写作……他们在各种时空里展现了有情有义的人生，这是我一生当中最欣慰的事情。

近代的华人常以“西风东渐”来作为世风日下的借口，我颇不以此为然，其实佛性一如，西方人中不乏有情有义之士。像高登牧师夫妇因亲近佛门而遭到基督教会种种非难，我伸出援手纾解困境，后来他们举家来台，学习中国大乘佛教，誓以弘法利生为职志。葛蓝先生自从在西来寺皈依三宝以来，不断写信给我，陈述满腔的法喜，如今他埋首将拙作译成英文，并且与西方寺一批美籍信徒相约要以生花妙笔，将“人间佛教”的精神发扬到全球各地。他们将身心奉献尘刹的那份虔诚，与其他佛子比起来，可说是有过之而无不及也。

所以，情义是无价的，也因为如此，虽然我一向提倡喜舍结缘，经常将别人拿来的供养随手转送出去，但也有基于惜情守义而不舍付出的时候。记得三十年前，我省吃俭用，买了一部九人座的“载卡多”，随即改装为二十六个座位，好让我的学生都能和我一齐出外弘法、参访。由于车厢载重量大，底部轮胎小，所以总是一路颠踬摇晃，十多年来度过不少有惊无险的时刻。车子功成身退时，许多厂商出价收购，我都没有答应，因为它无怨无悔地辛勤付出，我也要有情有义地为它养老。

其他如东方佛教学院落成时，新加坡福海禅院赠送的玉制如意古董，三十寒暑在佛光山的“佛教陈列馆”里熠熠生辉，多少商家想高价收买，我也同样不曾允诺，乃至多少次佛光山寺财务困难，几乎到了无米可炊的地步，我都没有动过让售的念头；而美国西来寺落成时，中国佛教协会以一套稀世法宝《龙藏》作为贺礼，更是意义深远，八年来每次经过“藏经阁”，我都要去拜访这个内外含光的老友。去年西来大学从西来寺迁往柔似蜜(Rosemead)校区，主事者想将其一并移至新址，我连忙阻止，因为我要将它作为西来寺永久的镇山之宝，让后世的弟子们都能从无言无说的文物当中，领略前人有情有义的精神。

所以，什么是有情有义呢？简单来说，是一种往复循环，互相交流的感情，十法界一切有情莫不具备这种性能。我曾经看过悉尼海边一只瘦弱的海鸥，因为我的特别关注，临走前来往飞行，围绕三匝，好像在对我致意感谢；昆士兰林间一对顽皮的松鼠，因为我饲以面包，后来每天清晨都前来拍打精舍的大门，似乎在向我问安道好；云居楼外一只流浪的白足黑狗，人皆以其不祥而弃之，独我对其友善，有一回居然引领我到如来殿，和求见的信徒晤面；开山寮中一群五颜六色的禽鸟，因我将它们放归自然，从此呼朋引伴，在天空翱翔飞舞，婉转齐鸣，为佛光山增添无限的意趣。连身处三途的傍生畜类都能如此有情有义，更何况千万年来以互助为进步之基的人类社会呢？

经常听人叹言：“在现代功利主义挂帅的世界里，夫妇轻言别离，朋友动辄反目，哪里找得到‘有情有义’的人呢？”其实如果我们能从消极地推寻外觅到积极地躬身实践，从被动地接纳、企求，到主动地付出、给予，乃至进一步从布施小恩小惠扩大到为对方的未来着想；从身边的亲朋好友推及于世间的一切众生……天地之间，何处不是情义盎然？尔虞我诈、斗乱纷争都是社会的病态，我们有幸身为万物灵长，何不承担起做人的责任，用有情有义的态度来面对人生，温暖世间呢？

化缘化心，不一定化钱

许多人说：我必定很会化缘，所以才能创建这么多的佛教事业。我觉得：与其说我会化缘，不如说我会“化心”。佛世时，比丘托钵化缘，上乞诸佛之理以资法身慧命，下乞众生之食以资色身肉体，所以又称乞士。乞士化缘，是一件多么美好的事啊！年少时出家，每当春节即将来临时，我代表常住挨家挨户地“化冬”，为方圆几百里的居民发送灶符，为春节祝愿祈福。当檀那们（施主）高兴地将米粮放在我的担子里时，我深深地体会到：化缘，不一定化钱，能够感动对方的心意，化得一个欢喜的善缘才是最重要的。所以后来我常和弟子们说：“化缘化心，不一定化钱。”

二十世纪五十年代，我初到宜兰弘法时，经常省下饭钱，购买佛教的手珠、项链、杂志、书刊，和前来学佛的青年结缘，并且义务为他们补习中文，修改文章。日后，这些人都成为佛教最忠实的护法，有些人甚至随我出家，像慈庄、慈惠、慈容、慈嘉等，未出家的就做师姑，像吴宝琴、杨慈满、萧碧霞，他们四十年来，不惜身命，弘法利生，如今在教界都是首屈一指的人才。经云：“未成佛道，先结人缘。”然而有心，才会有缘，以一颗真挚的心意化导群伦，与别人结下长久的佛缘，才是化缘的真谛。

所谓“十方来，十方去，共成十方事；万人施，万人舍，同结万人缘”，四十多年来，我不但经常将别人送我的物品，喜舍转赠给别人，也鼓励佛光山的职事们开发佛教小纪念品，送给来山的信徒，冀望能为大家带来平安缘、吉祥缘。

多年前，林希松居士与我在电梯口偶然相遇，他问我是不是星云大师，并且表示想购买一本《台湾寺庙庵堂总录》。这本书早已绝版，我将自己仅有的一本送给他。没想到两个月后，当他知道我将在孙中山纪念馆主持弘法讲座时，特地花了十五万元台币，印了一万五千本拙作讲演集和现场的听众结缘。

有一天，他听说还在兴建中的普门寺急需付一笔贷款，立刻慷慨地借出三百万元，同时言明除非他穷途潦倒，否则不会要回这笔钱。由于这笔钱的周转，使普门寺得以在台北顺利弘法，对于北部佛教的开展影响深远。后来他举家迁至美国，目前夫妇两人经常在西来寺当义工。当初那些怪我将绝版书送人的徒众，最后终于明白我为什么经常告诉他们化缘化心，不一定化钱的道理了。

数年前，我应林金松与吴锦美伉俪的请求，为他们新建的大楼取名“海天”，事后还为他们张罗，主持破土典礼。二十层的七栋大楼完工后，为了致谢，他们送给我其中的两层楼，我以之为弘法利生的布教所。吴居士有感于我的弘法热忱，去年国际佛光会在澳洲召开第四届世界会员大会时，她特地在台湾购买了一千本《传灯》，亲自拿到当地与众人结缘。类似这种无心插柳柳成荫的事不胜枚举，但是社会上有许多人只看到别人布施财物给我的“果”，却不知道我先种下为别人服务的“因”。

黄英吉先生初接花莲四维高中校长职务时，曾慕名前来佛光山普门中学观摩。在此之前，他听别人说佛光山是一个商业化的地方，但是他来此挂单数日，却不曾见人向他化缘要钱。有一天，在普门中学校门口，我们偶然相遇，他问我办学之道，我坦然叙说自己的理念及建设人间净土的构想，他闻言十分感动。从此，他不但以“人间佛教”的精神齐家治校，甚至以我的爱徒身份自居，全家妻子儿女，无论是医生或是律师，都皈依佛教。所以，化缘不一定化钱，化得思想的共鸣，化得心意的交流，比什么都来得更重要。

巨东股份有限公司总经理胡迪化先生来佛光山参观时，不但没有花费分文，反而见到佛光山为社会大众所付出的努力，让他装满信仰的财宝而归。自此以后，他每个月汇寄十万元台币来山，为大雄宝殿添油香。一九九二年，国际佛光会世界总会成立时，他深知创业维艰，从此每年都致赠十万美元，作为发展佛光会的基金。所以，缘不是凭空就能化来，必须要以自身的努力与诚心，来感动别人和我们结缘。

周邦本先生邀我去为台湾大佛山的佛像开光时，许多徒众深恐我被人利用作为商业的噱头，纷纷劝我不要去。我当时想：即使如此，能为他们种下得度因缘也是件好事，所以还是在百忙之中前往赴会。开光以后，我婉拒红包，和他们说道："我是为帮忙而来，不是为红包而来。"后来，他也捐了二十万美元作为国际佛光会的发展基金。回想国际佛光会刚在美国成立世界总会时，一切草创，真是千头万绪，百般困难，幸赖胡、周二人的协力相助，我们得以在欧美各国展开会务，如今菩提种子遍撒全球各地，因缘真是不可思议！

我一生中时时刻刻都是抱着积极乐观的态度来做人处事，即使在病痛中，也总是想着如何利益大众。一九九五年五月，心脏手术完毕静养期间，我将疗病经过与心得记述下来，订名为"荣总开心记"，寄给"讲义堂"。八月，我带着弱躯飞至美国主持北美洲徒众讲习会，社长林献章先生亲自来电，兴奋地告诉我，这篇文章得到热烈的回响，该月份的《讲义》在短期间内被抢购一空。由于我婉辞稿费，承蒙林社长好意，以刊登两个广告与我结缘，如今，我又继续为他提供百篇的"人情味故事"，以答谢大家的爱护。弟子们经常劝我多休息，有时我不免嫌烦，所以有一次，向他们说："人是一个，命是一条，心是一点，我就是要这样和大家结缘！"

结缘，本来只是为了利他，却往往兼收自利的效果。一九九四年十二月，我首次举办"佛光缘书画义卖会"，为佛光大学筹措建校基金。当各地艺术家云集台北道场鉴赏书画时，都不约而同地咋舌惊问："大师！这么宝贵的名家真迹，您是如何'化'来的？"我告诉他们："我只是在平常肯拿出一点真心和别人结缘罢了！"

一九九一年，我坐着轮椅，带着尚未痊愈的腿伤，从台北回到佛光山，特地到戈本捷居士灵前拈香，戈夫人感激涕零，叩跪答谢，并且说，她是满清皇族，除了皇帝以外，从来没有拜过别人。后来她听说佛光大学要募款，将家中珍藏的名家作品悉数捐出，使义卖会增色不少。一九九二年，住在香港，与我素昧平生的高岭梅先生卧病医院，请家人转告，希望我能为他主持皈依。当时我的行程已经排满，短期内无法赴港，想到山海远隔，何忍让一个老者拖着病体来台，于是用电话方便皈依。事后他送了我一幅张大千先生的“观世音菩萨”画像以为致谢。直到举办义卖会时，我才知道高岭梅先生是世界收藏张大千先生国画的知名之士，而那幅《观世音》和《荷花》居然为佛光大学筹得一亿六千万新台币，对于巨额的工程款项，不无小补。

在义卖会场，望着张大千的名画，我突然心有所感：法华会上，无尽意菩萨为观世音菩萨“三十二应遍尘刹,百千万劫化阎浮”的精神深深感动,“即解颈众宝珠璎珞，价值百千两金而以与之”；佛世时，须达多长者聆听佛陀法音以后，心生欢喜，故发心以黄金铺地，兴建祇园精舍供养三宝，这些经典里记载的事实无非证明了“化缘要化心”。观世音菩萨的大慈大悲，释迦牟尼佛的无上智慧，我们固然无法望其项背，但是我们可以见贤思齐，努力效法，用无尽的悲心愿力和大家广结善缘。

多年前，潘孝锐居士听了我的说法以后，心生感动，不但对于佛教的文教事业多方支持，并且将自己的图章放在银行，嘱咐办事人员，只要我去借钱，无条件支付。维力企业的张登旺董事长也由于我为他讲说《心经》,心开意解，所以捐了一千万元维力清香油给佛光大学义卖。而自谦“小人物”的余福隆先生，因为和工厂员工与我一齐“素斋谈禅”的因缘，而发心捐献台北道场十二楼的地板石材。想当初，我临时提议，决定拜访他的工厂时，车上的徒众还恐怕耽搁时间，延误行程呢！

香港的出租车司机拒载佛教出家人，因为他们认为出家人光头，会让他们出门赚不到钱，甚至赌马打牌都会输得光光的。为了改变他们的成见，每逢搭出租车时，我总是在车资以外，附上丰厚的小费，给他们欢喜，让他们发财。有一回，我在红磡体育馆讲经时说道：“出家人是财神爷，能带给众生物质与精神、世出世间的财富。”话语甫毕，台下一片掌声雷动。现在我到香港坐出租车，司机反而不收我的钱了。所以，化缘不一定化钱，有时为了利乐众生，我们甚至还要喜舍财物。

五年前，我将信徒送给我静修用的蒙地精舍，提供给李自健先生作画，乃至为他安排画展。五年后，他捐赠新台币五十万元给我作为弘法基金。三十年前，阮囊羞涩的我，将身上仅有的五十元，拿给黄丽明作为学道资粮，三十年后，她以十万倍的钱财供养我作为道场的建设费用。她的同修曾梁源先生是建筑公司的总经理，本来没有什么深厚的信仰，后来有感于我不但不向他化缘，反而连续三次都要他少捐一点，让他觉得感动万分，因而对佛教更加护持。一九九四年，他为台北道场的成立而热心奔忙，后来见来往的信徒络绎不绝，道场的法务繁忙不已，索性搬来与道场毗邻而居，以台北道场的服务员自居，发心从事安全维护工作。

所以，化缘不一定化钱，最重要的是以化心来结缘。只可惜末法时代，许多人误解滥用，使得这个在佛教流传千百年来的美好制度频生弊端，但看一些出家人经常向信徒劝募，乃至沿街乞讨，姑且不论其身份真伪如何，但是他们的行仪可曾对人心有所启迪？得来的钱财是否真能达到净化社会的目的？“化缘化心”，广结善缘，将人心导入正道，才是出家人最重要的目标。

钱，用了才是自己的

一九五二年起，我负责编辑《人生》杂志，前后有六年之久。记得有一次，发行人东初法师说过这么一句话：“钱，用了才是自己的！”这一句话使我终身受益无穷。

从小我就在贫苦中长大，因为没有钱，养成不购买的习惯，甚至不积聚的习惯。这个习惯对我一生帮助很大，我一生的佛教事业都从这习惯而来。因为我没有钱，我不积聚钱，但我非常会用钱。有钱是福报，会用钱才是智慧。

一九五一年，我在台湾佛教讲习会担任教务主任，台湾佛教会发给我新台币五十元的月薪。对于一般人而言，这笔钱微乎其微，但是，因为我从小在丛林中长大，养成不贪不聚的习惯，五十元对我来说，也算是很多了。我每个月拿这笔钱为教室校舍添置教学设备，为贫苦学生购买文具用品以后，几乎身无分文，但是眼看莘莘学子在佛学上有所成长，能为教界所用，深深感到欣慰，这不也是一种宝贵的财富吗？原来，钱，用了才是自己的。

过了两年，我到了宜兰念佛会，每月有新台币三百元的供养，我觉得自己实在是太富有了！当时，基督教十分盛行，于是，我拿出一百五十元购买银制的卐字项链，与前来听经闻法的青年佛子结缘，希望他们能挂在颈上，代表自己崇高的身份，好让世人知道：不但有人佩戴十字架的项链，也有人以挂佛教项链为荣。另外的一百五十元，我则用来订购一百份《人生》杂志供信徒阅读。一九五四年，每月的供养金提升为六百元，我就拿出一百五十元补助张优理（慈惠）、吴素真（慈容）等三人到台中接受幼教师资训练，其余的一百五十元则用来资助演慈等就读汐止佛学院。每月如是，后来，随我学佛的青年有增无减，阅读《人生》杂志的信徒跟着我到处传教，学习幼教的女青年则回来帮我办理佛教幼稚园，为寺院道场服务。我更进一步地了解到“钱，用了才是自己的”。

一九五六年，我放弃了日本大正大学博士班的入学机会，将这笔开销节省下来，帮助青年设置“佛教文化服务处”，发起佛教徒购书读书运动，甚至后来供慈庄、慈惠、慈容、慈嘉、慈怡等人赴日留学。当年，正是经济最为拮据之时，很多人都笑我是个没有财务头脑的傻子。结果，事实胜于雄辩，他们在学成归来后，均以所学奉献佛门。几十年来，我不断地资助年轻佛子念书求学，甚至到国外参学，现在他们都陆续成为佛光山的中坚分子。这些都一再证明，“钱，用了才是自己的”是一句至理名言。

普通家庭不过三五儿女，其教育费用就已非常吃力，而我目前不计算在家弟子，光是随我出家者即不下千人，我办了六所佛学院供他们念书，负责养他们教他们，尤其是数十名徒众在英国牛津大学，美国耶鲁大学、天普大学、加州大学，法国巴黎大学，日本驹泽大学、佛大大学、大正大学、东京大学，印度国际大学，韩国东国大学等大学的留学费用，更为可观。此外，为了增广弟子的见闻，我还鼓励他们到国外旅行参学，每年所费不赀。我从不叫穷，也不为难，因为我以为，不播种，就没有收成；有钱不用，纵使积聚再多，也不是自己所有。

“钱，用了才是自己的！”尤其是用在培养人才的身上，我一点也不吝惜，但是，布施金钱给人，最难的是公平恰当。记得早期随我出家的青年，其所来自的家庭有贫有富，所需不一，所以，我就把钱置于一处，随其自取，我认为让他们各取所需，才是真正的平等。

回忆自一九五三年起，出外布教都在露天广场，装一盏临时电灯要十二元，请一个人打锣宣传要十五元，还有其他的文宣、交通费用等，对于当时财源有限的我来说，实在是非常困难。然而，有感于弘法利生的重要，我无惮于捉襟见肘的日子，常常系紧裤带，饿着肚皮，到各处广结法缘。我曾多次在台湾环岛布教，我出钱在电台广播，我是第一个购买电视时间，让法音宣流，十年如一日。

如今台湾佛法普及，岂不是当年遍撒各地的菩提种子开花结果了吗？我们不要怕花钱，因为，钱，用了才是自己的。

在编辑《人生》杂志时，我据理力争，建议将本来的篇幅由二十页增加至二十八页，以飨读者，发行人要求我补贴多加八页的费用，我没有钱，但也硬着头皮答应，从此每日更加省吃俭用。花钱还是小事，我往往因为社内编校仅我一人，只得日夜焚膏继晷，绞尽脑汁，改稿撰文，增添的篇幅也成了我写作的园地，《释迦牟尼佛传》、《玉琳国师》都是我那时的作品，久而久之，竟然也磨炼出我的文笔来。佛教讲布施，看来好像是给人，实则是给自己；如果当初我吝于出资，也就无法培养自己敏锐的觉知与思考的能力。现在想来，真正是“钱，用了才是自己的”。

有了写作的习惯，我更发奋笔耕，在各书报杂志发表文章，每次以所得稿酬，买了千百份小纪念品送给信徒。我并非好施小惠，我不望回报，只想以此广结善缘。后来，有许多学子受了我的鼓励，前来学习佛法；而卖纪念品的小贩也发了小财，在买卖之间，受到佛法的熏习加被，而自愿皈依在三宝座下。后来，台湾到处有佛教小纪念品的流通处，这些都是我始料未及之事，于此，更印证了“钱，用了才是自己的”。

我不但编辑杂志，还自掏腰包，购买佛教书刊给信众阅读，《菩提树》月刊、《人生》杂志、《觉世》旬刊，及台湾印经处和瑞成书局的佛书，都是我常与人结缘的礼品。我希望大家多读多看，以便思维与佛法契合，成为佛教的正信弟子，作为净化世间的一股清流。果然，当年受我馈赠的青年，今天都能在佛教界走上讲台，发挥力量。我深深感到：少少的钱，成长了佛教如许的花果。诚然，花钱不光是买自己所需，最好能买取智慧，贡献大众。

还记得二十六年前，叶鹏胜的父亲以做僧鞋为业，卖价一双三十元，但是我都以四十元跟他购买；经常往来高雄和台北，在中途彰化午餐，小面店里一碗一元五角的素食阳春面，我都付给五元钱。人皆怪之，我却感到理所当然：因为那时佛教事业并不普遍，身为佛子，我只是想尽一份微薄的力量，期能抛砖引玉，鼓励商人多从事有关佛教的事业，如此一来，不但商人可因佛教而受惠，也便利了佛教徒购买佛教用品，方便大家吃素，岂不一举两得？

我常到香港，香港的出租车经常拒载出家人，我若乘坐一次，都以双倍的车资给司机，希望能改变风气。后来，我更将这种理念扩及一些贩夫工商，例如我到澎湖去布教，往往买了一大堆当地居民兜售的小石子，回来之后却不知道如何处理是好；我到“泰北”去弘法访问，在小摊子边徘徊良久，左看右看，都没有自己欢喜的东西，只得给每个摊贩泰币一百元，一百多个摊贩都用奇异的眼光看我，我只是实践我“小小布施”的心愿。

率团出国，观光名胜，我也总是率先购物，俨然一副采购团团长的模样。其实，我自奉甚俭，并不需要那些纪念品，只是我知道：随行的信徒看到我买，就会跟进，让他们跟那些小贩结缘，也是好事。甚至我组织弘法探亲团到大陆时，看到徒众与商家讨价还价，也会被我斥责，因为我知道那些东西索价是高了一些，但他们的生活那么贫苦，我们怎么忍心还价。

我没有购买的习惯，但要买时，从未想买便宜货，总怕商人不赚钱。我以为，本着一种欢喜结缘的心去消费购买，将使商人因经济改善而从事产品质量的改良创新。钱，与其购买自己的方便，不如用来购买大家的共有、大家的富贵。如此一来，“钱，用了才是自己的，也是社会大家所共有的”。

一九六三年，我创办寿山佛学院，免费供应膳宿给学佛的青年。于是，我节衣缩食，以便支付巨额的教育费用。不长于经忏佛事的我，也甘愿到殡仪馆诵经，替丧家通宵助念，并且费心于各处张罗师资。此外，我一有了红包，即设法添置设备。一次购买一张、两张椅凳，三本、四本图书，点点滴滴地累积下来，教室就一间间增多了，图书馆也占据了好多间。我不以为这是一种负担，因为我始终觉得是为大家买的，而不是为个人买的。“钱，用了才是自己的！”想来也不过是向来“以众为我”性格的延伸。

二十年前，慈济功德会刚成立时，我也刚在佛光山开山，即曾以十万元赞助。就在那时，听说台中有一位素未谋面的青年硕士欲至日本攻读佛学博士，唯囿于经济困难，无法如愿。我立即亲自送了十万元到他府上；甚至我多次资助青年学者到国外游学，以增进其阅历……像这种补助文教慈善之事不胜枚举。如今，我看到慈济功德会蓬勃发展，青年学者在佛教学术界占有一席之地……他们的成长促进了佛教的发展，心中也不免欣喜。只要我们能以“享有而不拥有”的观念来理财，自然能时时分享到钱，用了才是自己的乐趣。

一九五〇年，煮云法师从舟山到台湾，我将刚裁缝好的一件长衫送给他，从此，我在圆光寺一袭短衫过了两年；早年开山时，万般困难，某法师向我借八十万元，念及他是长者，我也尽力筹措，后来知道他只是为了试试我的为人，心中也有不满。我多次率团到日本开会，团里的法师要求我替他们出旅费，当时，我自理都稍有困难，遑论顾及他人，但我还是多方设法，满足所需。过去，一些同参朋友在台湾生活得不如意，即使曾经对我不起，我也不念旧恶，时予资助解困；一些潦倒文人也常向我要钱，我也尽己之力顺应所求。平日看到别人不慎遗失钱财，一副焦急的模样，自然会升起恻隐之心，还自愿出钱帮助，解决困难。我不富有，但肯散财，我不曾因此而贫穷，“钱用了”，只要大家能各得所需，“如同己有”，夫复何求？只是有些厚颜之士，往往狮子大开口，索资数万乃至百万，虽说钱是用来消灾解难，但我不愿给予，因为金钱是净财，不能让它成为脏钱。

我于各处弘法时，常常留心佛教文物的搜集。早期迫于经济穷困，往往在旅行中省下饭钱，以充购买之资；为了节省运费，我总是忍受手酸腿麻之苦，千里迢迢亲自将佛像捧回，甚至因此遭受同道讥议，认为我是在跑单帮，经营生意，我从不加以辩解。

一九八三年，我在佛光山增建“佛教文物陈列馆”；一九八八年，我在美国西来寺建了“佛教宝藏馆”；现在，我又为巴黎古堡道场搜集佛教法物。所有这些馆内的一品一物，无不是我多年来如此苦心的搜集。成立以来，虽然年年均因维护费用的庞大开销而入不敷出，但是，从来宾赞许的声音及眼神，我更肯定了多年来的信念：“钱，用了才是自己的！”看似冰冷的文物，实则蕴涵了无比丰沛的生命，以其简洁有力的方式，无言地宣说了佛教悠久伟大的历史、文化、艺术，这种带给人们精神上的建设，才是无价的财宝。钱财不只是用来满足物质上的需要，更应该用来庄严众生的慧命。

三十五年前，曾经有一个贫穷的小女孩，因人介绍，前来找我，表示要跟随我学习佛法。那时，我自己托身何处都感困难，只有婉言拒绝，但在她临走时，我又非常不忍，当下即掏出身上仅有的五十元相赠，以为她另寻佛学院，作为学道之资。没想到三十五年后的今天，她居然以十万倍的捐款作为报答，并且护法护僧，不遗余力。她，就是素有“黄仙姑”之称的黄丽明居士。对于此事，她津津乐道，而我更加确定：钱用了不但是自己的，而且还有百千万倍的利息。布施金钱，不是用来买一份虚名，不是在于数目的多寡，而是以一份诚心来赢得自己的欢喜和自己的心安理得！

我不但布施他人，也常常周旋于弟子徒众间，解囊纾困。佛光山单位与单位间，有时或因权责问题，或因财务困难，或因立场不同，而对某些需要用钱的个案争论计较。我知道后，一句我出这笔钱，自能化干戈为玉帛。佛光山多年来平安和谐不也就是我自己的收获吗？因此，我始终坚持：“钱，用了才是自己的！”

因为我有这种“钱，用了才是自己的”的理念与不储财的性格，佛光山也一直本着“十方来，十方去，共成十方事”的宗风来安僧办道，多年来，不但未曾有些许盈余，反而负债累累；虽然日日难过，但也日日过去，倒也相安无事。佛光山没有人抢着去当当家住持，争着去管理财务，大家凭着一股牺牲小我的精神来服务社会，奉献众生，说来也是我的福气，比拥有金钱更具有意义啊！

反观涛涛浊世中，一些人坐拥财富珍宝，出入汽车洋房，一旦死后，尸骨未寒，不肖子孙即为分配财产而争论不休。生前的所有钱财不但带不走，尚且形成后世的祸源，宁不悲乎？还有一些人，汲汲营营，贪图小利，放高利贷，招人标会，于金钱之积聚无所不用其极，到头来倒债倒会，一生的辛苦还是归为别人所有，宁无悔乎？在两千五百年前，佛陀即已说明：财富是五家所共有——水火、刀兵、盗贼、暴政和不肖子孙，因此教我们要布施结缘。有一首诗将这些情况描写得十分贴切：

一粒落土百粒收，一文施舍万文收，

与君寄在坚牢库，汝及子孙享不休。

过去有好长一段时间，我一文不名，但是我从不自认贫乏，反而觉得世间处处都是财富：一句好话、一件好事、一个方便、一点友谊……都是弥足珍贵。后来我有了供养，只以为这是宿因所现的福报，实不足为道，反而深深感到金钱如水，必须要流动，才能产生大用；渐而体悟到如何用钱，是一种甚深的智慧。而用钱最好使大众都能获得取之不尽，用之不竭的般若宝藏，才能使自己永远享有用钱的快乐。所以，我深深觉得：拥有钱是福报，会用钱才是智慧。

以智慧来代替金钱

有一次，佛光山举行徒众财务讲习会时，我问与会的大家："你们知道佛光山处理财务有哪些原则？请大家举手发表。"在众多的弟子当中，依谛一马当先地举手，他从位子上站起来说："我记得最清楚的是，师父您常说的'要以智慧来代替金钱'。"的确，我一生处理财务的原则当中，最重要的就是"以智慧来代替金钱"。凡事不一定要用金钱去庄严，但要用智慧。

过去有一句俗语："有钱能使鬼推磨。"说明了一般人对金钱的看法。其实一个人不论富有到什么程度，也无法永远持有，佛经上说："财物为五家所共有。"所谓的五家，就是指大火、大水、盗贼、贪官污吏及不肖子孙。这五者足以使我们的钱财销毁殆尽，更何况金钱也不是万能的。再多的金钱可以买得到奴隶，但是买不到人缘；再多的金钱可以买得到群众，但是买不到人心；再多的金钱可以买得到鱼肉，但是买不到食欲；再多的金钱可以买得到高楼大厦，但是买不到自在欢喜；再多的金钱可以买得到华衣美服，但是买不到气质；再多的金钱可以买得到股票，但是买不到心满意足；再多的金钱可以买得到床铺，但是买不到睡眠。最重要的是，再多的金钱买得到世间的物质，甚至书籍，但是买不到智慧，因此智慧才是人类最宝贵的资源。

像春秋战国时代，说客游走于燕、齐、韩、魏、秦、楚、赵各国之间，消弭了许多兵戎残杀，就是因为他们拥有智慧的辩才；策士与君王一席话之后，往往位居极品，也是因为他们拥有智慧的头脑；诸葛孔明虽然起于布衣，人力、物力、地利均不及曹操、孙权，但是因为他拥有智慧的策略，所以能够与强权周旋，偏安蜀中，最后终能与魏、吴鼎足而立。所以历朝以来，帝王善于传世者，不但为太子物色智慧超群的老师，而且将他们的地位提升在丞相之上；在各种兵法中，军事家都是运用智慧，运筹于斗室之中，决胜于千里之外；现代民主宪政所谓的“内阁”制度，也是因为当初是在一个小房子里面决定国家的政策方针，所以有此名称。“内阁”看起来不大，但智慧无边，甚至牵一发动全身，可以影响到国家的政经局势。

此外，人类文明之所以一日千里，不是金钱造就的，而是众人智慧的结晶。像毕昇发明活字印刷术，让知识的传递更进一步；瓦特发明蒸汽机，带来了工业革命；莱特兄弟发明飞机，缩短了世界的距离；阿姆斯特朗登陆月球，更为宇宙的开发写下划时代的一页。

两千六百年前，佛教对智慧的修行就极为重视，并且称最上乘的智慧为“般若”，一般的智慧有善有恶，但是“般若智慧”是纯善无染的。经典中说“般若智慧”如目，能引导其他五度到达圆满的彼岸；又说“般若智慧”是诸佛之母，因为十方诸佛皆由“般若智慧”而诞生。像文殊菩萨之所以位于菩萨之首，而且是七佛之师，就是因为他长于“般若智慧”；舍利弗之所以成为佛陀的首座弟子，而且被任命为第一位沙弥罗罗的剃度师父，也是因为他拥有“般若智慧”；妙慧童女能受到诸大菩萨的礼敬，也是因为她的智慧超凡，能言人所未能言，道人所未能道；龙树之所以被尊为佛教八宗的共主，也是因为他的智慧过人，著书立说，破邪显正。

我从小生长在农村贫苦的家庭里，经常衣食不周，因此就想到要用“智慧来代替金钱”。夏天的时候，稀饭到隔日就有馊味，我学习乡人用韭菜和在里面，再煮一次，就可以消除怪味；剩下的菜肴，我也知道要放在清凉的地方，可以维持不坏，第二天还能再吃；即使是烧一根木柴，我总想到如何让火维持久一点；写一封信，我也是将用过的旧信封套反过来再用一次。

及至出家学佛，由于正处于兵连祸结的时代，民生困乏，寺院经济更是拮据，僧侣们大都过着清贫的生活，袜子、鞋子的底破了，就拿厚纸板垫补；衣服破了一个洞，就将报纸糊成硬纸，代替面料缝成补丁。我就在那种环境之下，学会废物利用的智慧。我在佛学院读书的时候，曾经自己动手用树枝木板钉成一个篮球架，也经常将剩饭、剩菜煮成一锅美味的炒饭，和同学们共享。因此，我经常很自豪地说："即使是残兵败卒，我也要像韩信一样，能调御成为胜利之师。"

如今我看到现代人，也许是经济发达，购物方便，需要什么东西，总是一想到需要，就买现成的。我常想：如果有智慧品，为什么非要花钱呢？如同撰写文章，重在表情达意，通顺流畅，我不太计较文字的工整对仗，所以我批改文稿的时候，如果有意义相同、可以代替的字，即使文辞再美，我也不轻易为人更动。物品也是如此，重在实用大方，我不一定要用精雕细琢的艺术品。像佛光山的佛像，并非金、银、木、石的雕刻品，而是用水泥打造而成，但外相庄严肃穆，一样能引发信徒的信心道念，因此来此朝拜的善男信女超过数千万人以上。

我记得多年前走访印度时，曾经看到一对雕工精美的大理石灯笼，价值十多万台币，当时在佛光山担任都监院院长的慈惠十分中意，建议我将它们买回去装饰佛殿，我问他："你是怕佛光山没有东西可以给小偷觊觎吗？你当家当了那么久，难道没有感觉到全佛光山虽然殿堂那么多，但是我从来都不挂念有人会兴起歹念，你有没有想过是什么原因呢？"慈惠恍然大悟，多年之后，他谈及此事，向大家说从这里学会了善用因缘的智慧。一个善知因果的人，不但自己不种恶因，而且也会设想周到，不让别人种下恶因，所以不会产生恶的果报。

我不但不花昂贵的代价来购买器具用品，甚至佛光山很多办公桌椅都是从别人休业的公司行号里搬回的旧货，有些家具则是信徒淘汰更新而废弃不用，我们捡回来使用至今。公家物品固然如此，私人用品也是一样，即使是一双筷子、一个碗也有生命，我也是反复尽量使用，让它的生命延长。甚至佛光山有上百亿的建设经费，我也从没有为自己买过一张办公桌。我不是不会用钱，但是我就是不为自己花钱。当初佛光山初期的建设，没有建筑师，没有办公室，当然更没有办公桌，我和包工萧顶顺先生都是站在路上指手画脚一番，一栋一栋的建筑物就完成了。我做事的原则是：用心去成就一切，用智慧去成就一切，而不要用金钱去堆砌一切。

记得在开山之初，我也请了一名刘姓建筑师帮我设计了一座寺院大楼的蓝图，当他将设计模型拿给我看的时候，眉飞色舞地说道："这栋大楼的建筑即使在一百年之后，还是很合乎时代潮流。"我当即告诉他："一百年之后，我们都已经不在世间了，更何况寺院建筑最重要的是庄严、实用，不在于式样新潮。"因此，佛光山就没有再请过建筑师设计。

虽然没有建筑师设计，但佛光山的大雄宝殿外观富丽堂皇，多少年来，不知赢得多少人赞美。像画栋雕梁的色彩是台湾一位油漆匠的研究作品，而人人称道图案优美的天花板，不过是三夹板漆上油漆而已。所以，我们不一定要用金钱来做事，发挥我们的智慧，一样能够达到事半功倍的效果。

有一天上午，我站在佛光山的门口，观察到徒众们一部车子、一部车子接二连三地开到城里去办事，我当时很讶异：为什么大家不坐一部车子下山，如此一来，不是既可以办事，又能够节省能源吗？虽然"佛佛道同，光光无碍"，但"千年暗室，一灯自明"，如果一灯能抵无尽灯，也未尝不好。

我记得三十多年前，佛教界还没有人用汽车时，我为了弘法方便，买了一部九人座的"载卡多"，因为常识不够，请工厂将它改装成二十六人的座车，每次出门，我都招呼徒众学生们一起上车，那种"皆大欢喜"的情景，至今想来，仍然觉得趣味无穷。所以我常常告示徒众：节省是智慧，忍耐是智慧，善于处理是智慧，能将世间万物提纲挈领，化繁为简，运用自如，能为大众所用，就是一种智慧。

现代人什么物品不用了，即使出于爱惜的心态，将它们放在仓库里，我觉得也是一种浪费，因为一放进仓库就不再闻问，再好的东西也等同废物。所以我主张不设置仓库，我认为只要你会运用，破铜烂铁都能派上用场，所以基本上，世上没有废物。如果自己不用，能让他人使用，就是一种智慧的考验了。

记得三四十年前，我希望把静态的佛教带动起来，常常举办一些社教活动。有人批评我："没有钱，还办什么活动？"其实我办活动，一切从简，不但没有花什么钱，而且还有结余。因为办活动可以陶铸思想，凝聚力量，这些价值都不是金钱所能衡量的。所以我力排众议，一次一次地办下来，不但吸收了许多青年人学佛，而且培训了一批忠心耿耿的干部。我们同心协力，将佛教从宜兰发展到台湾各个角落，从岛内发展到世界各个城市。近十年来，我们所办的一些大型活动，如“回归佛陀的时代”、“禅净密三修法会”、“慈悲爱心列车活动”、“恭迎佛牙祈福法会”、“筹募佛光大学基金园游会”，乃至每年在国父纪念馆举行的大型佛学讲座等等，动辄数以万计的人前来参加，大家看到台上台下飞天跃舞，庄严堂皇，实际上除了很多义工前来帮忙外，许多道具都是我们自己制作，用碎布拼凑而成，甚至自己穿袍搭衣，庄严场面，无形中发挥了净化人心的力量，凡此都肯定了金钱不是万能的，唯有散播佛法的智慧，用慈悲融和大众，才能让我们的社会更加安和乐利。

在佛经中记载：一位善生长者得到了世间最稀有的栴檀香木做的金色盒子，他立即向大众宣布：“我要将这稀有的宝贝赠送给世间最贫穷的人。”许多贫穷的人来向善生长者索讨这个金盒子，但是善生长者都说：“你不是世上最贫穷的人。”大家认为他根本没有诚意要将这个金盒子送出去，因此要他说出世上最穷的人是谁。善生长者于是告召大众：“他不是别人，他就是我们的国王。”国王听说此事，心里很生气，派人把善生长者抓去，将他带到收藏珍宝的库房，那里的金银财宝，多得不可胜数，但是善生长者还是认为国王是世上最贫穷的人，因为国王虽然有钱，却不知道做福利人群的事情。

其实世上像国王这样“最贫穷的富人”多得不胜枚举，我有幸能在佛法的熏陶下，认识到智慧才是人生真正的宝藏。虽然我没有钱，但是我很会用钱，像过去的寺庙有了钱，就增设佛殿，但我却用来建设讲堂及会堂，因为我觉得身为出家人，应该运用自己的智慧走向社会，弘法利生，不一定把兴隆佛教的责任交给大雄宝殿的佛祖。

过去的寺庙有了钱，就扩建寮房，但我却用来建设教室及图书馆，因为我认为佛子们应该让众生都能深入经藏，智慧如海；过去的寺庙有了钱，就添置庄严器具，但我却用来建设会议室及谈话室，因为我要让寺院道场成为智慧的殿堂；过去的寺庙有了钱，就购买房地田产，但我却用来兴学校，办杂志，因为我要将佛陀的智慧传播十方；过去的寺庙一有余钱，就储存起来，但我却将钱用在文化、教育、弘法、慈善等事业，甚至将明年、后年的预算都在今年用光了。虽然如此，我未曾因此而烦恼，因为我对于钱的看法是“十方来，十方去，共成十方事”，更何况没有钱，就没有纷争，就不会为子孙留下祸端。七十多年来，我从来不曾为自己积存一点钱，我觉得这是一种最有智慧的做法。

我不但在支出上秉持“以智慧来代替金钱”的作风，在收入方面，我也从大众智慧上着眼，而非用金钱来计算盈亏。像《佛光大辞典》一套成本要新台币七千元，但我以每套四千元出售，结果前来购买者趋之若鹜；《中国佛教白话经典宝藏》一套成本要新台币一万一千元，我半价出售，立刻增加五千套的销路，既减少了仓储费用，也让更多的人共享佛教的智慧。我一直觉得自己只是为了弘道，岂是一般的图利者？但想当初我提出这个建议时，多少徒众都不以为然哩！

记得四十年前，我办“每月印经会”，助印费每本一元，连印刷的成本都不够，但我能维持不辍，每个月还有盈余去印更多的经本，这是因为我对于参加印经的人并不计较捐款数目的多寡。后来我办《佛光小丛书》的助印会，每本助印费只收十元，每年送出去的小丛书在百万本以上。不要看只是一本薄薄的小书，它不知让多少失意的人绝处逢生，让多少失和的夫妻破镜重圆，这种智慧的力量哪里是金钱所能比拟呢？

三十多年前，东方佛教学院开建的时候，一间教室成本十八万元，但是捐献一间教室的功德款只需要五万元。当时担任会计的徒众不时来和我说：“师父！一间教室成本十八万，您只收五万，这样不行啊！我们会亏本，建不起来的。”我也知道五万元不够成本，但是我以这种方式，在全世界建了十六所佛教学院，用佛法的智慧不知为佛教界增加多少事业，培养了多少人才。

佛光山开山之初，每年举行万缘法会，凡参加者，我们为他消灾祈福，每人只收一百元，连饭钱都不够；从台北到高雄佛光山的朝山专车，其中包括三天两宿五餐的费用，我们也只收二百元，连来回的油费都不够。弟子们对此都不抱乐观态度，认为我是在做亏本的事情，但是这么多年来，佛光山不但不因此而关门，而且前来参访的人越来越多。我常想：如果来的一百个人当中能有一个人认识佛法的美妙，并且将妙法带回家庭，带到社会，不但是佛教之福，也是大众之福。所以，我们不要用金钱去衡量一切事情，尤其佛法是无价的，我们应该广为流通，让大家都懂得用智慧来庄严这个世界。

现在的社会大众开口闭口都是钱，甚至传播媒体也常在推算谁有钱，谁没有钱，佛光山也因此常遭受池鱼之殃。像前几年，有人在算佛光山的房地产有多少，后来又有人为宗教团体的财产排名，结果佛光山瞠乎其后。其实不管佛光山有钱没钱，佛光山的建设都不是用金钱塑造的，也不是个人的，而是万万千千的佛光人所共有的，是用他们的诚心、智慧、劳力建设起来的。所以我觉得，看佛光山乃至看一切的事业团体，不要看钱有多少，应该看组成的分子用他们的智慧做了多少事，成就了多少功德。试问他们的发心能算得穷尽吗?

目前很多国家外交界有所谓的“金钱外交”，工商界有所谓的“钱上滚钱”，社会上有所谓的“拜金主义”，国防上也主张花多少钱去购买武器。其实在“金钱外交”之外，我们还可以运用智慧去进行文教外交、宗教外交；在“钱上滚钱”之余，我们应该想到经济的成长只是富裕的指标之一，大众生活素质的提升，人民智慧水平的提高才是最重要的；“拜金主义”已给社会带来无穷的灾害，为下一代灌输正确的价值观，让他们都具备做人处世的智慧，才是当务之急。如今，在一片经济衰退的骨牌效应中，在战乱四起的世局当前，希望大家都能传播“以智慧来代替金钱”的观念。金钱固然要紧，智慧更为重要，让我们的民众不因为金钱的有无而动摇志节，让我们的社稷拥有更高的智慧去面对危难的考验。

“智慧！智慧！”我们要高呼：“般若智慧才是世间至宝！”

贫穷就是罪恶

我初入丛林古寺参学时，发现有些人以穿褴褛衣衫为标榜，有些人以吃馊饭剩菜为修行，有些人装穷卖傻，扬言金钱名利是毒蛇猛兽，故以贫穷为清高。有一天，我听到一位在客堂服务的知客师大实法师痛切地说道："贫穷！贫穷！大家都崇尚贫穷，极乐净土的七宝楼阁、黄金铺地的庄严世界，由谁来完成呢？实际上，贫穷就是罪恶啊！"

这番剀切的指陈，如雷击顶般穿过我的耳际，我开始反复思维。当年，战祸连绵，国势维艰，民间建设固然百废待兴，寺院经济更是萧条不振。贫穷，已是举国普遍的现象。那时，家师志开上人担任栖霞山寺监院，他不但从不喊穷，也不叫苦，反而从开源节流上着手，设置果菜农场，实践自耕自食；创建炭窑纸坊，提倡劳动生产，对于寺内经济的自给自足可说贡献至大！而栖霞律学院、私立宗仰中学，也因此而能成办。我们每日勤苦作务，以稀粥、杂粮、豆渣果腹，却将豆腐菜肴留起来供给信徒施主。仔细想来，这不就是以行动告诉大家：真正的贫穷是坐以待毙，是心内能源的枯竭堕落。佛教要有钱才能办事业，要有钱才能和大众结缘。我恍然大悟：贫穷，怎么不是罪恶的渊薮呢？

回想起来，我之所以能够很快地契悟"贫穷就是罪恶"的道理，与我童年的经历有着莫大的关系。记得小时家境清寒，我曾经沿街叫卖，贴补家计，也曾经牧牛拾荒维生，我从不因为贫穷而感到自卑，因为我自觉有能力去帮忙父母分忧解劳，是一件很光荣的事。为了取悦经年卧病的母亲，我还常常为她讲述一些七言俚语故事，古人寒窗苦读、忠孝节义的事迹，却也因此而深深地印入我小小的心灵，成为我日后行事的准绳。从小我就体悟到：贫与富，对于个人而言，只不过是自己心理上的价值认同而已，但如果国家社会大众贫穷冻馁，将会引发无穷罪恶的问题。

尽管丛林物质生活十分缺乏，平日还要接受师长们无理的要求、无情的打骂，我却没有丝毫怨尤。我反而感谢老师们引导我进入真理的领域，我感恩常住给我一个安身的道场，我感激十方信施滋润我的色身，我感念芸芸众生供给我们生活所需。虽然大殿里的佛祖没有和我讲过一句话，为我剃度的恩师也未曾给予我好言安慰，我仍然感激佛陀摄我以正法，家师赐我以慧命。每于晨昏自想，自己何功何德，而能承受种种供养？于是，我发奋读书，勤于作务，我立誓要将全副身心奉献尘刹，也因此，我在参学期间，过得分外法喜。我深深觉得，我们不必要求形相上的物质，也毋庸企盼别人施予温情，只要我们懂得知足、感恩、奉献、结缘，一切的荣华富贵都在自己的方寸之间。

离开祖庭白塔山大觉寺，来到华藏寺担任监寺时，我才二十二岁。那时，国难方殷，财政瓦解，经济崩溃，民不聊生，往往扛了一大袋钞票出去，才换回一瓶油、一包盐。一日三餐，我们都以干粥糊口，还要费尽气力与保守的旧僧周旋。虽是贫乏已极，我们并不感到灰心，因为我们以佛教的兴衰为己任，所以我们每天都活得很充实，而我们所共同拥有的理想与抱负，就是心中那不灭的能源，它鼓舞着我们为法忘躯，为教牺牲，在所不惜。

一九四九年，我赤手空拳从大陆来到台湾，可说是一贫如洗。我的一双木屐穿了两年，连底都见地了；身上仅有的一件短褂，也缝缝补补地穿了三年。同参道友纷纷出去赶法会，做佛事，回来又是傣钱，又是礼品，大家围成一团，彼此炫耀自己的收获，热闹非凡；我却连拥有一支笔、一张纸都万分困难。有些信徒怜悯我贫穷，劝我放弃撰文投稿，随着寺众去赶经忏，作法会，但我未曾动心，因为我时时刻刻都觉得天地万物与我同在，身外的财富虽然短缺，我更应该开拓心中的能源。清晨时分，当我独自拖着板车，到几公里外的市集去买菜时，天上的孤星残月、路旁的花草树木，都成为我的法侣道友；当我在庭院洒扫扒粪时，我默默祈祷芸芸众生皆能扫除烦恼尘垢；当我到寺外帮忙收租时，我感谢山河大地供我驰骋遨游；当我看护病人、掩埋死尸时，无常的讯息使我警惕自己，要在佛道上精进不懈。我感到自己非常的富裕，因为宇宙的森罗万象都是我心中的禅悦法喜，而写作发表则是为了让别人分享自己所体验到的无上法乐。

虽然我很能随缘度日，但我并非是一个因循苟且，得过且过的人。当因缘成熟时，我毅然告别最初挂单的寺院，开始为我的志向——振兴佛教，努力奋斗。于是我昼夜六时接引佛子，栉风沐雨，弘法利生。回想我当时身无长物，却能为佛教开展出一片新的契机，其理无他，只在于我不忍见佛教贫穷若此，所以我发愿要力争上游，为佛教和众生创造美好而富有的世界。我在此奉劝天下的年轻人，自己可以不积聚外财，但不能不开发心内的智慧宝藏；自己可以无财无势，但不能不立志为国家社会开创富强安乐。

多年来，我虽然忙于说法度众，但从未离开佛教文化的工作岗位。后来，我以著述所得，也蒙信徒赞助，购买了一栋精巧的普门精舍，住在里面，读书写作倒也逍遥自在，然而为了能为佛教多贡献心力，我还是将房子卖了，买下佛光山，创办佛学院，为佛教作育英才。虽然我耗财费力，不曾拥有什么，但是我享有一切努力的成果；为了创建佛光山，虽然我负债累累，却从不感到贫穷，因为我时时心甘情愿地将身心献予十方尘刹。

三十年前，佛光山原是一片竹林密布的荒山，当时，有人曾经怪我，为什么好好的都市不住，却要到穷乡僻壤的地方来拓地垦荒？但一股信心支持着我弘法兴学。多年来，我们在经济拮据的情况下，披荆斩棘，与洪水搏斗，与悍民周旋，终于开辟出佛光山这座道场来。天下无难事，一切的空无贫乏不是阻力，信心、诚心、耐力、毅力，就是最宝贵的财富。等待、拖延、犹豫、无恒，才是贫穷的根源。庄严富丽的极乐世界是阿弥陀佛秉持四十八愿，于无量阿僧只劫中完成，我们要在人间建设富裕安详的净土，当然也不能坐等诸佛菩萨的加持现身，而应该效法他们的慈心悲愿，认真地去创造自己的未来。

起初决意创办佛学院时，我身无分文，但我以为，信心就是我的财富。因此，我力排众议，着手办学。果然，一间间佛学院就这样办起来了。当来山信徒日增时，为了安顿他们的心灵，我计划建设佛殿。那时我手无寸银，然而自念社会大众就是我的财富，于是，靠着“十方来，十方去”的理念，一座座的殿堂也设立起来了。后来，朝山礼佛的善男信女络绎不绝，由于不忍看到他们食宿不便，我又打算兴建朝山会馆。虽然掌管财务的杨慈满居士一再向我报告，已经借贷无门，我还是择善固执，因为我确信，我的人格信用和信徒的发心净财就是财富啊！现在，不是又增加了一栋栋的殿堂、一间间别分院来为信众服务吗？贫穷不是借口，只要我们心中有佛法、有慈悲、有智慧、有愿力、有社会、有信徒，“真空”就能生出“妙有”来。

我经常被问到这样的问题：“你没有读过师范学校，怎么会办教育呢？你也没有学过建筑，怎么会建房子呢？”不错，我既没有读过师范，也没有学过建筑，但过去当我还在佛教学院求学时，我就想过，将来如果我办教育，我要如何计划教学，我要如何实践理想？我从大陆来到台湾，又从台湾弘法到世界，我走过很多地方，见过很多房子，每去一处，我都很留意当地建筑的结构、样式、格局、环境，并且设身处地思量，如果我是工程师，应该如何设计这栋房子？应该如何规划这块土地？由于平日的用心，一旦机缘成熟，不论筹办学校，或是创建道场，一切构想早已成竹在胸，自能水到渠成。如果你问我有什么秘诀？我只能说，自己比别人会利用零碎时间，多留心万事万物而已。天地万物，一切现成，只看我们有没有巧思慧心，将宇宙万有化为自己的财富罢了。而心里贫穷的人，只知不劳而获，向外贪求现成，结果越贪越穷。几曾见过贪婪悭吝的人能发财呢？能舍才能得啊！

几十年来，我陆陆续续地看到，幼年的一些同道在生活艰难的压力下，纷纷另作打算，有些人则被金钱名利埋葬，失去了自己的方向。在惋惜之余，我不禁为自己感到庆幸，如果当年在困苦的环境下，自怜自艾，不能在心内挖掘宝藏，成为自己的动力，或者短视近利，只贪图眼前现实的利益，又怎能坚守佛教的生活与心中的抱负呢？直到现在，我一直认为，物质上的空无，正是生命历程中的试金石。

金钱固然是烦恼祸患的根源，但净财也是学佛修道的资粮，是弘法事业的基础。人间的佛陀其实正是富贵人生的提倡者，他固然以毒蛇来比喻黄金，但也主张赚取净财，拥有适当的物质生活。在《六方礼经》中，他指导善生如何运用金钱；在《弥陀经》、《药师经》等宝典中，他描绘诸佛的净土都是黄金铺地、七宝楼阁，可见佛教并不排斥清净的富有。

秉持着佛陀的遗教，我倡导"储财于信徒"的理念，对于十方的供养，我取之有道，我不敢受太大的信施，而要求信众在不自苦、不自恼的情况下量力布施，因为我觉得正信佛法的弟子要重视自己家庭以及事业的需要。我也兴建现代化的各种硬件设备，使佛弟子们都能在清净舒适的环境里修行学道，事半功倍。我认为对于财富珍宝，乃至其他五欲，能做到不贪不拒，才是佛陀所说的"中道"生活。

我在大陆曾经游走大江南北，参访过各个名山古刹；到了台湾宝岛，我又与台湾佛教共同成长。多年来的阅历，使我深深感慨，佛教界和任何团体一样，财产不在患寡，而患不均；对于钱财的处理运用，不在有无多少，而在概念的正不正确，以及会不会用钱。有钱而不会用钱，和贫穷一样匮乏。所以有钱是福报，会用钱才是智慧。因此，当我创建佛光山时，便首先确立佛教处理钱财的方法。我告诉佛光山的徒众，佛教振兴之道，在于佛教有人才、有净财、有道业、有事业。巧妇难为无米之炊，缺乏净财，无法成事。此外，我手拟佛光人守则，明定佛光人不能私自化缘、私建道场、私置产业、私蓄钱财，而且申令管钱的人，不可掌权；掌权的人，则不能管钱；大职事有权，小职事管钱。

有钱，要为佛教和社会用了，不可储存。很多人看到佛光山一栋栋金碧辉煌的建筑，但很少有人知道佛光山经常无隔宿之粮，甚至一直举债度日。我最高兴的倒不是将十方信施净财用于建设道场，我最欢喜的事是将钱财培养了人才。一千多个僧宝，他们弘教说法，长于解除信徒疑难；他们主持道场，善于行政法务；他们在世界各地参学，通晓各国语言；他们把佛教带向人间化、现代化、生活化、国际化，这是对信徒布施净财的最大的回馈。此外他们还编印佛教大藏经、佛学词典，发行杂志书刊，其他兴办养老育幼、施诊医疗等种种公益慈善事业，就更不在话下了。

社会上有一些不明真相的人，他们无视于佛光山对佛教发展以及社会教化的贡献，批评佛光山商业化，指佛光山很有钱。其实，佛光山不是很有钱，而是很会用钱，今年的钱用出去了，明年乃至后年的钱也用出去了。在日日难过日日过的生活下，我们将每一分净财都用在培养人才、弘法利生的佛教事业上。佛光山不矫情，视金钱为罪恶，也不滥用金钱，积聚金钱，使金钱成为罪恶的渊源。我们的信念是要借着佛教的力量，把苦难的娑婆世界建设成富乐的人间净土。

有人曾对我说："真可惜你出家了！要不然你会和王永庆一样有钱。"王永庆先生是杰出的大企业家，他的财富，我怎能比？所以，对于这些话，我始终不以为意，但是我们出家人，出家无家，只要我们安于八正道、六波罗蜜，无住而住，正可以处处无家，处处为家；三千大千世界，宇宙万物都在我的心中。我富有三千，王永庆先生又何能与我相比？出家无子，只要我们拥有天下父母心，天下人都是我们的儿女；出家无财，只要我们运用般若智慧，秉持慈心悲愿，到处都是自家的宝藏。因此，我深深感谢有这份福德因缘得以出家为僧。

一九九三年初，我返乡探亲，中国佛教协会赵朴初会长赠我一偈，其中的一句是："富有三千界，贵为人天师。"这可说是我出家半甲子以来，心境上自我期许的写照了！

须像海水时时激荡更新

佛陀不但经常强调自觉觉他，而且教导我们要以达到觉行圆满为修行的最高境界。凡是能够接受教诲，勇于认错的人，大多进步得快；凡是觉得自己全部有理，死不认错的人，大多在原地踏步……

错误不能一直下去

记得二十多年前一次法会的前夕，我到会场巡视，发觉所有的设计、布置都不合理想，便将主事的弟子叫来问话，她皱着眉头表示："明天法会就要开始了，无法再作任何改变。"我当下责问她："你要知道，错误不能一直下去！"结果大家连夜拆除，重新布置。第二天，人人称赞会场庄严殊胜，有如灵山再现。弟子伏首认错，对我说道："还好是当初师父的一句'错误不能一直下去'。""错误不能一直下去"不但是我经常拿来课徒的警语，也是我一生处事的原则。

许多人觉得一点点的错误，何必那么斤斤计较？其实，小错误如果任意不管，就会铸成大错误。过去有一个死囚在临刑前，要求吸吮母亲的奶水，当母亲解开衣服时，他一口咬下母亲的乳头，愤愤地说道："小时候我偷了别人的东西，你不但不骂我，还夸我聪明，现在我到了这个地步，都是你造成的！"这则耳熟能详的故事无非告诉我们：小错误也要注意，否则一直下去，将会贻害终生。历史上，如战国时代，燕国由于中了田单的连环计，一战而溃；赵王因为听信谣言，不顾众人的劝谏，阵前换将，让仅知"纸上谈兵"的赵括率军攻秦，结果一败涂地。目前的社会新闻中，像不久前，台北捷运局因为一个小小的匣门没有锁好，使得两名孩童触电丧生；某街道一个小小的坑洞多日来没有修补，以致经常发生车祸，造成人命的伤亡。凡此都说明了因循苟且，让错误一直下去，足以酿成不可弥补的灾祸。

其实，错误具有教育的功能，但关键在于我们是否搪塞诿过，让它一直下去。像唐太宗因为具有“错误不能一直下去”的决心，察纳雅言，从善如流，所以成就了无可匹敌的大唐盛世。罗斯福总统也是以坦承己过而著称政坛，在他还是纽约市长的时候，曾面对大众，诉说自己因一时不察通过议案，结果赢得了更多人的尊敬。高僧大德中因纠正过失而开悟见性者更是不乏其人，像德山宣鉴禅师因为答不出卖烧饼老婆婆的问题，知道自己所知有限，为了不让错误一直下去，即刻将自己所著的《青龙疏钞》烧毁，继续参学，终于在龙潭禅师座下悟道；白云守端禅师因为老师的一句“你连一个脸色都放不下，还不如庙前要猴把戏的小丑”，而心生惭愧，努力参禅，因为他能秉持“不让错误一直下去”的毅力，时时注意自己的举心动念，所以也获得了开悟。可以说，综观世界上有成就的人，都是因为对于自己一点的错误都不肯放过，所以能日新又新，不断进步。

我从小因为做事也力求完善，所以经常获得亲友的称赞，不料出家之后，却经常遭到家师无情的斥责，刚开始时也曾觉得百般委屈，随着年龄的增长，我恍然大悟：家师之所以采取“以无理对有理”、“以无情对有情”的方式来教导我，是希望我能秉持认错的态度行事，不要像一般人一样犯了“死不认错”的毛病。后来，我一生走来都十分注意通盘考虑，“不让错误一直下去”，对于日后的弘法事业产生莫大的助益。

我二十岁时，从佛学院结业出来，曾极力主张僧伽也要加入社会生产工作。来到台湾之后，听到慈航法师对我开示时说：“僧伽出家是要立志做人天师范，如果也要开工厂，难道要做工人吗？如果也要开商店，难道要做商人吗？”

我闻言若有所悟，知道错误的宣导不能一直下去，当即发愿：“我所要从事的生产工作，是要为信徒生产正信，为社会生产感恩，为大众生产善缘，为国家生产慈悲，而不是生产工人、商人……”后来我开创佛光山，订立“以教育培养人才，以文化弘扬佛法，以慈善福利社会，以共修净化人心”为开山宗旨，并以“给人信心，给人欢喜，给人希望，给人方便”为佛光人工作信条，实际上就是从那个时候开始萌发意念，再经过多年以来的酝酿所产生的。

要做到不让错误一直下去，除了必须接受别人的劝告之外，能够时时反省，自我观照，也是十分重要的。因此，佛陀不但经常强调自觉觉他，而且教导我们要以达到觉行圆满为修行的最高境界。像中国南北朝时代的道生大师，不惜生命，提出“一阐提也能成佛”的主张；泰国的蒙昆贴牟尼法师不惧迫害，以自己修持所证，倡导“法身”的理念，就是在秉持“不让错误一直下去”的精神，让佛教的真理得到高度的发扬，以裨益更多的众生。

我虽无古圣先贤的通达智慧，但有幸蒙受丛林大海的陶铸，历经大时代的变迁，在一番身心洗练之后，我逐渐厘清佛教未来的方向，立志效法六祖惠能大师和太虚大师所提倡的“人间佛教”思想，破除积弊已久的观念及措施，“不让错误一直下去”！在诸多佛教革新的事件当中，尤以一九一二年仁山长老为革新佛教而大闹金山寺的事件最为大快人心，因为此举促使中国佛教会催生成立，让风雨晦暗的佛教出现了一丝曙光。直到抗日战争之后，当我等五位焦山佛学院的青年学生被推选列席旁听中国佛教会的会议时，我的心中即刻为之一振，以为施展抱负的时机终于来临了，不料时局生变，未能实现理想。

刚来到台湾的时候，看到当地佛教落后的情形，回想过去大陆丛林参学的盛况，曾以“回忆比现实美丽”为题撰稿，抒发抚今追昔之感慨。当这篇文章发表在《人生》杂志，再度映入我的眼帘时，却不禁感到赧然，自觉回忆虽然能够作为借镜，但一味沉湎其中，就如同“白头宫女话当年”一样，也是错误的，“不能一直下去”，不如改善现况，前瞻未来更有意义。

当时民风保守，再加上长久以来，“山林佛教”的形态深入人心，佛教成为一种老年人的宗教。因为出了家之后，没有什么事情可做，许多有知识、有抱负的青年僧尼因为不甘愿将岁月消磨在早晚课诵及打扫环境之中，只有易装再入社会；一些在家的佛教青年男女起初也是满怀虔诚悲愿，皈依三宝，希望能为佛教，为众生奉献一己之力，但法师们除了教他们拜佛、念佛以外，没有余事可做，最后也只有隐遁山林或离开佛教一途。目睹佛教留不住人才，庸才方能在佛教生存，我深深感到：这种错误的接引方式如果一直下去，将使得佛教益加衰微，遑论光大佛教，弘法利生！

因此，我不但大声疾呼，吁请佛教的长老们爱护青年，创办佛化事业；自己也身体力行，即使在生活最艰困的时候，仍节衣缩食，将所有的斋供、傣钱拿来作为维持佛教事业的经费，结果佛教事业，如文化、教育、慈善等，不但利益了社会大众，也为佛教培养了许多人才。例如，筹设佛光大学和西来大学的慈惠、在世界各国设立寺院的慈庄、慈容，都是当初佛教文化服务处的基本干部；为我在幼稚园、育幼院带领小朋友的依来、萧碧凉等，都成为杰出人才。帮我办理佛教学院的慈嘉、依空、依恒、依淳、依华、依法、慧开、慧宽等，都是由于佛教事业而接引他们进入佛门；现时在世界各地建寺的依宽、慧礼、慧应、永祥、永全、满祯、觉穆等，也成为经验丰富的工程专家；在朝山会馆、麻竹园、云居楼服务的萧慧华、黄美华、吴秀月、妙晋等，都因展现了行政管理的才华，而被大众推选为佛光山宗务委员的候选人；曾经担任典座的依恒、依果、永度、永均等多位弟子，现在也住持一方，领众熏修。在出版事业、编藏及书记室工作多年的慈怡、依晟、永明、永进、永庄、满光、满济、满果等人，则是推动现代佛教文化发展的功臣。

事业固然具有养众、教众的功能，但如果沉溺其中，只知向前奔驰，不知向后观照，行之久矣，也会发生错误。所以数年前，我陆续辟建关房、禅堂、净业林、礼忏堂，好让徒众们在工作之余，轮流静修，但规定修持阶段到了一定的时日，就必须出来为大众服务，因为养深积厚，充实自我虽然是重要的，但是身为佛子，如果不能将修持带到日常生活，不能将修持运用在工作上，甚至不能将弘法视为自己的家务，不能将利生当成自己的事业，就是错误的。

过去常听人说："中国人像一盘散沙。"佛教的情形也是如此，我在年轻的时候，就时时思考其中的原因，后来发现这是由于长久以来，中国人，尤其是佛教徒，不知道组织的重要，不强调制度落实才有以致之。其实，在佛陀时代的僧团就是一个讲究现代化的组织，它的布萨举过制度，它的羯磨议事制度，甚至比现代国家的法律程序还要来得细密周全；它通达人性的管理方式，它权巧变通的律仪规章，也足以媲美当今任何的团体机构。可惜的是，后代的佛子不知道灵活运用，扩而充之。所以，虽然历史上曾有高僧大德如道安、百丈等人融古汇今，编纂僧尼规范，撰修丛林清规，但终因后继无人或宗派分歧等因素，不能流传久远。

"没有规矩，不能成方圆"，同样的，没有组织制度，如何凝聚成员的力量？有鉴于"错误不能一直下去"，我在早年成立念佛会，在寿山寺时，就着手拟订寺院规范组织及办法章程，后来辟建佛光山，更大刀阔斧地建立制度法规，并借此铲除教界一些似是而非的观念，例如：修行人拥有日用物资虽然不是罪恶，但如果不能清贫守道，乃至遭致讥嫌，就是错误的。所以，佛光人不准戴台币两千元以上的手表，不可用台币五百元以上的念珠，不准私置产业，不准私蓄财物。化缘如果能化到对方的欢喜，化到大众的善缘，固然是一件美好的事，但如果僧众不凭自己的智慧道德苦劳牺牲来奉献众生，却先想到别人的供养恭敬，从而损失了佛教的尊严、佛教的公益，就是错误的。所以佛光人不准私自化缘、不准私建道场、不可以经忏化缘为事业。度人出家固然功德无量，但如果滥收徒众，致使僧团水平降低，甚至造成徒众各自卫护自己的师父，闹得人我是非乌烟瘴气，就会变成严重的错误。所以，佛光人不准私收徒众，不准私交信徒。人才派到外地驻守，固然可以多方学习，但如果放任不管，任其行事，也是错误的，所以佛光山实行轮调及巡监制度。

所谓"会得香云盖，到处吃素菜"，经忏佛事本来是佛教了生脱死，弘法度众的法门之一，长久以来，却因为维生容易，而成为一些僧侣的职业。眼看不知多少出家众埋没大志，堕落僧格；多少社会人士误解佛教，丧失道心！在深恶痛绝之下，我决定从自己做起，不让错误一直下去，所以凡有人要求我做功德佛事，一定要先成为我的会员或佛教信徒，否则我都坚持拒绝，甚至为此不惜得罪名门大户。但久而久之，我发现经忏佛事虽然行久弊生，却也有其存在的理由，因为每个人根性不同，有些信徒可以一辈子不听经闻法，但是百年之后，却不能不找法师念经超荐；有些信徒可以在平日不参加法会诵经，但是在喜庆节日，却一定要延请法师念经祝愿；甚至有些人任你舌灿莲花，讲尽了佛教的道理，他也不信，但是参加了一场功德佛事之后，立刻就被庄严的坛场所摄受而皈依三宝。自忖：对于经忏佛事如果一味抱持禁止的态度，徒然失去了度众的方便，也是错误的，所以后来我订出一套程序、办法予以净化改善，并且一再告诫弟子们，要让经忏佛事做得庄严如法，而不以热闹应酬为能事；要让经忏佛事作为和信徒结缘的方式之一，而不流于世俗经营；要让经忏佛事能真正地超度亡者，安慰生者，成为一种了生脱死的修持，而不是虚假的应付；要让经忏佛事促使大家了解佛教对日常生活的美化作用与实用价值，而不只是死后的追思。

三四十年前，佛寺争相举行法会，但都是以诵经消灾、聚会吃斋为号召，徒有法会之名，而无法会之实。因此，我除了在例行法会中添增说法项目之外，更应当时信徒的喜好需求，到处成立念佛会，在共修中兼带讲经，一方面让大家知道佛教的好处，吸引更多的人前来学佛；另一方面借此提高佛教徒的水平。不久，佛教果然适应大家的根机，逐渐兴盛起来。记得当时我曾有一理想：“希望将来有一天，世界各地的信徒都能在周末同一时刻，同声念佛。”

二三十年后，这个愿望果真实现了，我却又在佛光山开会中提议：“为大众在周末假日筹划多样化的弘法活动。”有些弟子不能了解，前来问我：“师父！周末同时同声念佛，不是您过去一向的理念吗？为什么突然要改呢？”我回答他们：“因为时代不断地变化，念佛会有其时代的意义及功能，在目前多元化的社会里，如果我们依旧以过去的方式一成不变地推行念佛共修，就是错误的！”

一九九七年，佛光山封山之后，首度推出“假日修道会”，列出礼忏、坐禅、念佛、朝山、抄经、斋戒、佛学讲座、头陀义工、亲子营、青少年营等十种修持方法，供参加者选择，就是一种尝试性的突破。从目前各界纷纷组队报名参加的情况看来，当初的决定是正确的，从而更加警惕自己："无论是个人或团体，无论是内修或外弘，故步自封，墨守成规，都是错误的，不能一直下去，我们必须像海水一样，时时激荡，时时更新，才能具有充沛的活力。"

舍利弗曾经问佛陀："为什么您制定的戒律，有时开，有时遮呢？"佛陀回答他："这是为了因时制宜，因为有些事情，在此时应该要这样做，在彼时必须要那样做。最重要的是，我们应该把握自利利他的原则来行事。"又说："我所制订的戒律，如果在其他地方不宜实施，就不要实行。"伟哉佛言！什么事该不该做，必须因人、地、时、物等背景的不同而灵活变通，否则也是一种错误的继续，为害或许更深。例如：慈悲为怀是对的，但如果放纵歹徒，姑息养奸，就是错误的；随缘无求是好的，但如果丧失原则，不知变通，就是错误的；男婚女嫁是对的，但如果认识不清，勉强凑合，就是错误的；养儿育女是好的，但如果视为己物，任意处置，就是错误的；孝顺父母是对的，但如果助其恶行，耽误前途，就是错误的；广交朋友是好的，但如果结党组派，陷害他人，就是错误的；考试选才是对的，但如果偏重成绩，选人失当，就是错误的；出国深造是好的，但如果浮夸虚荣，不切实际，就是错误的。错误有时是因为自己的一念之差，有时是由于前人的偏差误导，但无论如何，一旦发现了错误，就必须要以无比的决心及毅力，阻止它一直下去，唯其如此，才能圆满自己的人生，促进社会的进步。

认错，要有勇气

春秋战国时代，有一位生性固执的男子驾着马车往北方行去，途中遇到多年的老友。朋友问他："你要往哪里去？"这位男子回答："我要去楚国。”朋友一脸狐疑地问道：“楚国是在南方，你往北方走，是背道而驰啊！”男子辩驳：“没关系！我的马非常优秀。”朋友无法理解，又说：“即使是一匹良驹，日行千里，但方向错误，还是没有办法到达目的地啊！”男子还是非常不以为然地说道：“你不用费心了！我有足够的旅费。”朋友说：“你就是有再多的旅费，但路的方向毕竟是不对的，你怎么能到得了楚国呢？”朋友虽然再三告诫他，这位男子仍然坚持己见，说道：“不打紧！我还有一个善于驭马的好车夫。”总之，任凭朋友如何分析解说，男子依旧执著自己的理由，死不认错。这就是人的愚痴，人的执著！

我们不要以为这只是一则故事罢了，其实，类似的事情也经常发生在现代的社会。我曾经看过一个慈爱的母亲因为女儿即将到寒冷的山区旅行，怕她冻着，所以就和女儿说：“乖宝贝啊！你去的地方很冷，不要只顾到漂亮，要多带一点衣服去啊！”女儿回答：“不必了，冷的时候随便到什么地方都可以买到一件毛衣。”母亲不放心，说道：“寒带偏远的地方，通常很难找得到一家店面。”女儿还是说：“没关系，我可以找一个人家商借一件。”母亲说：“越冷的地方，人烟越稀少，你到哪里去商借呢？”女儿说：“万一真的冷得没办法了，我马上回来，不就得了吗？”无论母亲如何地叮咛嘱咐，殷殷劝诱，做女儿的就是不肯多带一点衣服预备。死不认错就是一般人的通病。

所以，“认错，要有勇气”，我一生都将这句话当成自己的座右铭。

一九七一年，我想将朝山会馆的建筑列为佛光山第一期工程。因为我认为：现代佛教应该和社会大众结合为一体，能够提供好的食宿，才能让信徒安心欢喜地朝山拜佛，所以建议设立一座美轮美奂的朝山会馆，不料很少信徒支援这项建设，眼看工程无法进行。有一天，慈惠法师对我说：“台湾的信徒根本不懂什么叫做‘朝山会馆’，他们只希望有殿堂可以拜佛，师父应该先建大雄宝殿才对。”我一听，觉得她的话非常合理，于是立刻修正，因此佛光山后来的建设一直非常地顺利。假如当初我只凭理想，没有认错的勇气，又何能有后来的方便呢？

我提倡僧团的民主，效法佛陀时代的三番羯磨。每次在佛光山开会的时候，难免有一些徒众的意见与我不同，但只要合理，我立刻自己修正，所以我自许是一个从善如流的人，很怕徒众认为师父也是一个死不认错的人，久而久之，上焉者不敢违抗，只会唯唯诺诺，没有深思远虑；下焉者遵循效法，只知指责别人，不能检讨自己。这样一来，佛光山哪里能突破创新，为众谋福呢？

以我多年来授徒的经验，凡是能够接受教诲，勇于认错的人，大多进步得快；凡是觉得自己全部有理，死不认错的人，大多在原地踏步。像我常劝一些徒众既然不长于读书，就要及早学习其他技术，但他们却执著己见，不肯认错，结果花了许多年的时间钻研学问，才发现走错了路，后悔莫及。另有一些徒众做事不能顾全大局，懒惰又不和众，经过一再训诫，还死不认错，到头来没有一个单位肯要他做事。还有一些徒众溜单以后，虽然知道自己错了，却没有勇气向大众认错，只得流浪在外。我虽有心宽容接纳，基于宗门法规，也只有徒呼奈何！

因此，人一生际遇的平顺安危，其实和自己能否认错有十分密切的关系。甚至古往今来，无论一个国家或一个团体，主事者乃至组成的分子，能够认错与否，往往就是成败得失的关键所在。像项羽之所以在楚汉之争中饮恨败北，就是因为他刚愎自用，所以众叛亲离，最后自刎于乌江，临终前还死不认错，喊着："天亡我也！天亡我也！"三国名将周瑜，因为心胸狭窄，妒贤嫉能，错失联蜀灭魏的机会，却不知反省，反而感叹："既生瑜，何生亮？"终致英年早逝。反观刘邦和曹操，一个原本默默无名，一个被世人称为奸雄，却因为能听从谏言，改正过失，而成就霸业。

最近报载，经营亚都饭店成绩卓著，获得中外一致好评的严长寿先生，被聘请到台北圆山饭店担任总经理时，原本意气风发，很想有一番作为，但不久之后就递上辞呈，因为工作人员无法改掉威权时代的习气，死不认错，配合困难，严先生眼见无法改进，只得拂袖而去。

凡此都说明了："认错要有勇气。"能够勇于认错，才不会失去发展的契机。

记得三十年前，因为台北到佛光山路途遥远，北部的信徒纷纷请求佛光山在台北设立道场，好让他们可以常常听经礼佛。我也很想满足大家的需要，所以四处打听，看看有没有适合的场地。最初我们看中民权东路行天宫对面的一块土地，通过一位经纪人接洽，虽然价钱不及市价的三分之一，但佛光山还是负担不起，结果失去了这次的机会。后来，那块土地上面起了一座大厦，每次坐车经过时，我的心里都会生起一阵惋惜，总觉得对信徒虔诚的心意抱愧无比，因而发愿有一天自己有能力的时候，必定要在台北建一座空间宽敞的现代化道场。后来，信徒听说此事，有感于我为了不能给大家一处好地方拜佛而认错、难过，便发起大家协助出资。一九九四年，终于买下信义区一栋大楼中的几个楼层，集台北道场、台湾佛光会总会、佛光缘美术馆、佛光缘滴水坊于一处，实现我多年来对于现代佛教建筑的四个理想：传统与现代结合、僧众与信众共有、修持与慧解并重、佛教与文艺合一。

一九九二年夏季，因为耐特台风来袭，山洪暴发，雨水成灾，造成台湾南部地区一片汪洋泽国，佛光山东山的砂石也流失不少。当时我人在外国，闻后匆匆赶回，看到坍方流失的土石及满目疮痍的坡地，真是一阵伤感，但我没有责怪主事的职事照顾不周，防范不严，反而召集寺众，对大家说道："这次意外事件怪我当初没有用心把挡土墙做好，让常住遭受损失。"徒众们听了之后，都异口同声地回答："这不是挡土墙做得不够稳固，而是我们没有随时清理水道。"

我们师徒互相认错，于是大家同心协力，奋力抢救，很快地，东山又恢复以往的宁静美好。从这件事，我深深感到：一个人要肯认错，才有人乐意帮忙。因此，所谓的广结善缘，不光是嘘寒问暖，解衣推食就够了，还应该在有错误的时候，能够做到"严以责己，宽以待人"。

中国古时凡有灾祸，皇帝就下诏罪己，以求抚平人心，在今天民主时代的西方也有类似的情况出现。像一九九八年，美国总统克林顿因为绯闻案而闹得满城风雨，举世皆知。刚开始时，克林顿不肯认错，对大法官做不实的证词，结果引起民众反感，险遭国会议员弹劾。所幸他后来勇敢地站出来，公开向全美国的人民道歉，终于获得民意支持，而稳住总统的宝座。可见一个人唯有勇于认错，才能获得大家的谅解，才有机会重新做人。

哲学家苏格拉底在临终时，犹念念不忘欠了邻人一只鸡无法偿还，直至今日，没有人批评苏格拉底的贫穷，反而称道他是一位坦然率真的哲人；统一全印度的阿育王向小沙弥赔罪，自古以来，没有人耻笑阿育王道歉，反而同声赞美他勇于认错的美德。所以，认错不但不会失去自己的身份，反而能赢得更多的尊重。只可惜很多人不明白其中的奥妙，行事强横，不肯低头，最后自己成了最大的输家。

记得三十多年前，雷音寺首度重建时，一再商请门口的民房让售搬迁，以便道场的整体规划，虽经多次提出优惠的方案，屋主却始终执著己见，不肯利益别人。后来信徒因共修时进出不便，也多次好言劝告，对方还是依然故我，不肯让步，给人方便，结果招引众怒，真是损人又不利己。

佛光山开山不久，请了附近一位乡民为我们做一些杂工。我曾给了他一些钱，请他买些果树的幼苗种在寺周，没想到他买好之后，种在自己的地上，而且暗中修筑水道，将寺院用水引到他的田园灌溉，还向人夸耀他的土地是黄金之地，犹如黄金一般宝贵。我心里不禁想到：你的果树黄金，都是因为佛光山而有，这有什么值得引以为荣？

后来，我为了建大雄宝殿，向他情商购地，他的土地一日三涨，我问他："你的名字叫做'祝成'，为什么没有'助成'的习惯呢？"他一副理所当然的样子，答道："每个人都要为自己打算，我不助成是应该的。"结果就因为他凡事不助成，引起大家反感，一致决议不再用他，后来听说连家人都不理睬他，这就是没有人缘的后果。

许多人问我为什么所到之处，都能受人欢迎？我自觉一生最大的长处就是能明理，肯认错，因此无论长幼尊卑都喜欢和我在一起。

有一年，我率团到印度朝圣，途中请购了一尊石佛，拜托团员之一的蔡沧洲居士运回台湾。事后发觉这尊石佛重量达一百公斤，不知蔡居士是如何运到台湾的。想到自己当时只知道请购，却全然没有顾及别人搬运的辛苦，心中油然生起一股深深的歉意。后来我不时到他开设在善化的亚洲面包店买面包，以弥补自己的无心之过。多年来，蔡居士一师一道，护持佛光山，虽然不是因为我经常买他的面包，但我能够勇于认错，相信对于师徒之间道情的维系应该也有助长之处。至今这尊佛像陈列在佛光山宝藏馆内供人观赏，蔡居士佛国有知，当会原谅我的无知之失。

从小在美国留学长大的觉穆，在得州大学建筑系毕业之后，随我出家，回到台湾，一心想进佛光山丛林学院研读佛学，因适逢佛光山筹建南华大学，正好需要她的专长，所以要她先到大学筹备处帮忙。只见身躯瘦弱的她，南北奔波不停，时而到嘉义大林的南华大学监督施工进度，时而到宜兰礁溪的佛光大学了解工程状况。虽然她表示心甘情愿如此，但我还是觉得不忍，所以每次看到她回山，总要多给予一些招呼，也算是一种聊表心意的补偿，没想到她却更加卖力地工作，如今她已是净土文教基金会的副执行长。

出家学道一甲子以来，应事接物，使我悟出了一个做人的道理："你对我错，你好我坏，你大我小，你乐我苦。"我不但将这个"四句偈"挂在口边教育徒众，而且经常引用一则故事来说明它的道理：

从前有一户姓张的人家与一户姓李的人家毗邻而居。张家经常吵闹不休，李家却和睦互敬。有一天，张先生问李先生："为什么你们家到处充满欢乐，我们家却天天像个战场一样？"李先生回答说："因为你们家都是好人，我们家都是坏人。"张先生不解其意，问道："此话怎讲？"李先生答道："譬如，在我们家，如果有人将茶杯打破了，一定有人赶快跑去认错：'是我不好，把杯子放得太靠边了，害你满身都弄湿了，有没有伤到手啊？'打翻的人也会连忙说：'没事，没事，是我自己不小心，对不起，让你吓着了。'但是，这件事如果发生在你们家，打翻的人会说：'是谁这么没大脑，把杯子放得这么靠边，害我全身都弄湿了？'另外一个人就立刻反驳：'是我放的杯子，怎么样？你自己不小心，还要赖到别人身上！'就这样你一言，我一语，大家都不肯认错，当然就不会安宁了。"

依空法师的弟弟张进辉居士在普门中学教书，育有两名天资聪颖，活泼可爱的儿子。有一天，他正为教育孩子的问题而伤脑筋时，听到我上述这番话，觉得很有道理，马上拿回家去应用。在餐桌上，儿子抱怨饭菜不好吃，张居士马上满脸愧疚地说道：“都是爸爸没有用，爸爸不能赚很多钱，不能提供你们很好的生活。爸爸对不起你们！”儿子们听到爸爸认错,反而觉得又感动，又赧然，两个人一致说道：“爸爸最伟大，我们要好好念书，将来用最好的东西来孝顺爸爸。”

可见认错没有大小之分，只在于我们是否具有勇气；而能够真诚认错的人，才能够处处祥和，一片欢喜。

佛教十分注重认错的修持，除了有各种忏悔法门之外，丛林道场选任住持当家，也以是否有供养大众，勇于认错的美德作为标准之一，因为有认错勇气的人才能够以身教领众、教众、服众、和众。像晋朝的法遇禅师，是江陵长沙寺的住持，有一天收到师父道安大师寄来的荆杖，立即领悟：这是师父在训诫他不久前对一名沙弥喝酒只略施处罚而没有迁单的过失。于是立即鸣钟集众，向荆杖烧香致意，表示敬领师训之后，便伏在地上，命维那师杖笞三下，并且垂泪自责，此后僧俗二众更加精进道业。禅门语录中更是充满师徒之间以喝骂论道的公案，不但徒弟在错误时，能够勇于认罪，即使老师不对，也有俯首道歉的雅量。正因为如此,禅宗能以活泼伶俐的道风流传久远。

所谓“不怕念头起，只怕觉照迟”、“放下屠刀，立地成佛”。人，不怕犯错，就怕没有认错的勇气。在今天开放的时代里，常看到坊间书籍及知名人士都在鼓励大家“前进,要有勇气”、“表达,要有勇气”,我常想是否更应该提倡“认错，要有勇气”的精神？因为唯有父母与子女之间、老师与学生之间、老板与伙计之间、长官与属下之间都能具有勇于认错的美德，我们的国家才能更进步发展，我们的社会才会更温馨祥和。

疾病就是良药

自从一九九一年我跌断腿骨以来，承蒙信众厚爱，经常接到电话或来函问候，随着年龄渐增，我的身体状况更是成为彼此见面时关切的话题，也有许多人看我终日忙碌，却仍能从容应付，不见疲态，纷纷问我保健之道。其实四大五蕴假合之身，孰能无病？众生经历老病过程，谁能免除？只不过我从不刻意趋逸避苦，如今回顾往事，我深深感到：养生之道无他，疾病本身就是一帖良药。

就以香港脚与口腔破皮而言，人皆畏之，然而两者不仅长久与我为伍，而且时时交相为患。多年来，我非但不以为苦，反而深感庆幸，因为我觉得这是身体排除瘴气的征兆，我这一生少病少痛，想必与此有关。

年少时，在丛林参学，由于大家年纪还轻，都很喜欢发表意见，然而当时道风严峻，一个动作不对，眼睛稍微张望，即遭打骂，因此平常总是小心翼翼，谨言慎行，等到下课如厕时，才趁着远离师长视线之际，隔着墙壁，彼此高谈阔论，久而久之，我也感染了一上净房就想说话的坏习惯。虽说可借此畅所欲言，十分痛快，但是因为言语失当，事后被师长知道，叫去责罚的事例也时有所见。

后来有一段时间，我患牙病，疼痛不堪，一位老师教我一个秘方——在便溺时，不要说话，咬紧牙根。我照着去做，果然根治牙痛之苦，而原本多话的毛病，竟然也在不知不觉中革除了。此后不但减少失言之过，还增加了观察思维的时间。我的心地变得逐渐清明起来，在为人处事上也更为周延；这项始料未及的收获，至今使我受益无穷。

俗话说“十男九痔”，好不容易根除牙痛，未久，却又染患痔疮，正苦不堪言，不知如何是好时，一位师兄在谈话中无意中说道："越是肮脏的地方，越需要干净。"这句话使我福至心灵，茅塞顿开，从此每次如厕以后，都以水洗涤。在一次又一次地擦拭时，我仿佛见到佛世时的周利槃陀伽尊者，不疾不徐地扫着院子里随时飘落的树叶；又好像目睹禅门里的祖师大德，耐烦尽心地用手一根根拔起园子里生长不尽的杂草。我不再为痔疮苦恼，反而以病为师，深深感到无限的佛法妙意尽在其中。也不知过了多少时日，有一天竟然发现创口不复疼痛，原来皮肤已经愈合完好。回头检视自心，发觉烦恼尘垢也逐渐减少，一股轻安自在的法喜油然生起。

十七岁时，罹患疟疾，忽冷忽热，全身无力，心想应是回天乏术了。这时候，向来对我十分严厉的家师志开上人，派人送了半碗咸菜给我，令我感动不已，泪流满面，当下发愿尽形寿将身心奉献给佛教。未几，居然不药而愈。多少年来，当我在弘法工作上历经苦难，感到身心劳顿的时候，想到家师的半碗咸菜、自己的一句誓言，便心生惭愧，感恩之心油然而起，不敢稍有退缩。

二十岁那年，我又染患烂疮，除了头脚以外，全身出脓，臭秽无比，尤其脓血粘着衣服，每次一脱衣，就好像剥了一层皮下来。尤其自己不懂保健，又无钱购买成药，或许是因为有了痔疮的体验，虽然这次肉身所遭受的苦痛，甚于前者不止百倍，心中却能淡然视之，不觉忧恼，只是终日卧在病榻上，想到宿世无数劫苦，不禁哀悔泣首，往往无法自已。一个月过去了，我居然奇迹似的复原起来，步出寮房，景物依旧，身心却有大死一番的感受，我告诉自己要加倍精进，勤求无上佛道，饶益一切众生。

所以，次年我从佛学院结业后，有鉴于披剃出家的宜兴教育不够普及，便不计名利，自愿来到乡间的一所小学担任校长，从事培育民族幼苗的工作。

最初来到台湾的几年，我白天操持苦役，夜间阅藏写稿，工作可谓十分繁重，加上当时物质缺乏，营养不良，我经常头晕目眩，然而我咬紧牙关，度过每一个艰难的时刻。

刚来台时，目睹正信佛法之衰微，即矢志撰写佛传，然苦于居无定所，手边又缺乏典籍可供查阅，直到一九五五年，因缘具足，才得以如愿进行。当我搜齐资料，正要着手撰写时，突感胸口疼痛，而且经常咳嗽，一度怀疑自己是否得了当时颇为盛行的“世纪黑死病”——肺痨，于是夜以继日，不眠不休地奋笔疾书，同时每天不断地礼佛祈求，希望在佛陀的加持之下，能让我完成这项神圣的使命以后，再舍报往生。

直到今天，我还不知道当时是真的患了肺痨，还是奇迹出现？只是从自己一生患病的经验看来，我觉得古德所说：“比丘应带三分病，才知道发心。”诚乃不虚之言。因为生病能使自己警惕生命无常，故而能激发精进求道之心，实为行者对治放逸懈怠的一帖良药。

多年来，我不曾因为风雨阻断原定的行程，更未尝因病苦而打消既有的计划。记得一九六〇年五月，我在宜兰筹备佛诞节万人提灯大游行时，得了严重的风寒，虽然感到体力不支，几度昏眩欲倒，但是我仍然打起精神，召集大家开会，四处张罗打点，等到游行完毕，发现病也好了。

有一回，我赴基隆演讲，因患感冒，咳嗽不已。一名信徒听说后，自称有特效针药，我虽然一向不喜欢打针吃药，但是生性不喜拒人于千里之外，便随缘应允。没想到打了一针后，手臂竟然痛得不能举起，为了不使他难过，只好默默忍耐，半夜回到佛光山，才发觉连脱衣服都有困难，心想大概是打错部位，伤了神经，因恐他被人责怪，故一直不敢向别人提起，如是隐忍疼痛达一年之久，才渐渐痊愈。

后来，一位医生告诉我，伤风感冒无药可治，只有多休息，多喝水，至于坊间的一些感冒药，无非安慰心理，实际上没有多大疗效。而我则一直认为任何疾疫临身，唯有精进不懈才是祛病第一良方。

二十八岁那年，我患了恶性风湿，两膝关节疼痛不已，医师诊断后，宣布必须及早锯断双腿，以免殃及五脏六腑。我听了之后，心里一点也不惊惶恐惧，反而觉得行动不便，正好可以掩关阅藏，专心写作，一样可以尽绵薄之力，弘法利生。当时由于法务繁忙，以致开刀时间一拖再拖，也许正因为能够将生死置之度外，反而容易康复，后来竟然痊愈了。事后许多人纷纷打听我吃了什么秘门偏方，我想如果真有什么仙丹妙药，那应该是多年来熏修佛法的体验，养成我乐观进取的个性，使我遇到任何境界，都能不为所惑。

十多年前，背部突感不适，经多位医师会诊，说我只剩下两个月的生命，后来也是因为忙于南北弘法，忘了复诊。事隔好久，突然想起此事，再去检查时，才发现只是过去跌伤时的瘀血作怪。医生大叹虚惊一场，而我却始终不曾因死之将至，而烦忧懊恼，也未曾因生之复得，而庆幸欢喜，反倒觉得一场突如其来的病痛，如幻似真，正好可以考验自己的禅定功夫，增加对外境的免疫能力，未尝不是一剂上好的补药。

近几年来，因为糖尿病的关系，导致视力日渐模糊，美国的罗大夫为我做激光治疗时，曾经形容我的眼睛就像一件破旧的衣裳，经过缝补，只会再坏，不会变好，并且一再叮嘱我要多休息。刘大夫则说我的眼睛只能再看几个月。到现在为止，也不知过了多少个“几个月”，幸蒙龙天庇佑，佛祖加被，尚能辨识前物，故而依然四处弘法。

数月以前，台湾的眼科权威文良彦大夫为我检查眼睛时，讶异地对我说道：“我在医界服务二十多年来，从来没有看过一个糖尿病患者，在接受多次激光治疗后，还能保有像你这样视力的人。”这使我想起多年前，曾有一位阮医师为我检查全身时，也是以同样吃惊的语调，说我的胃袋构造十分特别，消化功能奇佳，在千万人中难寻一二。

其实，我认为不管是天赋异禀也好，是诸佛护佑也罢，人生的意义，不在于世寿的长短、色身的强弱，而在于利用有限的生命，为众生谋取福利，为世间留下贡献。

我平日忙碌，难有闲时，甚至往往牺牲睡眠来成全他人的愿望，有时心里真想找个机会好好休息一场，无奈我惯于不逆人意，所以每天总有一长串推不掉的行程。一九九一年八月二十日清晨，我在浴室滑跤，将腿骨跌断，虽说真正尝到寸步难行的苦头，但是我终于被迫休假，躺在医院的病床上，既不用会客开示，也没有一大堆的计划公文让我伤脑筋，感觉真是舒服极了。俗云：“休息是为了走更长远的路。”我对这句话有了更深的体会。想到生病在院，向来是大家深以为苦的事情，在我而言，却是一种难得的享受，可见苦与乐都在我们一念之间。

开刀后的第三天，我竟能坐轮椅到鹿港讲经；半个月后，在日本国会宪政议事厅，由多位议员和记者将我抬上讲台演说。以后约三个月，我就能舍杖而行，上下自如，连医生们都啧啧称奇，而我心里却很明白，这是因为打从下床的那一刻开始，我就没有抱持依赖拐杖的念头。尤其每当走路的时候，就不禁想起过去少年时的我，为了矫正天生内八字的缺陷，不知花费多少心思，自我要求走路要既稳又快。后来，我即使走在崎岖的山路上，也能健步如飞，如履平地。数十年后，我返乡探母，顺道游访万里长城，同行的七十二人中，不乏年轻力壮的徒众，然而我却一马当先，脸不红气不喘地第一个登上关口，赢得大家的欢呼。

这一段回忆为自己增添了不少信心，于是我反复地练习走路，自然很快如愿。所以有病不要紧，只要我们能正视疾病，对症下药，就能迅速恢复健康，最怕的是逃避现实，讳疾忌医，如此则纵使华佗在世，佛祖降临，也难有治好之时。

住院期间，我得到许多平日鲜少注意到的保健常识，可说是因祸得福，而所见所闻的病房百态、人情冷暖，则令人备感唏嘘！尤其是儿童病房与老人病房间的差异，让人感受到如今世上真是“慈心的爹娘多，孝顺的儿女少”，这是否也是另一种病态呢？

其实，众生的病除了肉体上的病痛以外，还有许许多多疑难杂症值得我们去关切反省，例如：社会大众缺乏环保观念，使得山川大地饱受污染、噪声的侵害，国土已开始生病了；现代人类被功利、虚荣冲昏了头，导致世风奢靡，暴力连连，时代也罹患重病了；为人师长者不知道关怀下一代，或滥用体罚，或纵容恶行，久而久之，教育就百病丛生了；爱的观念偏差，方法不对，对象错误，感情也会发生病变……其实，追根究底，凡此诸病都是源自一颗有病的心灵。

当身体四大不调时，身上就有疾病。当心灵被贪嗔愚痴、怀疑邪见的病毒所侵害时，出之于口——两舌、恶口、妄语、教唆，口中就有疾病；形之于色——没有表情、面带敌意，脸上就有病；动之于手——杀生、伤人、盗窃、邪淫，社会就有疾病。

身体有病，要找医生治疗；心灵生病，除了靠善知识劝告提醒之外，最重要的还是要靠自己来医治。弘法半世纪以来，我看遍人生形形色色，曾经有感而发，仿效石头希迁禅师的“心药方”，也为众生的心病开了一帖药方：

慈悲心肠一条　真心本性一片

惜福一点　感恩三分

言行实在　守德空间一块

惭愧果一个　勤劳节俭十分

因缘果报全用　方便不拘多少

结缘多多益善　信愿行通通用上

此药用包容锅来炒，用宽心炉来炖，不要焦，不要燥，去火性三分（脾气不要大，要柔和一点），于整体盆中研碎（同心协力），三思为本，鼓励作业丸，每日进三服，不限时，用关爱汤服下，果能如此，百病全消。

切忌言清行浊、损人利己、暗中箭、肚中毒、笑里刀、两舌语、平地起风波，以上七件速须戒之，而以不妒不疑、不放纵、自我约束、心性有道来对治之。

以铜为鉴，可以正衣冠；以人为鉴，可以知得失；以病为鉴，则可以提起正念，扩大自己。昔时悉达多太子目睹世间疾苦，心生悲悯，因而立愿精进修行，终于成就佛道，做大医王，疗治众生之病；南岳慧思大师罹患严重风疾，无法行动，后以般若空慧观照，不但豁然痊愈，而且开悟见性，后来法化一方，度众无数。因此，我们不必祈求疾病之不临己身，而应该效法古圣先贤，以疾病为良药，自救救他；以疾病为针砭，己利利人。

天堂地狱一念之间

在我弘法的岁月中，经常有人问我："天堂地狱在哪里？"我都回答说："天堂地狱在哪里？可以分三个层次来说：第一，天堂在天堂的地方，如三界二十八天、欲界三十三天；地狱在地狱的地方，像十八层地狱、无间地狱。第二，我认为天堂地狱就在人间，住花园洋房，生活富贵荣华的人，就好像在天堂里；局促在陋巷小室里的人们无钱、无力的苦恼，就好像是地狱。其实，真正的天堂地狱是在我们的心里。这第三种讲法，是说人们心情愉快、满足、欢喜、安乐的时刻，就像在天堂里一样；人们的心里充满贪欲、嗔恨、嫉妒、无明、怨恨的时候，就好像在地狱里一样。一个人在一天当中，时而天堂，时而地狱，来回不知多少次，因此，我认为天堂地狱在一念之间。"

天堂地狱在一念之间，如果你能懂得其中的深义，就会了解：人生不要光顾心外的生活，最重要的是必须要建设心内的天堂，如果心内的天堂没有建好，把忧悲苦恼的地狱留在心里，就会带给你苦不堪言的人生。所以吾人在世上生活，就算身处天堂，如果不能认识它的美好，天堂也会转变成为地狱；如果你懂得以佛法来处理困境，转化厄运，那地狱也可以成为天堂。佛经里告诉我们：如果没有福报，就算在天堂里也会"五衰相现"；如果有慈悲愿力，地狱也会成为天堂，像地藏王菩萨发出"地狱不空，誓不成佛"的弘愿，累劫以来在地狱里辛勤度众，但我们认为地藏王菩萨永远是在天堂里生活，因为他心中的地狱早就已经空了；佛陀虽然降诞在娑婆世界，我们也不认为佛陀生在五浊恶世，因为佛陀是在净土法性的境界里生活。还有观世音菩萨抱持悲心寻声救苦，所以炽烈的火焰也化为朵朵清凉的莲花；富楼那尊者抱定坚决的意志到边地去度化恶民，所以在别人眼里如地狱般的边地，在他眼里却如天堂道场般的自在。

此外，历代以来，多少伟大的仁人志士即使被冤囚囹圄，却不忘济世利生的抱负，像司马迁在监狱中完成不朽的巨作《史记》，甘地在监狱里能争取到印度的独立，反观有许多人虽住高楼大厦，却痛苦不堪。所谓“心中有事世间小，心中无事一床宽”，如果你拥有慈心悲愿，牢狱也可以当做天堂；如果你整天烦恼愁肠，心中充满怨恨不平，天堂也是地狱。像一些犯了罪的人，纵使侥幸没有受到法律的制裁，但是每天住在“心里的牢狱”还是不好过。

我数十年的出家生活，也是经常在天堂、地狱的门前徘徊，感谢佛法的妙意，让我在受诸苦难的时候，信仰中的正知正见指引我，让我能甘之如饴，例如丛林十年的参学期间，在缺衣缺食的生活里，在无钱无缘的遭遇下，我总能生起善美的“一念”，认为这是难得的磨炼，所以能够无怨无尤地接受；不公平的委屈、不应有的难堪纷至沓来时，我也往往浮现光明的“一念”，视之为“当然”的教育，因此也能够心安理得地度过，就这样，我经常在地狱的门口转身再回到天堂里。

经典中记载：大迦叶尊者在塚间修行，日中一食，佛陀见他年迈，劝他迁住精舍，但他却感到自己如居天堂。颜回“居陋巷，一箪食，一瓢饮，人不堪其忧”，而他却觉得住在天堂，所以“不改其乐”。挑水和尚整天和乞丐生活在一起，还不忘赞美生活的洒脱，因为他坦荡直心，即使身卧臭秽，也如处在天堂一般任性逍遥。禅师云：“热的时候到热的地方去，冷的时候到冷的地方去。”人皆怪之，禅师却认为是修行的最好方式，因为他体会到，若在任何处境下都能甘之如饴，当下就是天堂了。

回想起来，实在惭愧自己不才。记得在受戒的时候，每天凌晨三点起床，夜间十点睡觉，老师每次讲戒，戒子们都得跪着听讲，每逢早晚课诵，往往才拜到地上就睡着了，老师用脚踢我的头，才知道赶快爬起来；有时候在丹墀里跪久了，小石子陷在膝盖里，当使劲拔出来的时候，往往血流如注。有人说这好像是地狱里的生活，好在我即刻提起一念：“我要能经得起‘地狱’的磨炼，才能堪受佛法大任。”如此念念相续，才让我得以圆满受戒。在丛林修学期间，每天三餐不饱，经常饿得心中发慌，四肢发抖，每值隆冬深夜，大雪飘飘，唯有将自己缩成一团，才聊以御寒。有人说，这像“寒冰地狱”、饿鬼畜生的生活，幸亏当时心中生起一念：“佛陀在修道时，不也曾以马麦充饥，我何不能？”就这样在面临地狱、饿鬼、畜生等恶道般的境界时，幸赖佛陀的慈光加被，将我一次又一次地引导进入天堂的世界。

我对人曾经也起过不少嗔恨的念头，我在生活里也曾经不止一次地执著妄想，还好经常在面临地狱的边缘时，有佛法以为指南，所以能将一念迷惑转为觉悟，一念烦恼转为解脱，一念怨恨转为慈悲，一念地狱转为天堂。感谢自我的一念，让我在面临挫折时能够化解，让我在遇到困境时能够回转，所以我一直倡导人生应该要回头、转身、改心、换性，为什么呢？因为心中的烦恼无明是地狱，心中的菩提正见是天堂；心中的忧悲苦恼是地狱，心中的安乐幸福是天堂；感受的委屈不平是地狱，意会的平等和谐是天堂；自私执著是地狱，大公正直是天堂；贪欲嗔恨是地狱，喜舍愿力是天堂；懒惰懈怠是地狱，勤劳精进是天堂；愚痴无明是地狱，般若智慧是天堂……“天堂地狱在一念之间”，只要我们将心中一念的地狱摧毁，用自己的正念在心中建设永恒的天堂，就可以使我们远离颠倒梦想，所谓“地狱除名，天堂有份”，何乐而不为呢？

过去，信徒问一位禅师说：“天堂地狱在哪里？”禅师即刻将他的头按在水桶里，经过一段时间，禅师才放开双手，让他的头冒出水面。禅师问他：“水中的滋味如何？”他回答：“像在‘地狱’一样。”禅师又问他：“现在出水之后感觉如何？”他说：“像在‘天堂’一样。”我们一般人不也如同这位信徒一样，没有经过水下呼吸困难的感觉，不了解本来的生活就是天堂。一位家财万贯的董事长居住在高楼上面，时常为经济周转运用而担心，为员工要求加薪而烦恼，秘书劝他把烦恼送给住在高楼下面陋屋里的一对年轻夫妻，富翁问如何送法？秘书说：“给他们一百万就可以办到。”富翁起初不甘愿，经过解释之后，亲自送上一百万元。这对年轻的夫妻收到巨款，起先欢喜不已，后来为了如何将这一百万收藏妥当而左思右想，一夜无法成眠，才知道上当了。第二天，他们赶紧把一百万元还给富翁，并且说道："你的烦恼还是还给你吧！"所以，不懂得金钱，金钱就是地狱；不懂得感情，感情就是地狱；不懂得人我相处之道，人我相处就是地狱；不懂得经营事业之道，事业就是地狱。因此，天堂地狱在哪里呢？"天堂地狱在一念之间"，如果不懂得这"一念"之间的奥妙，即使当下的生活就是美好的天堂，也会被转为苦恼的地狱。

古人说：天堂和地狱只在知足与不知足的分别；知足的人虽卧地上，也如同天堂，不知足者虽处天堂，亦如同地狱。我经常在世界各地云游弘法，在不少国家看到不少非法入境的民众寄人篱下，在辛苦工作之外，还要躲避警察的搜查，但他们依然充满着求生的斗志，努力打拼，只为了能在异乡找到一个落脚的天堂；但是也有许多有钱的子弟出国深造定居，甚至于一些青年佛子兴致勃勃地发心到海外弘法，但当他们一接触到不同的语言、文化、生活习惯、风俗民情时，便觉得身在异域如同在地狱一样无法接受，可见哪里是天堂，哪里是地狱，很难有一定的标准。

在西太平洋的美、加等国，科技发达，物质丰富，真有如置身"东方琉璃净土"一般，但许多移民居住不久，又再返回家乡，重起生活的炉灶；在南半球大洋洲的澳、新等国，阳光充足，空气新鲜，水流洁净，土地平广，真有如处在"西方极乐世界"一样，但很多移民不能安住，却又回流故里为稻粮谋。由此可见，天堂，自有天堂的福德因缘。这就好比：牛棚，是牛的天堂；猪圈，是猪的天堂；山林，是狮虎的天堂；海洋，是鱼虾的天堂。所谓"金角落，银角落，不及自己的穷角落"，只要自己能够安心自在，到处都是天堂。

回想一九五二年，我初抵宜兰雷音寺的时候，寺中没有厕所设备，如要方便，必须跑二十分钟的路程，到火车站的公厕；要阅读写作的时候，都得等到晚上信徒散去，把佛龛前的灯泡拉到卧房门口借光。今天在中山路边的雷音寺占地约三万尺的十七层大楼耸入云霄，这证明了当初的简陋，只要有心，也能庄严成为天堂。三十多年前，初建佛光山时，满山遍谷高低不平，麻竹荆棘寸步难行，每次徒众通报信徒香客来访，光是从这一个山头跑到那一个山头，就足以让我汗流浃背，但现在佛光山的建设不也被大家公认为佛教圣地，天堂净土吗？

抗日战争逃难时，我曾在神庙挂单；兵祸避险时，我也曾和数十人同挤在一个车篷里；贫穷无立锥之地时，我曾和三位同道合盖一条棉被；在牢狱里落难时，我也曾被捆绑在梁柱上，久久不得动弹……但那些都是我通往天堂的路径。感谢这些因缘，使我时时刻刻都珍视当前所拥有的一切，即使居住在窗户不全的陋室，或是不蔽风雨的走廊通道，当我想起天地是我的天地，世界是我的世界，一股使命感油然从内心升起，天堂仿佛就在眼前。凡此都使我体认到不但知足常乐是天堂，慈悲喜舍是天堂，服务助人是天堂，宽宏大量是天堂，彼此体谅是天堂，欢喜融和更是最美好的天堂境界。

一九九二年成立国际佛光会以来，我在世界各地提倡“欢喜与融和”，当我看到大家实践时，我觉得那就是天堂现前；我在全球各国主张“同体与共生”，当我看到大家体认万物一如的理念时，我觉得他们拥有了天堂；我四处宣扬“圆满与自在”，当我看到大家都懂得奉行的时候，天堂俨然就在人间；我在多伦多召开国际佛光会第七次世界大会上，以“自然与生命”为题发表演说，鼓励佛光会的大众尊重自然，珍惜生命，当台下听众与我生起共鸣时，我感到天堂就在我们的四周。因此，天堂无须他觅，内心里的人我和谐是天堂，观念中的众生平等是天堂，彼此间的尊重包容是天堂，苦乐处的有无中道是天堂……凡事只要合乎自然的法则都是天堂，从而更深深感受到奉行佛法里的五戒十善、六度万行、四无量心、四弘誓愿、三十七助道品都是天堂。天堂不但是我们自己的善心美意，也是落实在天地间每一个人生活上的佳言懿行，更是众生有情内心的禅悦法喜。

在我半个世纪弘法的生涯中，我自己对修行的体验，感觉到安守本分是我的天堂，随缘生活是我的天堂，利乐有情是我的天堂，安僧办道是我的天堂，甚至于对人不忘一个承诺也是我的天堂，对人不吝布施一个笑容也是我的天堂，对人说一句好话也是我的天堂，对人一点帮助也是我的天堂。

前不久，我提倡“慈悲爱心人运动”，别人的感受我不知道，不过在我自己而言，我感觉那是我的天堂；今年我又再提倡“三好运动——做好事、说好话、存好心”，以身口意来奉行佛法，去除贪嗔痴，我觉得那也是在建设我的天堂。

在世界各地弘法之余，有时候我到海边喂食海鸥，它们与我同享面包、饼干，我觉得那就是一种彼此无间的天堂；有时候我到湖边饲养游鱼，它们回旋来去，悠游自得的样子，也让我感受到当下就是物我一如的天堂。此外如黄金海岸的鹦鹉、加拿大的雁群、威尼斯的鸽子、澳洲的袋鼠等等，当我们互相交会的一刻，我都觉得和它们建立了同在天堂的因缘。

近年来，由于岁月增长，渐感年老力衰，更觉得要把自己身心建设成为天堂净土的重要性，所以，高山原住民送我的一块石头，我视之如天堂的宝贝；印度拉达克的小女孩送我一朵野花，我也觉得那是来自天堂的礼物；甚至早晨的一份报纸是我的天堂，晚上的一本好书也是我的天堂；朝阳微风下的散步跑香是我的天堂，日落余晖下与徒众接心也是我的天堂；宁静的自处时刻是我的天堂，热闹的集会时刻也是我的天堂；对诸佛菩萨的信仰恭敬是我的天堂，对学生弟子的开示说教也是我的天堂；十方法界的自然生命是我的天堂，一切众生的幸福安乐也是我的天堂……我要好好珍惜这“一念之间”建设的天堂，让它扩大升华，希望心香一瓣，法界蒙熏，能成为世人共有的天堂。

在佛教里有一首偈语说得好：“三十三天天外天，九霄云外有神仙；神仙本是凡人做，只怕凡人心不坚。”你想要享有天堂的福报吗？“天堂就在一念之间”，如果你能坚守这“一念”，不随恶道境界所转，诸恶莫作，众善奉行，发菩提心，行菩萨道，把欢喜祝福布满人间，将清静正念安住心里，那么随所在处，你都能拥有天堂的幸福与安乐。让我们自己为自己的内心建设一所天堂吧！

忏悔录

“往昔所造诸恶业，皆由无始贪嗔痴，从身语意之所生，一切我今皆忏悔。”往往在忏仪课诵中念到这首偈子，心里真是惭愧交加。回忆往事，令我忏悔的地方实在很多。

我十岁那年，抗日战争爆发，父亲到远地经商，一去杳无音讯，此后生死未卜。惭愧如我，多年来既未能恪尽奉养，又未尝亲祭礼拜，实有失孝道。二十三岁时，我来台，与老母暌违四十余载后，才取得联系。如今我虽在衣食上供应她无缺，犹未能每日晨昏定省，实在愧为人子！虽然曾将这份心意转移给家乡亲友，在物质上予以补助；亦曾将孝心升华，为一切众生服务，但是在直接孝养方面尚嫌不足，终究还是自我安慰，无补于事。

在多位儿孙中，外婆对我疼爱最多。我初出家的几年，对她思念之深，简直无可言喻，往往泪湿枕巾，直至天亮。在我来台不久，接到她往生的噩耗，想起她在世时咐嘱于我的后事未能如愿做到，辜负了她生前的重托，不禁悲从中来。想我当初学佛因缘是由她所培植，如今我在佛法中得度，她却不知轮回何处？每思及此，心中更加难过愧疚。

蒙恩师志开上人收我为徒，赐予我法身慧命，唯自一九四九年一别后，即音讯全无。近几年来，虽然对其家人在经济上聊表寸心，但是想到往日家师的慈悲教导，种种恩德，山高海深，在他受苦受难之时，我却未能亲侍左右，亦未曾给予片纸只字的请安，心中的伤痛惭愧，岂是笔墨所能形容！

当年离开大陆时，平日所饲养的两只缺嘴残障小鸡、一只瘦小的土狗，无法一并带走，如今不知去向如何，是否善终？尘封的记忆中，始终夹杂着丝丝的愧疚。那时我仅留随身一套衣物，其余圆领方袍，一概赠与同学道友，日常用品则送给其他正在逃难的亲人，过去常常为此陶醉，自认能处处喜舍，有恩于人，现在想想，当时的馈赠，都是自己所不要的余物，竟然还扬扬得意，对于这种丑陋的心态，我今深感忏悔。

记得在焦山佛学院时，圣璞法师担任国文教授，虽然时间只有两学期，但从他认真的教学里，我获益甚多。一九八九年，我回大陆弘法探亲，亟思当面感谢，却因来去匆忙，而未能亲自拜望，只得托人请安赠礼，略尽心意。

一九四八年，我与一批响应人生佛教的青年学僧来到南京华藏寺，当时我们被佛教界视为洪水猛兽，但是住持荫云和尚不但慈悲接待，还将全寺交给我们管理。后来，我四处打听他的消息，却遍寻不获。直至今日，心中仍是无限遗憾。

青年时期曾经在栖霞、焦山等多处佛学院就读，蒙受名师教导。融斋法师的爱护提携，芝峰法师的一句“不做焦芽败种”，圣璞法师的谆谆善诱，介如、普莲法师的教授世间学科……至今仍令我感念不已。惜我学而不明，未能好好发挥，实有负长者厚意，于此怎能不抱愧万分？

我也曾在金山、常州等处禅堂学禅多时，在禅七中坐过大板香，在念佛堂中也有忘我之境，承蒙金山禅堂的霜亭法师、太沧法师，天宁寺的证莲法师、焦山的智光法师等诸山长老的耐烦教导，使我经常沉浸于禅悦法喜之中，但惭愧至今仍然禅机未透，心地未明，无以报答诸方大德的隆厚恩泽。

尽管在大陆参学时期，曾于栖霞念佛堂与焦山佛学院的冬令佛七中朝暮念佛；来到台湾，更组织周六的念佛共修会，数十年未尝间断；应邀主持参与的佛七法会，不下百次以上。自认在念佛法门也小有体悟，然而自惭不够精进，功夫没有成就，未能与弥陀愿力相应，能不愧悔！

在持律上，更是感到愧为受过具足戒的比丘，不要说比丘二百五十戒未能一一奉行，即使在五戒方面，又何尝圆满清净？

童年嬉戏，与玩伴们抓鱼为乐，至今想起，活蹦蹦的鱼虾浮现眼前，心中的愧疚无法自已；垂髫之龄，亦曾打死过一条毒蛇，那时，村里流行一句俗语：“打死一条毒蛇，胜吃十年长斋。”我常引以为豪。出家学佛后，明白万物自性平等、法界缘起的道理，想起这段往事，心中始觉懊悔。其实这个世界上，谁毒害谁，很难论定。近二十年来，遇上蟑螂蝇虫迎面而过，至多只是驱出户外；蚊虻蝼蚁叮咬爬行，则将其喂饱放生……然而又何足弥补前过？

记得儿时曾经捡拾皮包，欢喜不已，竟不知失物招领，交还失主。一九八九年，率领国际佛教促进会发起的访问团，到大陆探亲弘法，于甘肃参访敦煌洞窟时，弟子依照捡到一片约三公分宽、一寸长的薄薄木片，以为拾获古物，我居然心中也见作随喜，为他高兴……事后想想，凡此不但是妄起盗心之劣行，于保护名胜也有未尽心力之处，思之能无悔哉！

对于人间情爱，虽不曾有非分之想，但有予人慈悲关护之心。在菩萨道中或契佛心；但在声闻法里，或嫌多事。而时近古稀之年如我，对于所有人间恩怨爱恨，除挚诚向诸佛忏悔外，实难置喙一词。

我自幼不但不沾烟酒，而且还甚为反感。但是因为对于世俗生活体验不深，所以当信众要求我呼吁反烟反酒时，我却未作有力的提倡，于今反省，实难辞未尽教化社会之责。

既然在戒除杀盗淫妄方面都自觉有所亏欠，遑论做人天师范？实有愧为如来弟子，身披三毳云衣。

禅净修行之外，我曾放蒙山达十年之久，参与焰口佛事也在千台以上，各种忏仪佛事亦曾随喜多次，《大悲咒》、《十小咒》皆能融会心海，但也只是将密咒作为日常生活中随到随遣、不着痕迹的辅行，并未刻意要求三密相应，故不能有所证悟，无异浪费时光，能不惭愧？

五十余年出家生涯中，除早晚课诵外，也不断自我要求，从行单苦修到为众服务，从闭关禁足到参访行脚，从念佛修禅到讲经弘法，从慈济救难到文教利生……亦尝自豪多年来致力推行人间佛教，不但著书立说，更身体力行，接引青年学佛修行，扶植儿童菩提幼苗，收养鳏寡孤独，救助贫困残疾，并积极将佛法深入家庭邻里，将法水遍洒世界五洲，润泽法界众生，以为自己所力倡的这种生活佛教是真正在奉行佛陀四圣谛、八正道的教义。然而细细回想，自己的愿心尚不够深，悲心尚不够切，慈心尚不够广，发心尚不够大，于大乘菩萨的四弘誓愿不但相距甚远，于六度万行亦有所不足，思之省之，实愧疚万分！

对于太虚大师的护法卫僧、太沧长老的待人亲切、妙果老和尚的知遇厚爱、章嘉大师的仗义直言、慈航老法师的直心慈悲，以及印顺法师在学术思想上的卓著贡献，于感佩之余，也默默予以祝福，惭愧本身福德因缘不具，不能追随学习。

我自认一生中对于长老大德无不恭敬，但也曾为了密勒学人奖学金的颁发与智光商职建校之事，不惜向南亭老法师拍桌抗议；也曾由于《人生》杂志的文稿事件与东初老法师有所争执，愤而拂袖离去。他们虽然厚爱于我，事后我久久不能释怀。另外，对于白圣法师的把持教会，排除异己，我抗争到底，至今不悔！

回头观照自己，不也常常排斥于自己的言论，为自己造势作宣传。虽然多半出自仗义护教的直言，或基于弘法创业的方便，仍有过多之疚。我也曾自我严厉限制，甚至以此训诫弟子，但仍有自制不足之虞。

幼承师诲，自许忝列大乘宗门，一直努力效法菩萨精神，深知愿力非即兴的发心，而是永世的承诺；亦非仅虔诚于心内，更需实践于身外。故多年来广发大愿，广结善缘，广行慈悲，广修福慧，遇有困难障碍，亦从未怨天尤人。然而每于清夜扪心自问，深愧心垢未除，余习犹存。每每自勉：忏悔不只是一时的告白，而是一生的自省；忏悔不是挂在口头作门面装饰，而是要勤除内心的贪嗔愚痴。虽然如此，三毒已生，前业已造，焉能不对我佛如来顶礼求忏？行笔至此，不仅是为了自我警惕，也期望能借此启发后辈。

慈悲

一九九二年，与佛光山合办敦煌古展，在筹备工作上十分尽心卖力的胡嘉华小姐曾对我说："大师！您是因为慈悲才到红尘里来的！"对于她的过誉，我愧不敢当，倒是这句话引发了我的思绪，使我想起五十多年前，我刚出家不久，合尘法师曾说过一句话，自觉深得吾心，那就是：

"一个人宁可什么都没有，但是不能没有慈悲！"

我觉得，慈悲是做人本来应该具备的条件。

我自幼就极富慈悲心，总是想尽方法补救那些不完美的人事。记忆中最深刻的是在我很小的时候，母亲讲了一个故事，主角是一个孤苦无依的老公公。我听完以后，竟然难过得躲在桌子下面哭了起来，并且央求家人一定要去救济他，任由大人们劝解哄骗，都没有办法阻止我的百般纠缠。直到深夜，家人拗不过我，只得买了一份礼物，陪着我去送给外公，我才肯罢休。

及至稍长，十岁那年，父亲为了维持生计而远赴他乡，经年累月都不在家，某日突见他返回家门，我想到他日夜辛苦，不禁悲从中来，泪水夺眶而出。此后，我便四出寻找零工，帮忙补贴家用，希望能借此减轻他的忧劳。

后来，母亲长年卧病，我为了让她欢喜，每天都在工作之余，蹲踞在她的病榻之前，为她念七字段的小书解闷。母亲不识字，但我念错时，她会纠正我。家中大小事务，我也自动打点妥当，不让她操心。乡人们都夸赞我是个孝顺的孩子，而我只觉得这是人子应尽的一点心意。

十二岁，割爱辞亲，入寺出家以后，我奉师长如父母，视同窗为兄弟，恭敬礼让，为服其劳；我以教为命，以众为我，牺牲奉献，不为己求。自觉在慈悲上有更深的体验，这才感受到慈悲并不是一个定点，而是情感的不断升华。

记得刚到台湾那年，我巧遇同参性如法师，只见他两眼深陷，气若游丝，交谈之后，才知道他已经是第三期的肺病患者。当时医药还不发达，得了肺病等于宣告绝症，大家都害怕传染，不敢亲近。只有真念法师和我无所畏惧，不时前往照料，每天还仔细地将枇杷叶上的细毛洗净后，熬成药汁，喂他服食。这时适逢道源法师开讲《大乘起信论》，在当年缺乏弘法的台湾，可谓甚难稀有。真念法师有心闻法，但又听不懂国语，我遂自告奋勇，将听讲的手抄，连同自己搜集的许多相关资料，每天整理成上万言的笔记，送来给他参考。我虽然为此忙碌了一整个月，但是看到真念法师满心欢喜，性如法师病体渐愈，我自己也感到高兴极了。

月基老和尚曾经是我就读栖霞律学院时的院长，我为了报答他当年的教导恩惠，不但将自己参与筹建好的高雄佛教堂交由他住持，并且奉养照顾，常常三更半夜送他就医，为他付费疗病，直至终老。他往生以后，道场却立即被他人占有。许多人义愤填膺，纷纷口诛笔伐，吁请我出面收回，我不但不计较，甚至交代依严法师，将老和尚生前积蓄的一千数百万元，全部交还栖霞精舍。

在佛光山开山之初，经济最为拮据的时候，斯里兰卡的法师在当地筹办大学，希望我伸出援手；一位老法师曾向我借款八十万元，我万般筹措给他，事后他却说："我只是试试你的诚意。"在新加坡的一位法师建社会福利中心，要我认捐两间房间，我虽阮囊羞涩，但都念其是长老或是同道，设法为其筹款解困。孟加拉、尼泊尔、印度等地的佛教机构，来函表示他们缺乏经费建设教室、兴设图书馆、修复道场精舍……我那时虽然自身困难，也都竭力捐输，以尽佛子微忱。

经常有人见我一生兴办许多佛教事业，很好奇地问我："这些是否早就在您年轻的时候，都预先在脑子里计划好了？"其实，说来恐怕有人不信，这些事业当中，有许多是一念的悲心所成就的因缘。例如，由于不忍年事已高的阿随姑独自一人照顾佛堂，我四处筹款。在那里我成立了"佛教文化服务处”，开始着手推动佛教文化事业。

我在一九六七年购买佛光山土地时，也没有想到要建大丛林，只是听说一对越南华侨夫妇急于脱售一片二十甲的麻竹山地，以渡难关，却苦于无人肯买，全家大小坐困愁城，正欲投河一死了之。我见人命关天，心生悲悯，于是将“佛教文化服务处”变卖，以所得款项购买这块山地。当时，许多信徒认为将这么一栋坐落在闹区的房子卖了，换为荒山野地，简直是闻所未闻，因此都来劝说反对。我还是力排众议，买地救人。

探勘地形时，我望着满山的刺竹杂草，想到这么广大的地方，正好可以用来建设规模较大的佛学院，一偿培才兴教的夙愿。于是，一间间校舍就这样顺理成章地盖了起来，佛光山的教育事业就是在此地扎下深厚的根基。后来，为了因应朝山信众的需要与方便，我又筹款购地，移山填海，规划其他佛殿、讲堂、客房、斋堂等建筑。直到现在，佛光山的硬件工程从未间断，但是我们可以昂首骄傲地说：“所有的设施，都是为了利益众生；一切的建设，都是为了福利社会。”

当学生一个个毕业踏出佛学院以后，我开始在各地建设别分院，让他们得以奉献所学，广播菩提种子。经常有人问我：“为什么要把寺院道场建得那么多，那么大呢？世界上的苦难这么多，拿这笔建寺基金去济贫不是很好吗？”

这一番话听起来似乎言之有理，然而进一步探究，并非真实，因为布施再多的金银财宝，兴建再多的慈善事业，也只能拯救肉身性命，济人燃眉之急，但是无法消灭贪嗔愚痴，拔除众生根本业障。而佛法的布施，真理的指引，则更能净化心灵，拯救法身慧命，使人断除烦恼，了生脱死，其影响及于生生世世。所以，建造多功能的佛寺，度化万千种众生，才是最彻底的慈悲啊！

建寺度众生本来是一件神圣的使命，可惜的是教界一些人士知其然，不知其所以然，只知建造寺宇，不知培养僧才，到头来不但无法发挥度众功能，犹有甚者，落入神棍手中，反而形成变相的敛财工具，诚为悲矣！

因此，慈悲如果运用不当，也会沦为罪恶。纵观社会现象，其他的例子还有：纵容子女，造成社会问题；姑息恶作，导致社会失序；滥施金钱，助长贪婪心态；滥行放生，反而伤生害命……凡此种种都是源于没有正确的知见，缺乏道德的勇气，所以，真正的慈悲必须以智慧为前导，否则弄巧成拙，反失善心美意。真正的慈悲也不一定是和颜悦色的赞美鼓励，有的时候用金刚之力来降魔伏恶，更是难行能行的大慈大悲。

发展事业最为重要的条件，是人；成立事业最花费心力的资源，也是人。二十八年来，在佛光山服务的员工良莠不齐，我也一再劝慰主管们要以慈悲摄受部属。结果，一些原本贡高我慢的员工，在佛法的熏习下，渐有成长；另一些实在与本山道风不能相应者，我也不予留难，总是给他们一条路走。我只是营造一个圆满的结局，才能令双方皆大欢喜。多年来的处世经验，使我深深感到：唯有慈悲，才能化干戈为玉帛，消怨怼于无形；唯有慈悲，才能广结善缘，成就事业。

天下之事不能尽如人意，以慈悲行事也有吃亏的时候。有一些人在我承诺替他清偿债务以后，就忘了他自己的责任所在，像曾经编辑报刊的某人，多年来我每个月得为他偿付五万元的债务。另有些人利用我的慈悲敲诈钱财，如西来寺的工程，延宕多日，原先负责建筑的公司以为佛教人士善良好欺，数度索钱要挟。类似这种事，在我一生当中，不知发生过多少回，但我从来未曾灰心气馁，因为我宁可因慈悲而自己吃亏，也不愿任意舍弃一个众生。

或许就是因为对于众生有这股与生俱来的深切感情，我从小对于动物，也是爱护有加。凡是家里养的鸡鸭狗畜，我都不准别人鞭打贩卖，或杀煮烹食。记得过去乡人都说狗只能吃一餐，但是我将心比心，不忍其饥，所以常常在吃饭时，借故端着碗，踱到院子里，与狗儿同享饭菜。即使遇上兵祸荒年，我也宁可自己枵腹，而不让狗饿着。有时被家人发现，难免一顿责备，他们常说："人都没得吃了，还要给狗吃。"我倒觉得，人不一定要吃，但狗还是要喂的，因为狗不会说话叫饿啊！因此，我每天还是偷偷喂狗，至今想到狗儿欢喜摇尾的样子，依然觉得乐在其中。

九岁那年，我亲自饲养的小白鸽飞失，好几天都不见它回来。我挂念鸽子乏人照顾，挨饿受苦，竟至伤心欲绝，投河自没。不知是自己命不该亡，还是从小泳艺超群，竟然顺着水势，一路浮到彼岸。我悻悻然回到家里，终日忧心如焚，食不下咽，达数天之久。

一九五六年，我在宜兰开设慈爱幼稚园时，为了培养小朋友的爱心，我养了猴子、鸟儿。畜园的老板一再劝我不能给猴子喝水，否则会很快长大，就不好玩了。但是我想到口渴的难过，于心不忍，还是每天喂它喝水。不多久，猴子长得竟然比半个人还要高大。等到养得再大一点的时候，我见它终日关在笼子里，心生悲悯，于是放它回归山林。望着它在树上攀爬跳跃、高兴无比的样子，一股生命的喜悦在心中油然而生，冲淡了原本的依依不舍。

多年前，佛光山曾经养过一只狗，叫做"来发"，徒众见我视动物如己命，自然也对它百般疼惜。有一次，客人送了一盒饼，杨慈满师姑迫不及待地拿了一个，对着我说："来发！给你吃！"我即刻伸手过去，说："来，给我，来发欢喜吃。"在旁的人说："弟子见了师父，怎么可以叫狗的名字？"惹得大家哈哈大笑。其实我常常也忘了自己是谁，也许正因为拥有这般物我两忘、自他一如的性格，我的心中无时无刻都充满着慈悲的欢喜。

我回想刚来台湾时，过着四处流浪的日子，虽然无钱无缘，但是心中却不以为苦，因为只要我以慈悲待物，爱护珍惜，花草树木会酬我以繁茂青翠，昆虫飞鸟也迎我以悦耳鸣唱；只要我以慈悲应世，不冀回报，荣辱得失都是我的增上因缘，天下众生也成为我的法侣道亲。

所以，惜福是慈悲，结缘是慈悲，尊重是慈悲，包容是慈悲。如果我们能用慈悲的心灵体贴关怀，用慈悲的眼神看待万物，用慈悲的口舌随喜赞叹，用慈悲的双手常做佛事，那么我们无论走到哪里，即使是一无所有，都足以安身立命。

慈悲不仅于己有利，慈悲更是家庭幸福的动力，是社会安和乐利的基石，是国家繁荣进步的要素，是宇宙生生不息的泉源。因此身为一个人，无论处在任何一个时空里，都不能没有慈悲。今天我们这个时代之所以暴戾之气甚嚣尘上，就是因为缺乏慈悲，所以我们更应该提倡慈悲的胸襟、慈悲的道德、慈悲的勇气、慈悲的行为。让我们以慈悲的法水抚慰受伤的心灵，以慈悲的良药对治嗔恨愚痴，使我们的国土成为慈悲的国土，使我们的世界成为慈悲的世界。

我们宁可什么都没有，但是不能没有慈悲。

不要将歉疚带到棺材里去

所谓“少壮不努力，老大徒伤悲”，我经常勉励徒众应该把握光阴，及时努力，将应该做的事赶快做好。有一天在集会开示时，我忽然心有所感，告诉大家：“我们不要把歉疚带到棺材里去，要记住一切佛法都在当下。”事后弟子们纷纷问我为什么突发此言，其实这句话正是我一生经常勉励自己的警语。

经常在朦胧中，眼前仿佛出现一个小男孩卧在一个慈祥的老婆婆脚边……午夜梦回，我往往泪湿枕襟，因为这不是幻象，而是童年时和外婆相知相处的回忆。记得有一天，外婆曾经语重心长地对我说：“看起来我将来的后事，你的几个舅父都不可能帮我处理，只有靠你了！”年方十二岁的我，听到一个老人家交付这么重大的责任，心中惶然的感觉只能以“戒慎恐惧”来形容。出家以后，了解生死事大，我更加将外婆的交代铭记于心。不幸后来她老人家何时与世长辞，我竟一概不知。直到离乡四十载后，我和大陆亲人取得联系时，方始得知噩耗，当下悲恸莫名，立即筹寄五千美金回乡，请兄弟为外婆兴建塔墓，虽已嫌迟，但我仍然要信守承诺，不能将她的重托成为我永世的歉疚带到棺材里去。

去乡多时，思母日甚，弱冠之龄，我已深深体会到“树欲静而风不止，子欲养而亲不待”的悲哀。所以当一九七七年，获悉母亲尚在人间的消息时，我真是喜出望外，通过种种方式和她取得联系。承蒙在美国弘法的弟子慈庄法师全力协助，以李一同的名义（“李”是我的俗姓，“一同”代表佛光山全体大众），经多方联系，才将母亲由弟弟陪同之下接到日本，我则从台北到日本与其会合之后，转迎到香港、台湾等地参观游览，然后接到美国颐养天年，虽不敢说无愧于人子之道，只盼不致将人子之歉疚带到棺材里去，则余愿足矣！

栖霞山是我出家剃度的道场，这里的师长滋长了我的菩提道心。一九八五年，我在香港遇到昔日的老师雪烦长老和圆湛长老，他们向我说明栖霞山的情形之后，我慨然捐赠新台币数百万元，协助玉佛楼的兴建，甚至远从缅甸恭请玉佛一尊供在楼中。后来栖霞山修建寺前月牙池等地工程时，再度向我化缘，我都欢喜地奉献助力。年少时对于圣贤“滴水之恩，涌泉以报”的精神时生向往，没想到日后自己也能躬身实践，不禁感恩机缘的殊胜，让我“不致在人间留下对常住的歉疚”。

海峡两岸互有来往之后，我不断追忆童年时的师长、同学、邻居、朋友，并且以种种渠道帮助他们。那时大陆乡人最喜欢的，不外是电视机、收音机、照相机、手表等，尤其电视机最受大家欢迎，我经常在香港购买，再经广州雇卡车运回江苏老家。许多人劝我说：“送不胜送，有心就好，不必如此。”但我总想到自己几十年来对故乡亲友无所贡献，趁自己还有些微能力时聊表寸心，以免日后将对师长、同参的歉疚带到棺材里，而懊悔不及。

一九八九年，我回乡弘法探亲，承蒙信徒给予赞助，了我多年心愿，小纪念品不计，光是手表、金戒指就不止送了千个以上，甚至左邻右舍，包括多少社区几百户人家，我都托我的兄弟，每一家致赠一个红包袋，虽然每一袋中仅百元人民币一张，千余人送下来之后，心中也感到非常欢喜。其实出家无家处处家，自觉素无浓厚的地域乡情观念，但人总不能忘本，能在有生之年对当初的本源略尽心意，才不致将歉疚带到棺材里去啊！

我资助故乡小学、中学，我也帮助恩师故乡海安县的教育基金。我曾在出家的祖庭做过短期居留，在那里服务的数位长工都对我特别呵护照顾，甚至在我受难的时候，想尽一切办法前来搭救。四十年后，他们纷纷作古，当我知悉其子女陈水松等还健在后，不但前往探望，而且至今仍不断给予助缘。

我一生经常想到身体发肤受之于父母，法身慧命来自于师长，所以无论遭逢多少磨难，都不敢稍有怨言。而别人的一点微笑、一句好话，在我心中就像活水一般，涓涓不断地流动，天地之间的生命之所以赓续不断，正是凭借着因缘的互动往来。每当忆及往昔生命的点滴，不禁反问自己：难道我不如一个长工吗？设若不及时回馈报答，心中长存歉疚，将如何安然度世？

初来台时，颠沛流离，浪迹天涯，只要有一座道场能供我安栖，有一个长辈能赐我教诲，有一个道友能给我提携，有一个信徒能予以护持，我都感戴莫名，清夜自思：何功何德而能受此恩宠？不过是仗佛光明，身披三毳云衣，故能在乱世之中侥幸苟活。惭愧之余，只有勉励自己应该用佛心来看待一切，以期报浩荡佛恩于万一。因此，对于初来台时曾经收容挂单的寺院，当其修葺时，我虽阮囊羞涩，但念及昔日恩情，故罄其所有，资助一二。对于邀请我前往新竹教书的演培法师，当其在新加坡建设两座养老院时，虽佛光山正值草莱初辟，经济拮据，唯思及过去道谊，我仍四处筹钱，捐助寮房两间，以示支持。

有人对我说：佛教的制度不健全，佛教的教育不完善，使得许多有心人士却步不前；教界的长老不肯交棒，教界的同道互相排斥，使得许多有为青年离开僧团。其实，我觉得：如果不是佛教给我们因缘，我们哪里能拥有什么？如果不是佛教给我们真理，我们和一般醉生梦死的人有什么两样？所以身为佛子不应该怨天尤人，不必问佛教给我什么，重要的是应该问自己为佛教做了些什么。所谓“已愈给人已愈有”，一味接受的人生是贫穷的因果，唯有喜舍的人生才是真正的富有。我们不趁自己有能力的时候赶快播种，赶快报恩，难道要将歉疚带到棺材里去吗？

三四十年前，台湾的民风闭塞，我不畏艰难，举办各种佛教活动；我不惧讥谤，带动男女青年学佛，甚至我经常拖着疲惫的身心劳神案牍，一心只想着如何将佛教的好处周告大众；我抱着垂危的病体四处弘法，努力将欢喜的种子散播四方。英国名将纳尔逊年轻时即如愿效命沙场，屡次挫败拿破仑兼并欧洲的野心，当他四十七岁殉难临终前，口中还不断地喃喃念着："吾幸能为国家恪尽义务。"我引以为知音，生不懊悔，死无歉疚，人生夫复何求？

二十多年前，国际知名的企业家张姚宏影女士曾表示想捐我五千万元台币，希望我能拿去办大学，在那时这是一笔相当大的款项，她见我迟迟没有动念，问我何故。我半幽默地回答她："现在台湾教育当局不开放私人兴办大学，如果我收了你的钱，以后你常常问我怎么不办大学呢？会增加我精神上的负担。"她立刻回答："你现在不接受我的五千万，等到将来我没有钱的时候，彼此都会懊悔的啊！"她的话深得我心，我们都是不愿意将愧疚带到未来的人。

一九八〇年左右，"经营之神"王永庆先生前来佛光山访问，在数小时的谈话中，他不曾提及他的塑胶事业如何如何，我也未尝诉说佛光山一言半语，我们最主要是谈到人死后眼角膜的移植及如何为盲人重建光明。目送王先生离山的背影，我深深感到他尽心地经营企业，我默默地建设佛光山，由于我们都没有贪念，只想做一个俯仰无愧的人，所以虽然忙碌异常，却常感欢喜。唯一的遗憾是，后来我虽然签下器官捐赠的遗嘱，但是现在年届古稀，将来老迈的器官布施出来可能也无大用，对于这一点歉疚，我只有用其他方法补报众生。

企业巨子赵廷箴先生曾对我说："我们会赚钱，但是我们不会做善事。"这句话在我脑海里留下深刻的印象，信徒将辛辛苦苦赚来的钱，交给我们做善事，倘若有负所托，岂不愧对十方信施？因此我精进不懈地开拓佛教文教、慈善事业，我马不停蹄地在世界各地弘扬佛法，希望将来不致将对信众的歉疚带到棺材里去。

记得过去在丛林里，老师同学们互相砥砺时，常说："你要知道惭愧，你要知道苦恼。"因此念及愧对佛陀，便鞭策自己要尽力做好一个佛子；想到愧对师长，便勉励自己要尽力光大宗门；思及愧对国家社会，便告诉自己要尽力福国利民；觉得愧对十方信施，便警惕自己要尽力裨益群生。曾子"一日三省吾身"，蘧瑗"年五十而知四十九之非"，但愿我能勤行效法，则庶几可以不将歉疚带到棺材里去。

文天祥曾说："人生自古谁无死，留取丹心照汗青。"张横渠尝云："为天地立心，为生民立命，为往圣继绝学，为万世开太平。"每念及此，不禁想到：身不饥寒，天未曾负我，学无长进，我何以对天？所以我的一生时时刻刻都是怀抱着感恩的心情来学习每一样事情。反观现代的年轻人多半心性脆弱，一点点的挫折打击，便烦恼频生，怨天尤人，在感叹之余，我经常告诉他们："你们有什么资格烦恼怨恨？自从生到世间，你们对人间有什么贡献？想想食、衣、住、行，哪一样不都是父母、师长、国家、社会成就你的。你不思报答，还在这里烦恼怨恨，难道要将这些罪过延续，将歉疚继续带到棺材里去吗？我们应该为生命留下历史，为社会留下贡献，为未来留下愿心，为世界留下光明啊！"

云居禅师的《十后悔》："逢师不学去后悔，遇贤不交别后悔，事亲不孝丧后悔，对主不忠退后悔，见义不为过后悔，见危不救陷后悔，有财不施失后悔，爱国不贞亡后悔，因果不信报后悔，佛道不修死后悔。"言简意赅地说明一般人不能慎于开始，而在事后悔恨的情况，是多么地令人懊恼！陆游临终时的《示儿》诗："死去原知万事空，但悲不见九州同。王师北定中原日，家祭无忘告乃翁。"淋漓尽致地描绘出不复亲见国家统一的感伤，是多么地令人哀痛！

历史上，诸葛亮为匡复汉室，六出祁山，无奈群臣屡次质疑，造成无形的阻碍，及至他积劳成疾，于五丈原归天，刘后主才后悔莫及，但因大势已去，只有将愧疚带到棺材里去。夫差宠爱西施，听信太宰伯嚭的谗言，无视伍子胥的献策，反将之赐死，直到勾践复国灭吴，才悔不当初，但为时已晚，只有抱恨九泉，将歉疚带到棺材里去。

历史上有许多帝王将相在上位时，不知为民谋福，只知为私利而争斗，结果死后骂名留在人间，却将罪恶愧疚带到棺材里去；世间有许多朱门富豪在有钱时，不知造福社会，只知为个己储蓄，结果死后尸骨未寒，子孙们却为争夺财产而对簿公堂，这不也是将悔恨歉疚带到棺材里去吗？

人云："生不带来，死不带去。"其实不然，我们生时如一张白纸，固然不带来什么，但如果死后将歉疚带到棺材里去，岂不遗憾终生！

所以，我们凡事应及时，当年壮力强时，应以体力报答人间；当脑力尚佳时，应以智慧贡献人类；当富有钱财时，应以钱财补助穷困；当有一片诚心因缘时，应当以心香一瓣，将好因好缘的生命之光普遍十方。

检查自己的心

现代的人生病，要到医院检查身体；房屋漏水了，要找抓漏的人来检查；车子坏了，要先送到汽车修理厂检查；机器不动了，要请机械师检查。检查的主要目的是为了发现毛病在哪里，才能有所改进，至于我们人内心的毛病就更多了，如果不经常检查，哪能战胜贪、嗔、愚痴、骄慢、嫉妒等的烦恼心魔呢？所以，经常检查自己的心，实在是我们每天必须要做的功课。

常常有些学生来找我，向我诉说他的烦恼，我总是告诉他："你先检查自己的心。"对方却说："别人欺负我，我检查自己的心有什么用呢？"有的徒众一直无法安住，我也说："你先检查自己的心。"他回答我："你不告诉我如何了解环境，明白人事，光叫我检查自己的心有什么用呢？"他们不懂得要能够检查自己的心，给自己一个回头转身的机会，就能够圆融处世。但问题就在于人往往不肯认错，而事实上，人的错误偏偏最多，像愚昧、自私、执著、成见、计较等，但就因为不肯检查自己的心，所以才无法安心，这就好比汽车、飞机本身出了问题，而你不肯检查问题所在，不肯修理缺失，事实上汽车已经开不动了，飞机也无法飞上天了，你又能奈何？

最近，有一个徒众来请我为他开示，因为他在别分院道场做不下去，心里很苦恼。我告诉他："这是因为你不检查自己的心，所以不了解自己的问题，也不了解自己的错误在哪里，不了解师长的苦口婆心，当然，对于佛法的了解就更谈不上了。”我们可以先问自己一句：“我们了解自己的心里拥有什么吗？”佛教说“心中有佛”，但你心中的佛能够发挥作用吗？当心中的盗贼为非作歹时，你能捉拿它吗？当湖中的水肮脏不堪时，你有办法净化它吗？当心中贪、嗔、愚痴的魔军掠夺自己心中的法财时，你有戒、定、智慧的武器来战胜它们吗？当心中的猿猴跃动不已时，你有五根五力的绳索扣住它吗？所以，过去禅师们讲“明心见性”是很有道理的，因为有心，心不明，就如同镜子蒙上了灰尘，不能看清实相；有佛性，见不到佛性，就好比黄金藏在泥沙里，无法耀眼生辉。

一九五三年，我在宜兰成立佛教歌咏队之后，经常带着他们出外弘法，其中一名队员毕业于一所音乐学院，她的嗓音、气质都很好。有一次，她不按照我弘法时的预定计划，自作主张，临时换唱另外一首歌，我当时非常生气，立刻下令要她回去，但是到了晚上临睡前，我检查自己的心时，却深深感到自责，因为她不守团队约束，固然应该受到责备，但我也不应该太过执著、强硬。许多事情，如果一和二差不多，此和彼能代替的时候，不一定要执一去二，是此非彼，否则不但让别人没有转圜的空间，也将自己逼进死角里去，真是何苦来哉！

三十多年前，我在新北投设立普门精舍时，有一位发心的信徒带着一个读幼稚园的女儿来帮我煮饭。有一天，她去买菜，才离开家门不久，她的小女儿张口“哇”的一声哭了起来，足足有一二分钟之久。眼见佛堂的宁静祥和被她的哭声所破坏了，我拿起一根棍子作势要打她，一面严厉地说：“你敢哭！”她立刻停止哭泣，睁大了眼睛望着我，反而引起我的不安。回头检查自己的心，想到她年纪还小，看到母亲离她而去，哭是她唯一可以诉求的武器，而我是一个成年人，用棍子的威势来压迫她，再怎么说，都是不对的。所以后来当我遇到类似的情况时，就知道用谅解的心情来看待哭闹，用安抚的言语来代替呵斥。

三十多年前初创佛光山时，收了许多沙弥，他们十分顽皮捣蛋，老师个个头痛不已，我曾经也想采用严罚的方式，然而回忆自己做沙弥时，难道就不顽皮捣蛋吗？只是那时丛林教育是以无理对有理，动辄以打骂来压制学僧的慢心懈怠，虽说那些都能成就了我的道业，但有多少人能够如此呢？从古至今，儿童的心终究是天真烂漫的，更何况现在时代不同了，我不能以“多年媳妇熬成婆”的心态来对待别人。在检查过自己的心之后，我不但比一般的老师更能谅解沙弥的心情，给予种种随和通融；即使是成年的学生犯错，只要不是太过违反情理的恶性过失，我都能够用包容的雅量去接受，然后对他们施以循循善诱的教育。

美国西来寺刚落成时，我远从台湾赶过去参加，看到弟子们一窝蜂似的喜欢吃比萨、汉堡，心里很不以为然，所以在一次徒众会议中严明禁止。但听说还是有人偷偷地买来吃，我知道这是我的不是，因为在美国，怎可不吃美国食物呢？后来有一回我到美国弘法，临行前，宜兰的徒众送了我一罐自制的豆腐乳，我带着它到美国，每次请客时，就拿出来作为小菜，结果一下子就一扫而空，比餐桌上特地做的精致佳肴还要受到欢迎。我开始“检查自己的心”，回想自己在宜兰住了数十年，不也喜欢上当地的酱菜、麻糬、麻团、烧饼等，后来患了糖尿病，明知不可以吃甜食及过咸的酱菜，但有时还是照吃不误，现在徒众们来到欧美国家，喜欢吃西式餐品，也是无可厚非的事，何必如此严格地要求呢？经过这么一转念，后来只要不是太过分的嗜吃，我都睁一只眼闭一只眼，装着没看到。后来在美国开会，我还经常以比萨、汉堡作为点心招待与会人士，大家在惊喜之余，都说我很通达人情事理，其实这都是一再“检查自己的心”，将心比心所得来的感想。

对于一些人把素菜制作成荤菜的样子，我也曾一度觉得非常反感，总认为吃素是为了长养慈悲心，如果以吃荤的心理来吃素，并不究竟。所以我每次看到餐桌上有素鸡、素鸭、素鳗、素肉、素火腿、素乌鱼子等，都一概拒吃。但有一天，我看到信徒爱吃不已的样子，突然想到：初入佛门的人一时之间无法革除宿习，所以有这种需要，只要我自己心里面没有鸡鸭鱼肉就好了，何必要厌恶呢？继而回想，有一次我陪诺贝尔奖审查人金博士，前往台中拜访林洋港先生时，林先生特地办了一桌宴席请金博士，我也有两道素食在同桌陪坐。如果我一味地忌讳排拒，就表示心中还有肉相在，不也犯了“五十步笑百步”的过失吗？在检查过自己的心之后，我发觉：原本以为是清净的，其实是不究竟的；原本以为是染污的，却正是度众的方便。所谓“铁屑翳眼，金屑也会翳眼；乌云蔽日，白云也会蔽日”，顺逆因缘皆是佛道，善恶事理用之得法，可以成为度众方便，我应该以更超越的眼光来看待这个世间。

二十多年前，本来在宜兰电力公司工作的王先生，来过佛光山之后，有感于山居生活的美好，所以命他大学刚毕业的千金也来到山上的大慈育幼院服务。王小姐初来乍到，突然转变另外一种早起、素食的环境，一直觉得不习惯，不久之后，就禀告双亲想要到社会上去工作。她的父母亲一再苦劝：“社会像地狱一样，千万不能去啊！”她跑来找我，和我说：“师父！即使社会是地狱，爸妈也让我去看看嘛！”我将心比心，想到自己年轻的时候，不也很向往自由、自主的生活吗？所以立刻向王先生夫妇为她求情，拜托他们让女儿到社会上工作。后来，我看到王小姐在社会上自得其乐的样子，不禁深有所感：一个人唯有检查自己的心，才能够了解别人。

我从小就过着清贫的生活，初来台湾，更是一文不名，但我总认为，自己可以挨饿受苦，绝不能让那些跟着我出外布教的青年们也一起受苦。每次在购买物品的时候都觉得好贵，正想还价，自忖：“商人们辛辛苦苦出来赚钱，也是为了养活家庭，如果大家都想还价，叫商人赚得少一点，他的生活靠什么呢？”如此检查过自己的心之后，我不但很欢喜地付钱，而且如果对方卖的是素食、僧鞋或佛教书籍、文物，我都会主动地加倍给付，让他多赚一点，希望这样能鼓励更多的人来供应佛教物品，也为佛教徒带来更多的方便。

最初请别人帮我做事的时候，常常因为做得不够完美，自己还得收拾善后，而觉得苦恼。但后来我想到：人不是一开始就能够肩挑一百斤的东西，而且各人所长不同，凡事如果太过要求完美，只是徒然自恼恼他，我何不从简单的工作开始交付任务，一方面增加对方的信心，一方面观察他的能力呢？我抱持这种理念，不但训练了许多义工，而且有不少人跟随我走入弘法利生的行列。至今我很庆幸自己能有及时检查内心的习惯。

多年以来，照相对我而言，一向是件苦差事，因为无论何时何地，信徒们只要一看到我，总是簇拥而至，要求和我合照。这个人照完了，另外一个人又填补空位；好不容易和他照完了，还要和他的父母合照，然后和他的妻子儿女合照，一张接着一张，没完没了。刚开始时，虽然念及信众的需要，我默忍不语，但是心里还是有点勉强。后来，我和各界领袖会面时，看到徒众们争相为我们照相之后，又一个个地和这些来访的国际名人个别合照，我不禁心生惭愧，想到这个世界上不是只有我一个人忍耐照相，我又算得了什么呢？检查过自己的心之后，我不但欣然允诺别人和我合照，有时还为他们选方位，定距离，每次看到大家一脸欢喜的样子，我也同感欣悦。

过去每年到了生日那天，我总是莫名其妙地生气，事后常常纳闷，为什么会这样呢？于是我很认真地去观照这件事，才知道是因为看到徒众们为了我的事，煞费周章，劳师动众，觉得给人添了很多麻烦，心里过意不去。这种细微的心念如不经仔细反省，很难察觉得到。有一天，我突然心有所悟：我不喜欢别人为我这样，为我那样，是我自己的想法；但是徒众很喜欢为我忙碌，我又何必执著自己的原则，让他难过呢？自己的心经过一番检查之后，就能够圆融处理了。像六十六岁生日那天，我邀请六十六岁的信徒来山，让大家同享法乐，增长福寿，自觉很有意义；七十二岁生日时，我不但以近作《佛光菜根谭》赠送给前来庆贺的人，而且将所有的红包都转送给佛光大学，代大家作嘉惠学子的功德，更感受到生命绵延不尽的乐趣。

我从小就很注重自己的威仪，直到现在，行住坐卧仍能保持抬头挺胸，只是随着年龄老大，再加上开了五次刀之后，步行起来比较缓慢，其实我还是可以自行上下楼梯。但每到一地弘法，信徒们一看到我，总是喜欢前来搀扶，让我觉得很不自在，尤其大多数人不知要领，每次我下楼梯的时候，他反而将我的膀子抬高，让我更加吃力；每次我上楼梯的时候，他好像要将我架起来，让我备觉辛苦。不过总想到信徒们将我视为长辈，甚至还有人亲切地喊我“老爸”，给他搀扶一下，他心中会很欢喜，而我也不损失什么，所以不论肉体感觉如何，对于他们的善心美意，我都发自内心地表示感谢。

就这样“检查过自己的心”之后，我深深体会到世间并没有什么欢喜与不欢喜的事情，能够将别人的欢喜成为自己的欢喜，让大家“皆大欢喜”，不也很好吗？

我经常一面写信改稿，一面耳听请示，一面批示公文，一面回答问题，即使下课休息或走在路上，也总是有人围在身边问这问那。总之，每天只要我一睁开眼睛，就必须身心全副武装，六根并用。慢慢岁月不待人，对于这种重迭的工作感到烦躁不安，每当想要提出抗议的时候，就想到自己过去无论外境如何纷扰，都能安然接受，为什么年纪增长了，反而修养就差了呢？每次检查过自己的心之后，对于徒众就很能包容，因此再怎么疲累，也能够生起无比的力量。由此可见，心灵如同一座发电厂一样，永远有发射不完的能源。

我每天不断地检查自己的心，从而发现了一项宝贵的处世原则：“你对我错，你好我坏，你乐我苦，你大我小。”多年来我将此秘诀公之于众，没想到会成为赵宁博士的座右铭。一九九八年十二月，我在纪念馆主持佛学讲座，为期三天，每天都邀请社会知名人士来和我一起讲“佛光菜根谭”，素有“名嘴”之称的赵宁博士也是应邀的贵宾之一。他以此为题，说了一段自己亲身的经历，令人感动：有一天，赵博士在另一场讲演完毕之后，走出会场准备开车回家，结果一辆出租车冲出来，和他的车子擦撞，明明是这个司机自己错了，还破口大骂：“你找死啊！”赵博士也回他：“你才找死！”司机随即说：“你给我出来！”赵博士说：“出来就出来！”当他愤然启开车门走出来时，一个高中学生从讲演会场出来，看到他们剑拔弩张的样子，张着嘴巴，一副吃惊的样子，赵博士马上检查自己的心，自己对自己说：“刚刚你还在台上讲说要如何处理人际关系，怎么现在遇到了事情却是另一个样子呢？”于是马上转变态度，向司机鞠了一躬，说道：“对不起，是我错了！是我错了！”司机一听，先是一愣，一副歉然的样子，随后伸出双手紧紧地握着他，说道：“是我不好！是我不好！”一场蓄势待发的干戈就这样转为玉帛般的友谊。

历史上，因为能够检查自己的心而在一念之间转化境界，甚至成为胜负关键者更是不胜枚举，像赵国大将廉颇因为能够检查自己的心，转贡高我慢为谦虚卑下，向宰相蔺相如负荆请罪，从此不但尽释前嫌，而且赵国也由于将相和合，共谋国事，而成为当时的强国。齐国大夫邹忌不但能“检查自己的心”，不惑于妻妾访客的谄媚淫言，还以此进谏齐宣王：“臣实在不如徐公美，但是臣的妻爱臣，臣的妾怕臣，臣的客有求于臣，都说臣比徐公美。现在，齐国的地方千里，有一百二十个城，宫里的妇女和左右亲近的人莫不爱王；朝廷里的臣子莫不怕王；国境以内的人，莫不有求于王。这样看来，王被蒙蔽得很深啊！”齐宣王一听，也立刻检查自己的心，随后下令：凡能谏举皇帝过失者，无论朝臣平民，一律重赏。此后每天宫廷里挤满了进谏的人，几个月之后，进谏的人逐渐减少；一年之后，因为过失改得差不多了，再也没有什么人来进谏了，而齐国也从此成为春秋战国时代的霸主之一。

佛教最重视心地功夫，经云：“为治一切心，故说一切法；若无一切心，何用一切法？”古德也说：“百千法门，不离心源。”像佛门所谓的四念住、止观双修等，无非都是要我们随时随地检查自己的心，这种正本清源的方法，不知度化了多少人，最显著的例子，如愚昧健忘的周利槃陀伽因为借着“拂尘扫垢”来检查自己的心，竟然证悟了阿罗汉果；杀人无数的鸯掘摩罗欲追杀佛陀，却无法得逞，当他听到佛陀说了一句“我已经歇止了，是你还没有歇止”时，他立刻检查自己的心，随即拜倒在佛陀脚下忏悔前愆，从此世间少了一个杀人魔王，佛门里却多了一个度众的龙象。

可见检查自己的心是多么的重要！尤其当荣耀来到时，如果不能检查自己的心，我慢的高墙将会隔绝自己的视野；当烦恼临头时，如果不能检查自己的心，嗔怒的火焰将会焚毁自己的功德；当外境纷乱时，如果不能检查自己的心，贪欲的洪流将会淹没自己的意志；当得失忧患时，如果不能检查自己的心，疑嫉的邪风将会吹垮自己的理智。所以，时时刻刻，我们都必须兢兢业业检查自己的心，才能够了达因缘，衡量轻重，知所取舍，自利利他。

人学的重要

一九九四年在佛光山台北道场举行海峡两岸学术会议，我应邀和学者们座谈，席中一位教授说，有一批学者专门研究“人学”，他就是其中之一。我闻言愕然，民众们逐渐觉醒“物”以外还有“人”的存在，“人”才是世间最重要的学问。我告诉与会人士，光是在表面上研究“人”还是不够的，必须还要研究“心”，因为人是色与心和合所成，必须将物质与精神调和，才能彻底将人做好。人学的重要，诚然不虚。

记得小时候，外婆送我到私塾上课，第一天老师只教我一个“人”字，此后把人做好成为我一生的目标。所以我先从孝顺长辈上做起，为了孤苦的母亲，我将平日的零用钱、过年的压岁钱节省下来，给母亲买点心回家，让儿女们的欢笑声冲淡母亲内心之恸。年过六十，我与分离四十载的母亲晤面之后，便设法迎养孝敬，晨昏定省，并效法老莱子彩衣娱亲的精神，承欢膝下。甚至我爱屋及乌，尽量为舅父、兄弟姊妹解决问题，使得大家和谐安乐，好让母亲安心。

十二岁出家时，师父志开上人送我到佛学院念书，我进一步了解心是万法之源，学做人必定先要调心。由于体会到心中有人，为人着想是做人的先决条件。所以，为了让师父欢喜、放心，我精进奋发，力争上游；为了让担任住持的师兄在寺里专心管理寺务，我经常下山走上百里路程作经忏佛事，来往于土匪出没的村落之间，并且自愿在春节前夕挨家挨户募化道粮。在隆冬之际，我将仅有的一件棉袄送给同窗宏度，又把难得的一件长衫让给好友煮云，我深深感受到人与人之间若能相亲相爱，宇宙何其宽广。

来到台湾，信徒日增，为了他人的需要，我可以说是日日为人辛苦，日日为人忙碌。朋友一通来访的电话，我倚门遥望，扫榻以待；信徒们有丧葬佛事，我在忙碌之中及时与会，拈香说法；承诺的结婚喜事，即使在偏远的乡下，在淋漓的雨天，我也在雷电交加中穿梭于羊肠小径，设法到达，为其祝福盟证，甚至日后还要关心他们生儿育女问题。像蔡固议居士一家三代，都是我为他们取的名字；郭本云的五个儿女，李一平的三个童稚，我代为养育多年，后来干脆扩改为育幼院，专门收养。为别人奔波辛劳，我一点也不觉得苦，因为我从人的身上，学习到谦和忍耐、慈悲包容的美德。

一个年轻的弟子曾经和我说："一般人到年老的时候像一个排球，儿女们都推来推去，不愿照顾，但师父却像一个橄榄球，天下的儿女都喜欢过来拥抱你。"我想这是因为我很注重人际之间的尊重和谐的缘故吧。平常我们都知道晴天时要准备雨伞，春夏时要积谷防冬，人也不能短视近利，而必须在平日培养善缘，为未来着想。我一生秉持"你大我小，你好我坏，你有我无，你乐我苦"的原则处世待人，再怎么吃亏，也不轻易破坏人情，结果我给别人欢喜，别人也张开双臂，对我表示欢迎。

有时候信徒以为我会看地理风水，就问我这块福地好不好。我一向提倡"处处是好地"，因此都说好，并且不断祝福他吉祥如意，一直等到他平安顺利，才把心上的石头放下。有时候信徒有婚嫁喜庆，问我这个日子好不好，我一向主张"日日是好日"，所以都说"好"，心中祝福他良辰吉日诸事顺遂，但仍然等到获悉他们感情和睦，家庭幸福，自己也才安心。人是重要的，人之性在有所得。虽说多付出一些关心，但能保持深厚的情谊，自觉还是收获良多。

对于千余名出家弟子，从实质上的给予到精神上的启发，从硬件的建设到制度的拟定，从生活的教育到思想的开拓，从个别的开导到大众的普参……我都竭尽所能，苦口婆心。雨是普润大地，唯树有大小之分，滋润的程度就有不同；同样的，法是一味平等，因人的智愚有优劣之别，接受的多寡也就有所差别。像有些弟子并不要我关怀，一心只想奉献常住，服务人群，他们假以时日，将成为佛门的龙象，教界的栋梁；但有些弟子既要别人关怀，而自己一点也不帮助别人，只想自了，平静安度一生；更有些弟子只会嫌弃别人，即使对他再好，他也不知足满意，他们尽管才能优越，但由于个性使然，无法做到人和，想其前途也就大受限制。

十多年前，为开创西来寺作为欧美弘法的基础，一批年轻力壮，具有潜力的徒众陆续来到美国从事开山工作，没想到一些弟子却在背后说："师父把自己最喜欢的徒弟都送去美国了。"后来西来寺落成，常住又派一批老成持重，修养深厚的弟子前往度众，不料这些人又说："师父现在把最不喜欢的弟子派去美国了。"乍闻斯语，实感无奈，手心手背都是肉，到底谁是我最喜欢的？谁是我最不喜欢的？随着时间的推移，直到现在，不平之声消失无踪，原来喜欢与不喜欢都是人的问题罢了。因为心有高下，所以人就有不同的层次。只要所行所作是公正公平，时日一久，自然令人服气，何必计较人的一时短见呢？

记得数年前的一个清晨，我陪母亲散步，来到西来寺左下坡时，我掏出钥匙打开铁门，和母亲解释："这个侧门是通往西来寺的近路。"母亲却说："正门？侧门？上等人是迎上门，中等人是人待人，下等人是求不成。哪有什么近路？"的确，具足慈悲智慧，肯主动为人服务，自然会被众人拥戴为人上之人；心怀分别，急功近利，既无慈悲，又无智慧，当然就只有沦为人下之人了。

还有一次，我宣讲《金刚经》，下台之后，我问母亲讲得好不好。母亲回答："你说的'无我相'，我能够理解，但做人如果'无人相'，我不明白，一个人心中没有别人，如何在社会上安身立命呢？"不识字的母亲总是语出惊人，让我的弟子都叹服不已，我想这是因为她平日喜欢为左邻右舍排难解纷，所以能如此通达人情世故吧。而我从小耳濡目染下，也习以为常地为人设想，直至今日，为了不扰人清净，入夜之后，就是再好看的电视节目，我也不看；为了不让信徒失望，我一定信守承诺，即使病痛重创，也未曾毁约；平时，我进出关门开门，必定轻手轻脚，不令出声，以免惊扰别人；我在用水的时候，不敢让自来水发出声响，唯恐惊吵别人；说话，总想让对方听了欢喜；做事，也尽量让大家知道后同意。

为了让老有所养，幼有所安，我办理养老育幼等慈善事业；为了协助岛外华人安住各地，我成立中华学校、松鹤学苑；为了方便信徒世界参访，我嘱令各别分院增加接机、送机服务；甚至为了提升信众层次，我在全球各地成立佛光会，让大众有更多的学习机会。佛陀示教利喜，一切都是为了众生，所以，我们不是为了人，还有什么佛事可做呢?

一九九二年，我到美国主持丹佛佛光协会成立大会时，任职会长的谢典丰先生致辞时说道："过去我是一个工程师，每天与钢筋、水泥、机器为伍，不仅生活枯燥无味，而且日复一日为事忙碌，在思想上得不到共鸣，使我经常感到孤单寂寞。自从筹组丹佛佛光协会之后，我天天在为人而忙碌，虽然在过程中有喜怒哀乐，有顺逆毁誉，但是在生活中有声音，有回响，在修行上有反省，有进步，让我变得有慈悲，有智慧，做事更稳健，更成熟，我现在感到人生充满了无限的意义。"这一番话可说道尽了人学的重要。

二十多年前，我担任佛光山佛教学院院长时，目睹少数学生初来乍到，一时俗情未泯，想要下山看看白雪溜冰团，却又碍于院规不准，心中七上八下，我为了成全他，就找个借口，派他到市区购买文具，放他半天假，这个学生去过以后，就能够安住在学业上，精进奋发，再也不想下山去了。沙弥学园的小孩年幼爱玩，纠察老师常常依照丛林的方法，罚他们跪香拜佛，我连忙阻止，教老师罚捣蛋的沙弥睡觉，不准他们随众参加早晚课诵。这个办法实施半年之后，捣蛋的沙弥们看到别的同学们可以上殿课诵，自己却不能参加，了解睡觉是一种处罚，拜佛是一种光荣的事，渐渐生起惭愧之心，一个个都变得自动自发，认真勤奋。后来，老师们都佩服我的教育方法，其实我没有上过师范学校，也不曾修过教育学分，只是懂得一点人性罢了。

我觉得不论是教人或是处人，都必须先维持对方的尊严，所谓"知性者同居"，人活在尊重里，对于贪欲深的人，我们要给他多一点物质；对于嗔心重的人，我们要给他多一点赞美；对于愚痴的人，我们要原谅他的不明事理；对于忤慢的人，我们要更加谦虚相待；对于疑心多的人，我们要讲清楚，说明白，让他增加信心。

孟子说："人之初，性本善。"佛教则认为"人人皆有佛性，只因妄想执著，所以在五趣中轮回流转。”又说：“一心开二门：心真如门、心生灭门。”如果我们能静下心来，反观自照，归本逐源，将会发现：人的善恶是从本性中发生，人的喜怒是从分别心而来，人的哀乐是从感官中接受，“人”的真假是从境界中引发。

十多年前，一位大学刚毕业的年轻人来山学佛。那时大专青年学佛的风气还不是很盛，所以大家对他十分礼遇，但由于他的主观太强，人缘日渐淡薄。有一天，他来找我，满口都是：“我认为……我觉得……我的意思是……我的看法是……”我告诉他：“世界不是你一个人的，唯有放下成见，去除我执，想想别人，才能拥有全部的世界。”

回想自己过去年少时，也曾高傲自负，但随着年龄的增长，知道人外有人，天外有天，西哲说：“宇宙只有五尺高，六尺之躯的人要低头才能生存。”所以慢慢学会谦虚忍让，同体共生。我不时想到，我的父母是人，我的兄弟是人，我的老师是人，我的朋友是人，和我来往的都是人，念及还有许多“人”需要我，我也需要许多人。我深深感到：人，必须经过人事的历练，才能成长；人，必须想到别人的存在，才能扩大。佛陀所主张的“无缘大慈，同体大悲”，是人与人之间最高的境界。

佛光山自开山以来，大小事务都是经过开会决议，弟子们经常说：“师父！您来决定吧！您说怎么做，我们就怎么做。”我还是坚持开会协调，因为佛光山是大家所共有的。佛光山在稳定中茁壮成长，人和是最重要的因素。

中国人苦难连连，但中国字却饶富哲理，例如：“人”“也”为“他”，意即他也是人；“人”“尔”为你，意即你也是人；“人”“二”为“仁”，意即顾念到彼此“二人”，才是仁慈的表现；“人”“一”为“大”，意即再加一人，能够与人共事，团结合作，才能成就伟大的事业；“人”“二”为“天”，意即再加两个“人”，能够和平相处，才是天下为公，趋于真理之道。其他如：“人”“言”为“信”，“人”“立”为“位”，“人”“建”为“健”，“人”“桀”为“杰”（傑）。凡此无非告诉我们：一个人想要在社会上立足，必须自我健全，坚守岗位，恪尽厥责，造福人群。

有人说："人究竟为谁辛苦，为谁忙？"我说："人是为人辛苦，为人忙。"因为人人为我，我为人人，人与人之间是一体的，为别人付出，其实最大的收获还是自己。也有人说："做人难，人难做，难做人。"我认为"做人难，人难做"，都是由于自己不会做人，而正因为难做人，所以我们更要学习做人。童年的时候，觉得人有好人、坏人、智人、愚人……出家学佛以后，心中只有需要帮助的人；年轻的时候，觉得人有穷人、富人、伟人、凡人……几十年后的今天，心中只有需要报答的人。古德说："七十从心所欲不逾矩。"我却觉得年届七十犹感不足，我依然继续不断地在学习如何做人。

太虚大师云："人成即佛成，是名真现实。"佛经则说："十方诸佛都是在人道中证悟佛果。"世间一切的道理都是以"人学"为本，人做不好，什么都不懂。

下篇

我们的利益与快乐

愿不虚发，生命中的璀璨

佛教主张“法不孤起”，所以既不执著一法一人，也不舍弃一法一人，正因为佛教的本质如此，因此才能结合众缘，不断突破，创造远大的未来。愿力不可思议，愿心可以扩大我们的人生，升华我们的境界。

有理想，才有实践

在栖霞山出家的少年时期，师父志开上人恐怕我不懂发展未来，有一天特别找我过去，说道：“理想是现实之因，现实是理想之果，你要有理想，才能实践你的世界……”我将这段话深记脑海之中，多年后的今天，忆及往事，深深感到这是一句颠扑不破的至理名言。

回想童年时什么都不懂，但当我见到庄严宏伟的佛寺道场，及长袍飘逸的出家僧众时，心中便生起将来要出家当和尚的念头，不料这一念后来竟成为事实，如今想来，真是印证了“有理想，才有实践”的道理。

出家之后，受了几年关闭式的丛林教育，有一天居然异想天开，在日记上写着“佛教需要文艺化，佛教需要电影化，佛教需要人间化，佛教需要国际化”。日后当我“实践”稍有成绩的时候，才恍然觉悟到，这一切的一切虽然在当初只是小小的一念，却在自己未来的一生当中，成为“理想”的果实。

为了实践佛教文艺化的理想，我从青少年时期即开始在纸上涂鸦，记得第一篇作品是《钞票的话》，我抱着姑且一试的念头投稿，没想到竟然被江苏省在镇江发行的《新江苏报》录用。后来我又接二连三写了许多小品、新诗寄到《新江苏报》，也都获得录用刊载。这对于我来说，实在是一种无上的鼓舞。

及至弱冠来台，虽然当时食不果腹，依然自我勉励，陆续以浅显的白话撰文写稿，《无声息的歌唱》就是在生活最艰困的时候，为向大众介绍佛教法器写下的只纸片字结集所成的书籍。我不但创作了一些短篇小说，如《茶花再开的时候》、《真正皈依处》……佛教童话故事《星君仙女下凡尘》……刊登在《人生》、《觉生》等佛教杂志，又尝试撰写长篇小说《玉琳国师》，没想到初试啼声，即蒙受读者欢迎，后来多次改编成剧本，录制成广播剧，在电台播放，拍摄成电影，在剧院演出。其中以数年前勾峰先生改编制作的连续剧《再世情缘》最为轰动，连岛外地区都争相播放。

也因为当初这一念“佛教文艺化”的理想，我不知结交了多少文艺界的朋友。像郭嗣汾先生就是我四十年来的文艺老友。为了推动佛教文艺化的理念，我曾邀请他编写了一部长篇小说《菩提树下的儿女》，广受好评。在我主编的佛教刊物中，也发表了许多像痖弦的新诗、公孙嬿的散文等当代名家的大作。

此外，著名文学家何凡、林海音夫妇也曾多次与我聚餐座谈，而后来的一些作家像应未迟、端木野、陆震廷、姚家彦等人，一直到佛光山开建以后，仍经常与我往来会谈。台湾女作家协会会长刘枋女士尤其喜欢佛光山清幽的环境，曾经来此长住。天主教徒郭晋秀女士等一群女作家则组织合唱团，经常在佛光山重要的集会中献唱。去年我赴美弘法时，洛杉矶华文作家协会会长黄美芝率领作家多人，也专程前来邀请我担任该会顾问。当初佛教文艺化的这小小一念却让我与岛内外文坛人士广结善缘，实是始料未及之事。

过去在大陆时，由于雅好文艺著作，因此胡适之、林语堂、巴金、鲁迅、老舍、茅盾，乃至冰心、郭沫若、沈从文、许地山等人的诸多作品，我可说是无所不看，至于欧美翻译名著如《战争与和平》、《少年维特的烦恼》、《老人与海》、《浮士德》等，我也多所涉猎。及至来台，像谢冰莹、琼瑶、高扬、徐訏等人的散文、小说，无论是古典的，现代的，我都一一拜读，作为忙里偷闲的一点娱乐，甚至像武侠小说家卧龙生等人，后来与我还成为朋友。我发觉：与他们无论是神交也好，对话也罢，无形中都增广了自己的知识见闻，甚至与经义相证，趣味盎然，对于开拓思维，遣词用字，助益甚多。

我努力提倡佛教文艺化，其目的是希望大家能因阅读文艺作品，而在八识田中种下菩提种子。但有些人不明此理，批评我太过重视文艺。回溯历史上的八大山人、石涛、怀素、曼殊等出家僧众，虽然在艺术上具有伟大的成就，却不能列入正统佛教史中，诚为可惜！

其实，胡适之曾称赞《维摩诘经》是世界上最长的白话诗，《华严经》是儒林外史式的小说，其他如《大宝积经》、《百喻经》等，是词句优美的散文，《本生谭》则有类现代的文艺小说。凡此虽是佛法，但在文人的心目中也是一种至高无上的艺术。

此外，从佛教弘传的历史来看，长行式的散文、重颂式的诗歌、譬喻式的故事、论议式的杂文……两千五百年来，不知度化了多少迷惘的众生。敦煌洞窟中八相成道、《维摩诘经》等图案形式的变文，将佛教文学与艺术相互结合，穿越无垠的时空，也为人类留下了不朽的贡献。古德云："高山不辞土壤，大海不择细流。"大家为何独将文艺排除于佛法之外呢？

为了光大圣教，我决定忠于理想，以实践来证明一切，所以我接办《觉世》，另创《普门》，成立"佛光出版社"，以雅俗共赏的文字，让佛法走进家庭，深入社会。如今《觉世》每期发行量逾四十万份，《普门》是岛内唯一月有盈余的佛教杂志，佛光出版社所出版的佛教图书包括中、英、日、韩等各国文字，多达四百种，并曾多次获奖。凡此成果，不都源于当初那一念小小的理想吗？

我生长的年代正逢默片流行，记得十岁左右，曾走上很长的路程，看了一出抗战宣传默片，心中深受影响。及至出家之后，有声电影问世，然而碍于封闭的丛林教育，无法见识到现代化的声光化电，只有从报章杂志上阅读影评，心中对电影的向往与日剧增，从而萌生"把佛教故事搬上银幕，将佛教电影化"的想法。

佛学院毕业后，我从宜兴来到南京，在新街口的大华戏院观赏严俊和李丽华主演的《文素臣》，心中深受感动，这是我有生以来第一次看到现代有声电影。后来，又看了林黛刚出道时主演的第一部片子《小白菜》，剧中小人物的苦难情形引发我心中的共鸣，电影的影响力再一次地在我脑海里留下深刻的印象。虽说看电影与看书一样，都是正当的嗜好，但出家人喜欢看电影毕竟不能为人所谅解，所以我也自我约束，避免讥嫌。尽管如此，借电影弘扬佛法的心愿已深植八识田中。

来到台湾以后，有制片厂表示有意将拙作《释迦牟尼佛传》拍成电影，我当时听到这个消息，真是高兴极了，自忖多年来的心愿终于得以实现！尤其想到金国戏院的负责人是我在台北的皈依弟子，那时的兴奋实非笔墨足以形容。但电影上映之后，才发觉剧情根本与原著不符，遑论合乎佛法？但观众哪里晓得个中原因，于是种种的抗议、恐吓接踵而来，我首当其冲，遭到许多无妄之灾。

后来又有人要将我的《玉琳国师》改编搬上银幕，易名为"千金小姐万金和尚"，因为是台语发音，当时我听不懂，也无从了解它的好坏。

过了几年之后，电视逐渐开始普及，电视制作人游娟、林登义等人又将此书改成连续剧，在台视、华视播出时，又因剧情不符原著而招致批评。

虽然历经多少挫折，我依然不灰心，因为佛教电影化虽是我五十年前的一念奇想，但也是我终生努力实践的理想。像日本片《释迦传》、《鉴真大师》、《空海上人》，韩国片《等身佛》、《大鹏翅鸟》、《元晓大师传》等，将佛教故事透过电影效果深入民间，可说是功德无量。岛内的制片水平逐日提升，应该可以拍出更好的佛教电影供大家观赏，像《维摩诘经》中"天女散花"的故事，如果能运用现代的科技效果，将大乘佛教活泼的内涵精神展现在银幕上，必定会比京戏里的"天女散花"还要精彩。此外，若能以历史性的手法拍摄《西游记》，以正面的手法将玄奘大师横渡流沙，西行取经的艰辛困苦展现在世人的眼前，必定能引起观众心灵的共鸣。

多年来，我经常将心中的理念分享给电影界的朋友，可惜至今还未见有人敢勇于一试。尽管当初心中的理想未能开出灿烂的花朵，结出丰硕的果实，但多年来的努力耕耘，长出一点小花小草，也不能不视为美景的前奏，我对于未来还是充满光明的希望。

我一生中着力最多者，便是将佛法通俗化。我十五岁时就读的焦山佛学院，有“佛教的北大”之称，当时的老师皆是一时之选，不但佛学素养深厚，社会知识也异常丰富，讲起国文、地理、历史、生物……都是旁征博引，生动有趣。因此，每次一堂课下来，我就能牢记其中的内容，那时常想，如果佛法也能用类似这种讲法，必定能收到更大效果。

所以，我初来台湾时，虽然在佛学院仍沿用传统的分科、表解来教导学生，然而一旦出去面对大众弘法，我必定走通俗路线。

有一天，我在一所寺院听到一位信徒赞叹某人讲经讲得真好，但当别人问起讲些什么内容时，对方却回答：“什么都听不懂，只知讲得很玄很妙。”我闻言自忖：当初佛陀说法的用意本来就是为了利喜众生，如果被后世的佛子讲得让人听不懂，又有什么意义呢？

再看看当时的佛教界普遍以赶经忏为主，对于弘法却不重视，遑论说法的内容与方式了。也因为如此，信徒们只知道拜拜、吃素，却不知道如何在生活中自觉觉他。因此，我更决定要以通俗化的方式来弘扬妙谛，设法将现代人的生活点滴和佛法印证融合。

我发觉：将佛法真理讲得让人听不懂很容易，让人能了解其中的奥义却是十分的困难。尽管如此，为了使大家能得到佛法的受用，我愿意比别人花费更多的心思来准备教材，甚至省吃俭用，购买弘法道具，从黑板到幻灯片，从投影机到电脑字幕，几乎都可以说是开佛教的先例。

自一九七二年开始，二十年当中，我一口气主持了数百场的佛学讲座，从乡村陋巷到展演殿堂，从大专院校到军营，从监狱到工厂，从难民营到体育馆……后来，四百多篇通俗化的讲演稿陆续结集成书，由佛光出版社出版，最近更应大家要求，分编为单行本，每年发行数百万份以上。想当初仅凭一点小小的理想，经过努力实践，得到这么一点点的成绩，虽然不甚满意，但也聊以告慰家师当年的勉励了。

我以通俗化的方式到处说法，曾经每天在华视、中视、台视三家电视台主持弘法节目，像《星云禅话》、《星云说偈》、《星云说喻》都是借着浅白的言辞来解释繁琐难懂的名相、典故、偈颂、义理。自播出以来，回响不断，其中有意欲轻生的少年感谢我让他重获新生，有貌合神离的夫妇感谢我挽回了他们的婚姻，有失和反目的婆媳感谢我让她们一家重拾美满的生活，有独居失伴的老人感谢我给予他心灵的拄杖……这一切都证明了“理想是因，实践是果”的道理。

一九三八年，太虚大师远赴欧美弘法，并且在各地倡导组织“世界佛学院”及“佛教友谊会”，但终以后继无人、经费缺乏，而未能克尽其功。年少的我由报章杂志中获知此事时，虽已是走入历史的陈年旧闻，但仍在心中引起无比的震撼，“佛教需要国际化”的理想也因此深植脑海，成为我永世奋斗的目标。

一九六三年，我第一次出访，随着台湾佛教会访问团到东南亚国家访问，由于担任该团的秘书兼发言人，所以有很多机会和当地的政要或佛教团体的主要干部谈话。记得在马来西亚，邱宝光居士和我初次见面时提到：在新、马一带有许许多多佛教青年不会说中国话，却会说很漂亮的英文，假使能有通晓英语的法师常在槟城弘法，一定会有更多的知识青年皈依佛教，最后他表示很希望台湾的大德法师能前来领导他们学习大乘佛法。我听了以后，感慨万千，世间有多少人渴望着法水的滋润，而身为僧伽的我们却偏安一隅，寄佛偷生，真是何其惭愧啊！

来到印度，尼赫鲁总理接见我们时，说道：“印度是佛陀的祖国，佛教崇尚和平，向世界宣扬佛教的和平主义，是我们佛子都应有的责任。”我心中为之一震，这不正是我多年以前的心愿吗？尼赫鲁不愧为一国之元首，能勇于发此说论。

一九七六年，美国两百周年纪念，我组团赴美访问，并视察当地佛教的发展。后来又多次应邀赴欧美等地弘法，我发觉藏传、南传、日本、越南等地的佛教，或由于战争逃难，或随着移民而登陆西方，虽有弘法热忱，但大多缺乏国际宏观，因此组织散漫，无法充分发挥整体的功能。所以，一九七八年，在因缘具足之下，我于美国成立“国际佛教促进会”，随即筹建西来寺，作为国际弘法的第一个据点，其后更以此为基础，相继在美洲、欧洲、澳洲、非洲、大洋洲，甚至回过头来在日、韩、马、菲等亚洲各地建设不下百座佛教道场及事业组织，以健全的僧团作为弘法利生的坚实后盾。

一九九二年开始，我又在世界各地成立“国际佛光会”，以凝聚在家信徒的力量为主，与佛光山各别分院并驾齐驱，期能如人之两臂，鸟之两翼，借着僧信合作，将佛法的光明照耀寰宇。而今已有百余个协会，可说有太阳的地方就有佛光人。他们在全球各地，有的以讲经弘法，有的以文教度众，有的以慈善利生，有的以修持安民，大家奉献己力，造福人群。如今有人说我宿植善因，也有人说我法缘殊胜，其实什么是宿因？什么是法缘？当初我一无所有，如果没有佛教国际化的理想作为动能，就没有陆续的实践工作，当然也就没有这番成果了。

俗谓：“没有天生的释迦，没有现成的弥勒。”佛道难成，但释迦牟尼佛以利济众生为愿力，就能够在五浊恶世成就佛道；弥勒菩萨在燃灯佛时是一个贪着利养的人，但也凭着十大善愿，在世间渐修善根，而于未来次第成佛。所以，佛门里有一句话说：“愿不虚发。”愿，就是一种理想，有理想才有实践，两者相辅相成，才有丰硕的收成。

敢，很重要

一天夜里，我在阅读报章杂志时，突然心有所感：同样是血肉之躯，有些人虽然平凡低微，却能成就丰功伟业，彪炳人寰；有些人尽管资源丰富，却显得千头万绪，一筹莫展。这是为什么呢？我觉得：敢，是最关键的因素之一。

像诸葛亮书生报国，他用空城计诱开敌军，免除了一场杀戮，那种敢于面对千军万马，临危不乱，古今罕可匹敌，让人敬佩不已。天文学家伽利略能不计毁誉，拼死不向神权低头，那种敢于坚持真理的精神，令人荡气回肠，无以名之！法显大师以六十高龄，敢于西行取经达十余年之久，去时路途艰险，鸟兽绝迹，回程在海上漂流三载，那种“为大事也，不惜身命”的勇气，可谓雷霆万钧，世间稀有！法珍比丘尼以一介女身，敢断臂护藏印经，那种为法捐躯、无怨无悔的志节，足以名垂不朽。

回想自己的一生，生于贫寒，长于乱世的我，之所以能对佛教对人间有一点儿作为，不也是因为在“敢”的驱使下，言所当言，为所当为吗？敢，诚然是很重要的！

二十世纪初期，中国历经内忧外患，我就在那时诞生于中国内地的一个小镇上，那里土瘠民穷，信息缺乏，但我幼小的心灵里却时时刻刻充满了许多问题。外婆茹素拜佛，和蔼可亲，经常为人排难解纷，赢得大家的敬爱。她每次半夜打坐，肚子里都会发出如海潮般的声响，虽然乡人都觉得这是一种有修为的表现，但年少的我却满腹怀疑。有一天，我终于忍不住问她：“肚子里发出这种响声对于了生脱死有什么用呢？汽车、火车也都可以发出这种声音啊！”她默然不语，陷入沉思。数年之后，谈及此事时，她突然正色地对我说道：“将来我的后事只有托付给你了！”我想，与其说是因为我所问的问题让她惊悟觉醒，不如说我从小敢于发问吧！

十岁那年，父亲在战乱中失去音讯，生死未卜，母亲带着我们兄姐四人，孤苦无依，遂生起变卖祖产另谋发展的念头。哥哥生性老实，畏惧众议，裹足不前；姐姐是女性，在传统社会中没有讲话的余地。排行老三的我，年方十岁，目睹此情此景，便自告奋勇，无畏族人的激烈反对，陪着母亲走了十几华里的路，风尘仆仆地回到老家，毅然签字卖地。由于这一念的敢作敢为，家庭经济困境顿告解决。

十二岁出家学佛之后，尽管丛林教育禁锢森严，却无法完全压抑我敢想、敢说、敢做的个性。佛学院里没有体育课程，我提议无效，背地里自制篮球架，被发现之后，差一点儿被记过受罚；全班拒交考卷抵制某位老师教学不佳，学校怪罪查办，我一人前往代罪，险些被佛学院开除。因为敢，我比别人多吃了一些苦头，但我宁可如此，也不愿做一个少做少错、没有承担的哑羊僧。

十九岁时，我提议举办“佛教古物展”，对于当年保守的佛教界而言，此举犹如石破天惊，没想到能蒙校方允准。我一个青涩少年，虽没有任何办活动的经验，却如火如荼地规划、联系、布置、发动，竟然也吸引了数万人来参观，在上海轰轰烈烈地展出佛教的珍贵文物。除了惊讶“敢”所引发的潜力之外，我更感谢师长们给予我成长的空间，让我敢于发挥，敢于创作。我深深觉得，敢，是不划地自限；敢，是勇于破茧而出。

我不但从小敢于向家族的压力挑战，敢于和陈腐的思想奋斗，而且敢于出生入死，敢于见义勇为。抗日战争期间，烽火连天，老弱妇孺吓得躲在家里，不敢出来，我却经常在枪林弹雨中收拾死尸，挖土掩埋安葬，并且救助伤兵，托人运回后方。听说左邻右舍没有米粮，我不顾江水滔滔，枪声四起，潜入运河，游到对岸，搬回几天的柴米油盐，解决大家的民生问题。看到母亲思夫心切，我收拾行囊，携母寻父，一路上漂血成河、骸骨遍野，令人惊心动魄。乡人都夸母亲生了一个勇敢的孩子。其实，说来惭愧，我只不过是“初生牛犊不畏虎”罢了。但这也说明：“敢，很重要！”敢，使我遇事果断，临危不乱。二十一岁那年，我在乡下一所小学担任校长，当时奋斗的印记成为我日后最珍贵的资粮之一。

不久，我来到人文荟萃的南京，联合同道响应改革佛教的新运动，撰文办报，传播新思想，弘扬新理念；走上街头弘法布教，以实际行动说明佛教跨出山门，拥抱社会的必要性；为寺院订定新规矩，发展新作风，企图力挽狂澜于既倒。当时的佛教界保守护短，将我们视为洪水猛兽，处处给予打压、排拒，让我们几乎走投无路；甚至勾结地方土豪劣僧，对我们这群敢作敢为的僧青年施以恐吓、威逼、私刑、棒打……无所不用其极。想到经中说：“假使热铁轮，于汝顶上旋，亦不为此苦，退失菩提心。”我越挫越勇，不但聘请南京首屈一指的王龙律师纠举华藏寺前任住持私吞寺产，以儆效尤，而且结合宪兵、军警的力量，打击黑道横行。过去老师一再告诫我们："弘法是家务，利生是事业。"此时我不仅口说言诠，而是用身体来力行实践，用生命来刻画历史。想到这里，不禁为自己感到庆喜，因为我在勇敢的层次上，有了一点进步；我在勇敢的体验上，有了一点提升。自忖还要百尺竿头，更进一步，为教为僧、为国为民，做出一番轰轰烈烈的事业。

佛教需要提升素质，才能广度众生，裨益人群；佛教需要发展创新，才能与时俱进，福利社会；佛教需要青年参与，才能发挥光热，照亮世间；佛教需要承办事业，才能培养人才，自给自足。但我刚来台湾时的教界不能忍受这些主张，保守闭塞的民风也无法理解这些观念，于是信徒扬言不资助我以求得自保，教界人士放话要杀我以杜绝后患。但我深信佛祖不辜负人，尽管没有人支持我，我敢口说笔书，主张男女平等、僧信平等，提倡佛教文艺化、生活化；尽管自己没有饭吃，我敢开办免费的国文补习班、歌咏队、佛教学院、大专佛学夏令营，吸收优秀的佛教青年；尽管蛮不讲理者手持刀棒欲加害于我，我敢付诸行动，破除佛道不分的陈年积弊；尽管不明情况者唇枪舌剑种种想问难于我，我敢出面应对，祛除大家心中的疑惑阴霾；尽管没有地方安单，我敢各地行化，宣扬妙谛；尽管身无分文，我敢建寺安僧，接引十方……因为我敢义无反顾，勇往直前，革新佛教的初衷得以在宝岛开花结果。

所以，敢，是发心，也是担当；敢，是勇气，也是智慧……"敢"的好处不胜枚举，回想我这一生中有好几个转折点，也都是在敢作敢为之下，化危为安，渐入佳境。首先，在十二岁时，我为了一个偶然的承诺，割爱辞亲，出家学佛，步入另一个迥然不同的世界，若非当年如此敢于下定决心，我的一生必定无法如此多彩多姿。

到了台湾，我在中坜、新竹一带流浪挂单，教书写作，听说宜兰偏僻落后，没有人愿意去弘法，我那时连台湾各地风土人情都搞不清楚，居然敢一口允诺李决和居士的邀请，前往驻锡，没想到在那里度了许多佛教青年，为台湾佛教开拓了一片新天地。如果我当年畏难苟安，恋栈他处，或许没有这么多秉性淳良的常随弟子，与我一起众志成城，为教奉献了。

开辟佛光山是第四个转折点。当时很多人看到这块偏处一隅的荒山野地，纷纷却步退心，我不为动摇。三十年来，敢和洪水飓风搏斗，一次又一次重拾砖瓦，再建家园；敢在是非批评中生存度日，以事实瓦解有心人士的毁谤。在无钱无缘下，我培养了一千多名僧伽弟子，在世界各地服务大众。其中，有许多弟子承继了我敢作敢为的作风，不眠不休地弘法利生，令我感到十分安慰，像慈庄，手拎一只小皮包，就敢走遍世界五大洲建设一百余所道场；慈容，虽然生来一副瘦弱的身躯，却敢周游全球各国设立佛光会；依华，敢只身到环境恶劣的印度留学，十年寒窗，学成归来，促成佛教戒法再传印度的殊胜因缘；慧礼，敢赴往非洲弘法布教，感化无数黑人皈依三宝、出家学佛；依德，为了护持佛法，敢在劣民刀枪之中，奋不顾身，勇往直前；觉传，在绑匪面前，敢滔滔讲说佛法，丝毫无所畏惧……“敢”不但成就了一己的道业，也促进了佛教事业的发展；敢，不但涵养了个人的圣胎，也成就了万千众生的慧命。

一九八五年，我从住持之职退居下来，破除台湾佛教“万年住持”的传统，为教界作模范，为大众立榜样。退位之后的我天地更为宽阔，因为我敢向自己的缺陷挑战，以辛勤的耕耘来战胜先天的不足；我敢迈开脚步，行人所未行之路。我不会他国语言，但我敢到世界各地弘法，佛教在五大洲于焉发扬光大；我不曾学过组织企划，但我敢创立国际佛光会，让僧信平等的理想能在现世落实；我没有丰富的办学经验，但我敢办大学，作育英才，像美国的西来大学曾获优良大学的认可，嘉义的南华管理学院在接办一年之内开学招生，创办至今，时间虽短，却也声誉鹊起。去年进来的一百名学生当中，有二十七个学生将该校填为第一志愿，有三十几个学生将该校填为前十个志愿，为台湾教育史创下先例；我也不懂广播、电视，但我敢创办公益性质的“佛光卫星电视台”，所有节目不但有益身心，而且没有广告插播。

秉持诸佛菩萨“但愿众生得离苦，不为自己求安乐”的精神来从事国际弘法、组织佛教教会、办理高等教育、设立传播事业，必须有开阔的胸襟与远大的视野，非敢无以成事。往后还有很长的日子需要大家齐心协力，如何才能延续佛教的千秋伟业？如何才能长养众生的法身慧命？还是那句话："敢，很重要！"

我们不但要敢于勇猛向前，敢于展开新局，也要敢于反观自照，敢于除旧布新。去年，佛光山毅然宣布封闭山门，潜心静修，就像任何一种重大的变革一样，封山也需要有远大的勇气。在封山典礼即将结束时，全山法师以果敢的步伐踏入"灵山胜境"，山门随之掩闭上锁。我们立志要在文化、教育、修持、弘法上深入扎根，期待不久的将来能为社会做出更佳的贡献。

徒众常说我"行事胆大，游走于悬崖边缘"，其实我也有"不敢"之事，例如，佛事不敢不做，因果不敢违背。记得多年前，一名素行不良的候选人在我说法时，站上讲台，硬要我将他介绍给大家，我当着他的面，直言告诉听众不要选他；掌管财务的职事因为入不敷出，想要挪用七月道粮作为建设之用，我严禁不准；凡世界各地发生重大天灾人祸，我发动信徒，捐输解困；何人何地需要我时，我竭尽所能，给予支助；台湾重大刑案频传之际，我发起"慈悲爱心人运动"，培训两千名慈悲爱心人，到大街小巷、学校机关、车站市场、公园庙口，向大众宣导慈悲爱心，以实际的行动来带动全民净化自己，关怀社会。

一九九八年二月，为了光大佛教欢喜、融合、尊重、包容、平等、和平的精神，我在佛陀成道的菩提伽耶传授三坛大戒，让世界各种传承的僧伽齐聚一堂受持净戒，让南传、藏传国家失传一千多年的比丘尼戒在佛教的祖国恢复起来。当大众环绕正觉大塔经行时，我想到"大雄大力大无畏"的佛陀为了追求真理，不但敢放弃既有的权位名利，向内心的无明烦恼挑战，甚至在菩提树下，金刚座上，发出"若不成佛，誓不起座"的誓言；为了解民倒悬，不但敢向根深蒂固的阶级制度挑战，四处宣扬"众生皆有佛性"的理念，并且广收徒众，有教无类。在感动涕零之余，我心中突然涌现深刻的体悟：敢，不是匹夫之勇，不是争强斗胜，而是大愿力的实践，大慈悲的示现，大无私的奉献，大格局的开展。

“敢，很重要！”真正的“敢”，能为大众带来幸福，能为社会带来安康，能为世界带来和平，能为人类带来光明。在此呼吁我们的社会能表彰真正敢做敢为的精神，同心协力，转邪为正。也希望我们每一个人都能落实敢奉献、敢承担的理念，敬业乐群，恪尽厥责。果能如此，我们的生命将更加光辉灿烂，我们的家园将更加美好温馨。

不知道的乐趣

一九九五年四月二十五日，我在荣民总医院做心脏手术，为我主持开刀的张燕大夫因而与我成为好友。有一天，他和我说：“如果我早已认识你，就不敢为你开刀了。”我笑着说：“这就是不知道的乐趣啊！”回想从开刀房到恢复室这段时间，历经三十小时，我都是在浑然不知的状态中，并不感到痛苦；后来知道许多人在门外整日守候，心里一直觉得不安。我突然体悟到：世间许多的忧悲苦恼不都是由于人知道的事情太多而造成的吗？再回想我这一生当中，由于“不知道”而得到的乐趣可真是不胜枚举啊！

五岁那年，外公刘文藻溘然长逝，家中笼罩在一片愁云惨雾之中，我当时不知死为何物，只感到外公平日时常板起脸来训人，现在却睡得那么安详，不禁窃喜。及至稍长，方觉抱愧不已。所谓“少年不知愁滋味”，童年时因为不知道人事的沧桑，所以天真烂漫，随着年纪增长，见识越广，乐趣也渐渐淡然。

记得小时候，母亲经常和儿女们说起一九二七年，孙传芳与北伐军队在龙潭会战，士兵们来家中搜人，拿刀到处乱刺的情景。尽管事过境迁已久，然而母亲每次说到这里，总是神色骇然，一副心有余悸的模样。那时的我，因为没有经过战乱，不知惶怖，只觉得与“官兵捉强盗”的游戏相仿。十岁那年，抗日战争爆发，虽然真正的战争已经来临，远地也不时传来日军烧杀掳掠的消息，但事不及身，所以依然不觉惊恐。当时我参加国民政府举办的民众补习班，因为念错一个字而惹得全班哄堂大笑，那种切肤之耻竟然有甚于耳闻战争之苦，至今仍记忆犹新。次年，我随母亲离乡寻找在战地里失踪的父亲，目睹尸骨遍野，漂血成河的景象，我终于意识到战争的可怕，儿时与兄弟玩“骑马打仗”的乐趣，也随着知道事实的残酷而消失殆尽。

自一九四九年告别故乡以后，与家人中断音讯，没想到首次得到的消息竟是外婆亡故的噩耗，使我既震惊又伤恸。外婆的温良恭俭，是我一生的典范，然而却不能为她亲料后事，抱憾之余，只有将多年积蓄的供养傢钱寄给弟弟，请他为外婆建立塔堂，以为至少略尽孝意，了己心愿。没想到数年前返乡，看到的居然是弟媳妇的墓碑，当下心甚不悦，久久不能释怀。想到世间多少恋人因为发现对方没有忠于感情而发生勃溪，终至分手；多少患者由于了解自己病情深重而日渐消沉，抑郁而死。我深深感到：在“不知道”中，与事实保持距离，反倒是一种美好的境界。

一九四九年初来台湾，八月二十二日那天，秋季法会结束，我拿着钱，欢喜地上街买布，准备裁制僧衣，没想到半路上被捉去警察局。因为平日不做亏心事，心中坦荡荡的，心里一点儿也不觉得害怕。被释放以后，得悉是在搜捕匪谍，让我倒捏了一把冷汗，因为一旦定罪，只有死路一条，不禁庆幸当时什么都不知道，所以才能安之若素地渡过难关。

我一生中看遍各种出家因缘，大致说来，有闻法欢喜，立刻决定落发者；有考虑再三，才乞求师父圆顶者；也有犹豫徘徊，依然踯躅不前者。而我是在偶然的因缘下髫龄出家，没有考虑的机会，或许正因为不知道出家是什么，没有分别心，反倒比别人更能安住在佛法里。当时我是寺中年纪最小的沙弥，由于自愧什么都不知道，我虚心向学，因此承教最多；由于自惭什么都不知道，我谦卑恭顺，因此结缘最广。人生有如一场马拉松，回首当年，一些聪慧过人的学长因熬不过风霜雨雪而堕入红尘，另有一些才学超群的同道则耐不住人情冷暖而流落世俗。所谓“打死拿拳的，淹死会水的”，登高山的健将容易死于山难,开快车的好手也经常亡于车祸,能在“不知道”中随遇而安,真是一种难得的福分啊!

二十三岁来台时在基隆海港登岸,望着阴晦的天色,只觉路途茫茫,每遇一人,皆不认识;每走一步,不知止于何处。虽说“今日不知明日事”,但我确信只要站稳每一个脚步,珍惜每一个因缘,将今日的事情做好,未来就有希望。至于明日将发生什么事情,既无从知道,也不一定要知道,就这样安然地度过了一生中最困顿的时光。

由于仰慕慈航法师盛名,因此安身以后第一件事就是专程前往弥勒内院拜访求教。慈航法师笑脸相迎,随即聚合寺众,临时提议要我代他上课,我只好依言开示。事后想想,还好事先不知道,否则,恐怕紧张得三天三夜都难以安眠。后来,我经常在不知道的情况下,于各种场合应邀即席发言,无形中培养了应变的能力。所以,不知道没有关系,把握当下的机缘才是最重要的。

四十年来的弘法生涯,从宜兰到高雄,从乡镇到市街,从山林到殿堂,从台湾到世界,教界的指责、外道的骚扰、当局的禁止、民间的诽谤、佛光山的移山填谷、西来寺的百余次公听会……一切建设所历经的困难阻碍,都是当初无法想象的。一旦知道的时候,已经是箭在弦上,不得不发,尽管前程未卜,也只好继续不知道,勇敢地向前迈进。没想到,一路行来有惊无险,种种事业于焉完成。

记得有好几次几乎到了山穷水尽的时候,弟子们纷纷关心日后的经费问题,我都和他们说:“不必担心那些事,我自有办法,你们知道了,会睡不着觉的。”唐雎谓信陵君曰:“事有不可知者,有不可不知者。”不当知道的事知道了,会削减勇气,不如不知道,反而能一鼓作气,先驰得点。“三界唯心,万法唯识”,“不知道”有时更能解决问题。

我走访世界各地,经常有人询问日后政经发展的趋势?我笑答,自己只是个和尚,不是算命的,没有未卜先知的本领。其实,无论是团体的发展也好,个人的前途也罢,都与整个大环境有连带的关系,非现在所能知道。然而正因为不知道，所以未来才充满了无穷的希望。

三年前，江灿腾先生在一次会谈中对我说："有些人很仰慕您，但为什么教界又有人不喜欢和您往来？"我不但不追问当事人的姓名，反而回答他："不是我不好，就是他不好，这就要看个人的看法了。"他闻言哈哈大笑。

我以为众生的安危才是学佛者所应该知道的，至于其他琐事，我们不但不强求知道，还应该学习赵州禅师的"忘"字诀——忘是、忘非、忘情、忘境，甚至忘你、忘我、忘有、忘无。

所以，收徒四十年来，我不曾问过弟子："这件事我怎么不知道？""为什么没有向我报告？"我觉得不知道很好，表示他们能承担，我也没烦恼。

有一回，我自美国弘法归来在桃园机场出关，远远瞧见四位徒众向我走来，不禁皱眉，心想：怎么这么多人来接机？我还没开口，其中两位徒众见状，赶紧说道："我们刚送客人上机，恰巧在这里遇见师父。"原来是我错怪了他们，可见眼耳见闻的觉知也不尽然是正确的。所以即使是知道的事情，我们也不宜妄下评断。

然而有许多人不但滥信所见所闻，连不知道的事也想尽办法去挖掘，不当看的，眼睛偏要看，结果看出烦恼来；不当听的，耳朵偏要听，结果听出痛苦来；不当问的，嘴巴偏要问，结果问出是非来；不当做的事，偏要去尝试，结果做出问题来。人生有许多过患不都是因为不知而强求知所引起的吗？像影视红星林雁听信风水师的话，以为家里有鬼，最后精神崩溃，三枪自戕；名作家三毛经常与灵媒沟通，结果宁愿舍弃人间的生活，到鬼域与亲友做伴，这些行为是多么的愚痴啊！而神棍敛财、少年吸毒，也都是在好奇心的驱使下所造成，其所导致的社会乱象尤其让人痛心疾首。

数年前，佛光山功德主黄丽明居士和我谈起她三十年前的一段旧事，我将其中的地点、人名、经过都说得一清二楚，她惊讶得瞠目咋舌。我每到一地，都能迅速掌握自己行进的方位、说话的分寸，甚至连电视弘法的录像，也都能在不看表的情况下，准时讲完应该讲的话，从不ＮＧ。徒众常问我：如何知道这些时空、人际之间的关系？其实世间任何事物，都有它一定的道理，我们不一定要亲耳听闻，亲眼看见，才会知道。

每个人都有无穷的潜力，佛教称它为“佛性”。佛性不可说，它不讲求外在的知识，而注重内心的体悟。不知道的事情，都在我们的心里，我们可以用心眼去看，用心耳去听，只要我们以平常心来看这个世间，就会感到一切都是这么的自然美妙，乐趣盎然。

什么都是我的，什么都不是我的

我的一生都是在苦难中成长，在我呱呱坠地时，一九二七年，北伐革命的战争已经进行得如火如荼，在漫天烽火中，一家人过着颠沛流离的生活，几乎在内战中结束小命；十岁那年，抗日战争的爆发，我们又开始四处逃亡。十二岁出家后，我到各个名蓝古刹参学，跑遍京沪一带的丛林。二十三岁时，我从栖霞来到宜兴，又从宜兴到南京，辗转播迁台湾，此后，再度过一段浪迹天涯的日子。长途跋涉，经常移徙的体验，使我在弱冠之龄就感悟到：“世上什么都是我的，什么也都不是我的！”所以后来我无论走到哪里，都能随遇而安，随喜而作，因为普天之下，只要你容他，他就是你的；你不容他，他当然就不是你的。

不经意回首，轻舟已过万重山。我从台湾北部走到台湾南部，一路行来竟是丽日风雨兼而有之，对于宇宙万象的体验，我依然觉得：“如果用入世的眼光来看，什么都是我的，其实什么都不是我的；如果用出世的态度来看，什么都不是我的，其实什么都是我的。”太执著于拥有的人生固然辛苦，太放弃、太空无的人生也未免过于晦涩，最好是能将两者调和，以出世的思想做入世的事业，以享用而不占有的观点来奉献社会，才能为自己、为大众铺设一条康庄的人生大道。

因此，当有青年向我乞求剃度出家时，我总是先问对方："佛光山是谁的？"如果他毫不犹豫地回答："师父！如果我在佛光山出家，佛光山当然是我的！"这句话就算通过我初步的考核了。因为唯有觉得常住是我们自己的，每个人才肯奉献身心，安住求道，寺务才能日益兴隆；唯有觉得师兄弟是自己的，才肯包容他们的缺点，成就他们的长处，大家才能和乐相处。

每次我在佛光山巡视散步，当我驻足在西来泉畔，聆听淙淙溪声，仿佛看到早年洪水暴发时，师徒们合力以身挡水的壮观场面；走到大雄宝殿前的成佛大道上，又好像见到当年大家在烈日雨水下，拿着铁尺，就着未干的水泥地刻画纹路的辛苦情景。

三十年来，因为我们将佛光山看成是自己的，所以才能众志成城，将蓁莽未启的荒山开辟成庄严殊胜的净土。唯有觉得一切都是我的，才能产生源源不绝的动力。希望我的徒众都能时时把"佛光山是谁的"当做话头，努力参究。

佛光山既然是我的，当然也属于大众每一个"我"的，因此从开山以来，所有设施都是随顺信徒所需而兴建，一切重大计划都是经过大家开会来决定，乃至典章制度里的每一则条文，也莫不是在公开的场合中通过公布。一九八五年，我依章程退位，将住持之职交由第二代接棒，许多信徒前来哭跪请留，都无法挽回我坚决的意向。经云："依法不依人。"大家是否都能在平等的"法"中，看到佛教的本质与未来？

是的，佛教主张法不孤起，所以既不执著一法一人，也不舍弃一法一人，正因为佛教的本质如此，因此才能结合众缘，不断突破，创造远大的未来。我虽然已经退位，不是住持，但我还是徒众口中的师父，还是佛光山的一分子，因为师父是永远不会退位的。所以当常住需要我时，我还是义不容辞地提出建言；当弟子请求我时，我也愿意为大众排难解纷。

对于佛教事业，我也是本着这种不执不舍的精神，戮力以赴。出家数十年来，从撰写文章到办小型报纸，从建设道场到创兴学校，从街头巷尾布教到展演殿堂讲经，从数十人小型的座谈会到几万人大规模的活动……凡是有益于振兴佛教的工作，无论是不是我来主办，只要有人邀请，我一定乐意前往，共襄盛举。

不管哪一家佛学院找我教书，我都觉得学生是自己的，所以倾囊相授，毫不私藏；当他寺邀请我主持僧伽讲习会时，我也未曾将学员看成是外人，所以一律有教无类，行无量法施。随从的弟子说："师父竟然把全部的秘籍交给别人了！"记得《六祖坛经》中，曾记载一位同参道友质问惠能大师："上座还有密意否？"惠能大师回答说："密意尽在汝边。"对方闻言大悟，惭愧作礼而去。所谓"事无不可对人言"，真理遍满法界虚空，毫无密意可言，只看我们肯不肯留心观察罢了。

从大陆到台湾，我每到一地，都把一切看成是自己的，哪里可以学习，我就前往哪里请益求教，哪里需要帮忙，我也尽心尽力地为其服务，所以丛林四十八单职事，我样样知道。在参禅念佛方面，我也曾有万物俱泯的境界；对于宗下、教下、律下的义理仪规，我固然了然于心；对于各个教派道场的历史渊源，我也是如数家珍。但是所有这些都不是我个人的，所以只要有机会，我也很乐意与大家分享。

至于友寺的制度，我向来采取尊重原则，然而一旦求教于我，我一定帮忙解决，因此朝元寺兴建朝山会馆时，我亲赴指导规划；灵岩山寺打水陆，我也派弟子前往参加；其他如东净寺、双林寺的法会活动，我都督促徒众热心支持。弟子偶尔向我诉苦，自己道场的活动都已经忙不过来了，还要插手管别人的事。我最不高兴听到这些话，于是反声相诘："什么是别人的事？"

佛陀等视一切众生如佛子罗睺罗，我们以佛陀为本师，自应追随效法。近百年来，佛教之所以衰败，不就是因为派系之间妄自分别，贻误后人吗？实际上，我们生活在这个世上，拈起一毛，万法皆随之而生，所以，自他不二，人我一如，别人的事其实就是自己的事，如果我们能常作如是想，又哪里会有忙闲、好恶的分别呢？万法一如，众缘一体，这是佛陀的本怀啊！

出家以来，曾经遇过一些人前来问难，他们指着儒家所说"不孝有三，无后为大"、"身体发肤，受之父母，不敢毁伤，孝之始也"等文字，驳斥出家披剃之非，显然是以辞害义、不明就里所造成的偏差意识。记得一九六二年，兰阳救济院因经费不足，即将关门，我当时虽然自己也是捉襟见肘，但基于一份恻隐之心，伸出援手，应允接管，这一来不知解决了多少无依老人的食宿问题。我深深感到：假如把天下的老人都看成父母，未尝不好。是自己的父母，未必像自己的父母；不是自己的父母，有时比自己的父母更好。所以是自己的，有时不是自己的；不是自己的，有时反倒是自己的。

早年，一些人经常将一些路上拾来，不知姓名住址的小孩送来佛光山，我盖了一座育幼院收容他们，后来在报户口的时候，户政机关不肯接受，我见主管院务的职事深怕继承财产问题会为日后惹来麻烦，一副左右为难的样子，所以又自愿将他们归在我的户籍下，跟着我的俗姓李来取名字，并且送他们上学读书，使得他们不致流落街头，如今都一一长大成人，服务社会。

我觉得如果大家都能将天下的父母视为自己的父母，将天下的子女视为自己的子女，什么人都可成为我们的亲人；如果没有爱心，亲人也会形同陌路。所以世上的人可以是我们的，也可以不是我们的。我有千人以上的出家弟子，个个都比一般人家的儿女更好。我在荣民总医院开刀，做心血管绕道手术，真是有几百人排班侍候。我没有儿女，但像有更多的儿女。所以我很确定什么是我的，什么不是我的。其实只要心能包容，一切众生都是我们的，一切法界都是我们的。

我们以为身体是我们的，其实身体是四大五蕴积聚的；我们以为财富是我们的，其实财富是五家共有的；我们以为儿女是我们的，其实儿子是媳妇的，女儿是女婿的；我买的土地供他人建房屋，我建的房子供他人住，甚至于历经千生万死建立的江山朝代也都可以更换。看得破的人，什么都是我的；看不破的人，什么都不是我的。我一向提倡“以无为有”，我拥有“空”，看起来什么都没有，其实空即是色，色即是空，虚空中不是一切万象俱全吗？

一九四九年，我从大陆到台湾来，连衣履都不全，看起来什么都没有，到今天我感到世界都是我的。有人说可惜我出家了，不然就像王永庆一样。

其实王永庆被誉为经营之神，在财富上如何能跟他相比？但可以说他拥有实质财富，如六轻、南亚、台塑等，而我所拥有者，则是无形无相的三千大千世界。

披剃五十年来，我对母亲的孝心恒久不变，对其他亲友也总是量力接济，只是我有自己的原则与方法。有的徒众看我对于苦难者的求助慷慨解囊，对于亲人的需索反而思前顾后，心中百思不解，于是前来问我，言语中带有不平之慨。我回答他们："因为我不认为亲人是我的，更不觉得苦难者不是我的。"

当我们行走街头，目睹贫富贵贱、少壮老弱，和我们擦身而过；当我们踏青野外，但见走兽爬虫、飞鸢游鱼，与我们相视对看，焉知何者不是自己过去世里的父母亲眷？究竟谁是我的？谁又不是我的呢？所以，该给的，我万金不惜；不该花的，我一毛不拔。唯有等视一切众生，拔苦与乐，才是真正的回报深恩，因此我发愿生生世世来此人间，学佛行道，度脱有情。

曾经有人和我说："为什么对那么顽劣的徒弟，还要煞费心机？"我想，就是因为他冥顽不灵，我才要多花心思，将他导向正道。子女再不好，几曾看过为人父母者嫌恶舍弃呢？树上的叶子掉落下来，因为不是我的，所以一点也不感到疼惜；身上的皮肉受伤化脓，因为是我的，所以每天用心敷药包扎。如果我们能将众生视为自己的眼耳鼻舌、手脚四肢，就会珍惜每一个因缘，心甘情愿地为对方付出一切。

前些日子，一名信徒恭敬地捧着一个破旧的红包袋给我，腼腆地说道："它已经在我口袋里放了三年，每次您都来去匆匆，没法子送给您，今天总算让我遇到了。"对于信徒的厚爱，我真是感激不尽，但是我的确打从心里将信徒看成是整个佛教的，从未视为个人所有，因此每次主持皈依典礼完毕，我总是赶快离开，恐怕沿途受人跪拜；每回大座讲经下台，我也是潇洒而去，不带走一个掌声。但是只要大家有困难找我，我一定为他们解决。

经云："所有众生，我皆令入无余涅槃而灭度之，而实无有一众生得灭度者。"又说："众生众生者，即非众生，是名众生。"唯有保持一颗无所得心度众利生，我们才算是真正拥有了一切的众生。

一九四九年，我来到台湾以后，本省人一直喊我是大陆来的和尚；一九八九年，我首次返回一别四十载的家乡，行至大陆各地，大家却都说我是台湾来的和尚，一时之间，我突然对于自己应该隶属哪里，感到模糊起来。后来我走访各国弘法，才发觉自己每到一地，都将当地视为是我的家乡，所以我睡得安稳，吃得自在。

白人的胡睛碧眼，固然清新大方，黑人的黝肤卷发，看起来也美丽高贵，欧洲的古堡令人发思古幽情，非洲的森林也颇具原始风味。只要我有一颗泛爱大众的慈悲心，又何必自我设限，将自己局促于某一个国度里呢？于是我立意要做一个“地球人”，把自己奉献给全世界的众生。因此，我在海外各国建设数十家道场，成立世界性的“国际佛光会”，希望凡是与我一样有国际观的同好，都一起来拥抱地球，为世界的和平安乐携手合作。

我们的心胸有多宽广，就能包容多少事物，所以身体固然是我的，国土、众生、地球也都是我的，甚至只要我们具足慈心悲愿，立意直下承担，整个宇宙都是我的，然而一旦放下万缘，就是自己身上的一毫一发，乃至坐拥三千大千世界恒沙七宝，也都不是我的。所以应该有无量喜舍，普施回向的度量。

过去秦人遗失一把宝剑，不但不懊恼，反而说道：“天下人失之，天下人得之。”这么一转念，不但宝剑没有失去，而且还拥有了全天下，何其乐哉！失去与拥有，包容与喜舍，其实是一体的两面，唯有将两面结合起来，我们才是真正地提起了全部。所以我们在世间生活，若能同时具备“什么都是我的”胸怀，与“什么都不是我的”雅量，才能如行云一般舒卷自在，像流水一样任运而行。

一念之间

我自幼在深山古刹熏习佛法，成年后又踏入社会弘法利生，深感禅门里所谓的机锋相对，世间所讲的机缘际遇，往往发生在“一念之间”。

我闲来喜欢一书在握，神游天下，经常发现无论是古今中外反败为胜的战争，或者是各行各业出奇制胜的事例，其关键莫不是在一念之间。

多年来，我观察纷纭世事，研析始末究竟，时时觉得人生数十寒暑中的成败得失、缘起缘灭，都与我们的一念之间有着密切的关系。回首前程，自觉一生当中有许多事情，也都是取决于一念之间。

十一岁那年，母亲携我离乡，找寻在战争中失踪的父亲，途经栖霞山寺，我趁母亲礼佛之际，好奇地在寺内到处观看，遇到一位知客法师出其不意地问我：“小朋友！你要出家吗？”我因为急于回头找母亲，就随意说了一句：“好啊！”没想到他真的为我引见监院志开上人（后来成为我的师父），为了信守承诺，我只好与母亲辞别。如今，我由衷感谢这无意间的一念，使我得以及早遨游在真理的大海之中，汲取无边的法味。

我原本生性羞怯，不敢面对大众，因此来到台湾以后，即隐守在寺院中，于从事苦役之余，以教书写作弘扬佛法。

一九五二年三月，我在龙山寺遇到李决和居士正四处央请法师到宜兰弘法，无奈却因宜兰地处偏僻而乏人问津。我心生不忍，故毛遂自荐。李居士闻言，万分欢喜，回去后立即来信聘请。

就因为这“一念”的不忍之心，我来到了风光明媚的兰阳平原；也为了这“一念”的慈心悲愿，我开始鼓起勇气，面对社会大众，普施法雨，广行教化。宜兰之行，又成了我一生最大的转折点之一。

习与群众接触之后，弘法邀约相续不断，山巅水湄都有我的足迹。后来，远在高雄的信徒居然也闻风前来请法，他们的热忱如同南台湾的太阳一样强猛，每次总是请了乐队到火车站隆重接送，一路上吹吹打打，经过市区，鞭炮声、鼓掌声更是不绝于耳，引来路上行人侧目围观，行车驾驶也纷纷探头，令我坐立难安。后来有好几次来去，想尽办法，悄悄地换了几班不同的火车，还是难以逃过。

有一次，我听说某位信徒生病，即前往探视，没想到附近信徒早就已经在目的地守候良久，争相邀请我去作家庭普照，每到一处，总是瓜果饼干摆满一桌，我一生不忍拒绝别人的好意，于是去了，一家又是一家，一天下来，肚皮都快要撑破了。

信徒的虔诚恭敬固然感人，但是我自觉福薄德浅，受不起信徒如此盛情供养，因而生起了不要再来高雄的念头。但是有一次当我起程北返，刚坐上车时，信徒翁陈盆老太太跑到我的车窗前，对我说道："师父！你一定要再来哦！"这一句话，我不知听过多少人讲过多少遍，但是此刻她那种渴望的音调与诚恳的态度，深深地叩击着我的心房。正因为这一念的感动，我决定与高雄再续法缘，因此，才有后来的佛光山。

一九六七年，我无意间听说越南褚姓华侨全家大小陷于经济困境，正欲一死了之，我当下就决定筹钱购买他所拥有的一片荒山，为其解困。为了这一念的悲悯，我不知花费多少唇舌力排众议，因为这里既没有秀丽的山光水色，也没有便利的公共设施，放眼望去，有的只是满山的刺竹，遍地的芒草。

好不容易说服大家，接着就是千辛万苦的开山工程，我和徒众每天在烈日骄阳下，担石凿地，挥汗如雨。遇到狂风暴雨，我们又得不惜身命，在山崩洪水中，搬运沙包，防止灾患。经过一番艰难的奋斗过程，荒山野地才呈现出寺院的初貌。今天佛光山能有这番繁盛的景象，全都是二十八年来不断努力开发智慧、劳力的结果。

所以，一念固然足以形成人生的转折点，更重要的是自己必须肯用心，肯出力，去完成那最初的一念。

回想我这一生从俗家到出家，从大陆到台湾，从宜兰到高雄，从寿山寺到佛光山，乃至从岛内到岛外，虽然无一不是一念所造成的结果，但是其间不论是出自无心的一念、勇敢的一念、感动的一念、慈悲的一念，我都心甘情愿地坚持那一念，做好那一念，甚至为了“一念”，一生吃尽苦头，受尽委屈，也从无怨悔。

我的弟子满和是台大外文系毕业的高才生，数年前，他以高分通过托福与GRE考试，就在申请留学时，他幡然醒悟，写了一封长信给我，诉说他的心声：“……要做一个出家人，是从发心、慈悲做起，而非从研究学问开始。我为了别人的希望、鼓励而去读博士，但是我仔细想想，我不要这些，我是来出家的……”

就在这一念之间，他也与留学擦身而过。目前他承办西来大学的校务，从事《西来通讯》的主编，并且为我担任英文口译，帮我笔译英文讲稿，样样工作都做得有声有色，法喜充满，我相信他也会和我一样，感谢这“一念”的转变。

我记得在刚来台湾时，目睹佛法之衰微，深感痛心，因而常思如何突破。有一天，心中忽然兴起设立佛教文物陈列馆及佛教图书馆的念头。虽然我当时一无所有，但我拥有一颗不灭的恒心。为了实践这一念，每当身上有一些余钱，我就拿来请购佛教典籍；每到一地弘法，我也抽空网罗佛教文物。如今，图书馆、宝藏馆遍布于各地的佛学院与别分院中，足见唯有以锲而不舍的精神为动力助缘，才能功圆果满，成就事业。

我从青年时期就非常关心佛教的动向与前途，三十多年前，我在伏案笔耕时，有感而发，在《佛教需要什么》的文章里写下：佛教需要建一个大学、需要办一份报纸、需要设一个广播电台、需要成立一个电视事业。尽管一经提出，遭人讥议，斥为天方夜谭，虽然许多年来，因缘不足，未能顺利如愿，然而这一念未尝稍退。

一九九〇年，我终于在美国洛杉矶成立西来大学；一九九三年，被核准佛光山在宜兰兴设佛光大学；将来我还要在别处广设大学，以佛教解行并重、悲智双运的理念教育青年，造福人群。虽然目前还有报社、电台、电视台尚未如愿设立，但是这些计划在我心中酝酿多年，相信必有实现之日。

我虽然择善固执，往往以一生的岁月来坚持一念的实践，但是我并不固守己见，刚愎自用，而能察纳雅言，回头转念。

一九五七年，我曾经接到日本大正大学的博士班入学通知，当我正准备负笈前往日本时，朱殿元居士对我说："师父！在我们的心目中，您是师父，地位比博士还要崇高，为什么还要去攻读博士学位呢？"我当下汗颜，自忖所言甚是，我已弃俗出家，以弘扬真理、净化人心为己任，我的地位、我的使命的确非比寻常。我又想到：人活着，不仅是要为自己打算，更要多为别人设想，我今天既然已经是他人的师父，却还要远赴东瀛，以日人为师，让我的徒众情何以堪？

就在这一念之间，我放弃了深造的打算，但是我未曾感到丝毫遗憾，因为我将研究学问的心力放在弘法利生上，施设了更多的佛教事业，利济了更多的有情众生，自觉人生更富意义。

丹霞天然本欲进京赶考，因为听到一句："选官何如选佛？"一念之间，将官禄前程抛诸脑后，行至湖南，于石头希迁门下参学得道；六祖惠能本为一名樵夫，由于安道诚的鼓励资助，一念之间，放下世俗生活，来到黄梅，在五祖弘忍座下开悟见性。

我虽不才，但徒众之中也有多人因为只言片语的启发，而在一念之间选择了正确的人生方向，对社会作出最大的贡献：张慈莲因为我的劝告，一念之间，放弃当歌星的美梦，成为佛教徒，从事幼教工作，培育菩提幼苗，功德无量；依照在听了我的开示以后，一念之间，改变学唱歌仔戏的初衷，剃度出家，历任典座、当家，目前是巴黎佛光寺的住持，度人无数。

经云："心如工画师，能画诸世间。"天堂、地狱、喜乐、忧愁，乃至生、老、病、死无非都在我们的一念之间。我一生中所遭遇的阻挠、伤害不知凡几，但都因为我时时持有乐观进取的念头，故能转危为安，化难为易。

我历经多劫，几次濒于死地，但是我不曾因为即将命终而形色忧惧，也未尝由于获得重生而雀跃狂喜。我以为生死只在一念之间，如果我们能在生时妥善运用时空，多做益事，则临死何惧？如果我们能在平日为自己写下历史，为社会留下贡献，则虽死犹生。反之，如果我们多行不义，无恶不作，即使藏身密室，服食仙丹，依然常怀恐怖，生不如死。如果我们吃喝玩乐，无所事事，如同行尸走肉，则虽生又何异于死呢？

所谓“一失足成千古恨，再回头已百年身”，“一念嗔心起，百万障门开”，“一称南无佛，皆共成佛道”，贪嗔愚痴、邪见我慢，虽起于小小的一念之间，却足以毒害心灵，铸成大错。如果我们能及时到诸佛菩萨前合掌忏悔，能及时反省悔过，则一念之间又是另一番光风霁月的景象。

佛教说“一念三千”，“一念之间”不但影响我们自身的行为举止，对于整个社会也有莫大的关系，所以我们应该慎于“一念”，时时在起心动念处观照反省，将自己当下的每一念都安住在慈悲、般若、大众、佛法之中。

愿心的升华

青少年的时候，同参道友三五成群经常讨论着“将来要做些什么”？

有人说：“我将来想著书立说，留名千古。”

有人说：“我将来想住持一方，领导大众。”

有人说：“我将来想讲经弘法，宣扬佛教。”

有人说：“我将来想养老育幼，救济孤苦。”

……

而我总是无言以对，因为我只记得有一年患疟疾时，感念家师慈悲遣人送来半碗咸菜，当下发誓要把出家人做好以为报答，从此我精进修持，服务寺众，任劳任怨，但是却没有想过将来做些什么事，因为对于自己能做些什么，我不敢去想。

有一天，好友智勇法师以关心的语气问我："你说说看嘛！你将来要做什么？"

我答道："将来要做什么，将来才会知道，现在我怎么晓得呢？"

他闻言，立刻责怪我："你没有发愿，将来怎么能成功？"

我若有所悟，此后从发愿为自己开始，慢慢进步到发愿为别人、发愿为佛教、发愿为众生。一路走来，我终于了解到：愿力不可思议，愿心可以扩大我们的人生，升华我们的境界。

愿从心生，发愿就是"发心"。世间最宝贵的能源，最殊胜的财宝，不在地底下，不在深海里，不在银行中，不在荷包内，而是在我们的心中。"心"如田，如地。农田必须经过开发，才能播种、耕耘、收成；土地必须经过开发，才能建造楼房，发展企业。我们的心田、心地也必须经过"开发"之后，才能产生无限的功用。例如，我们的心中有慈悲，如果能发心发愿将慈悲开发出来，就能够人我一如，无怨无悔；我们的心中有智慧，如果能发心发愿将智慧开发出来，就能够深入法海，自利利他；我们的心中有惭愧，如果能发心发愿将惭愧开发出来，就能够谦冲虚怀，不断进步；我们的心中有欢喜，如果能发心发愿将欢喜开发出来，就能够利乐众生，永不退转。甚至我们发心吃饭，就能吃得饱足；我们发心睡觉，就能睡得香甜；我们发心走路，就能走得长久；我们发心做事，就能做得起劲。生活上的一切都要靠发心发愿才能进步增上，圆满完成。

二十岁以前，我与一般人一样，匍匐在香烟袅袅的佛殿中，诚心祝祷：

慈悲伟大的佛陀！

慈悲伟大的观世音菩萨！

请您加持，

赐给我慈悲，让我能息灭贪欲嗔恚；

赐给我智慧，让我能除去痴暗无明；

赐给我勇气，让我能冲破一切难关；

赐给我力量，让我能顺利学佛求道。

每天在朝暮课诵之后，我都这样地祝祷，心里觉得，如此的祈求是理所当然的。但二十岁以后，我从佛学院结业出来，忽然一个念头闪入心中：我每天向菩萨求这求那，都是为着自己，岂不太自私了吗？如果每一个佛弟子都像我一样贪得无厌，诸佛菩萨为了满足我们的所求，不是忙碌不堪吗？自此以后，每当礼佛诵经、讲经说法等各种功德佛事圆满之后，我的祈愿内容有了改变：

慈悲伟大的佛陀！

慈悲伟大的观世音菩萨！

请您加持我的父母师长，

让他们福寿康宁；

请您加持我的亲朋好友，

让他们平安吉祥；

请您加持我的有缘信徒，

让他们事业顺利；

请您加持一切功德护法，

让他们福慧增长。

佛陀垂目含笑，似乎是在嘉许我的进步，我自觉心安理得，因为我不再自我需索，而是为别人祈求。

然而就从二十岁那一年起，我开始了曲折多变的人生。先是追随太虚大师佛教革新的理念，冒着生命危险，企图整顿寺院，功败垂成，因而发愿有生之年，必定要尽一己之力复兴中国佛教，后来果然愿不虚发；因此又再发愿将来要普门大开，建寺安僧，接纳十方，结果也是有愿必成。有鉴于当时的佛书艰涩难懂，我发心写《释迦牟尼佛传》，用文学的方式来表达佛陀的一生，或许是因为熬夜写稿的关系，经常咳嗽，以为得了肺病，所以每天拜佛祈求，一方面希望能写完佛传再让我往生，一方面发愿要将佛陀写成人间化、人性化的至情至圣。一年多后顺利出书，而我从拜佛发愿当中，也启发了无限的信心，每天仿佛徜徉在佛陀的慈悲中，与佛陀感应道交。因此我也四处弘法，乐说不怠，即使历经挫折、重病，也不曾退心。

就这样慢慢地到了四十岁之后，有一天，我反观自照，略有所得：过去所有的祈愿也是自私自利，不尽如法啊！因为我请求佛菩萨庇佑的对象，无一不是围绕在“我的”这两个字上面，这仍然是一种自私的贪求。从四十岁到五十岁，我的祈祷有了一番突破：

慈悲伟大的佛陀！

慈悲伟大的观世音菩萨！

祈求您给世界带来和平，

祈求您给国家带来富强，

祈求您给社会带来安乐，

祈求您给众生得度因缘。

每次念完这段祈祷文，心中沾沾自喜，觉得在修行上又更上一层楼，因为我不是为我自己祈求，也不是我的亲友信徒祈求，而是在实践《华严经》所说的“但愿众生得离苦，不为自己求安乐”。

从四十岁到五十岁这十年当中，正值创建佛光山期间，在开山伊始，我就发愿“给人信心，给人欢喜，给人希望，给人方便”。在愿心的支持下，不管是山洪台风的来袭，或财务困难的危机，我都勇往直前，不曾退缩，不知不觉中突破了许多困难。后来在美国设立道场，也处处遭逢困境，凭着“佛光普照，法水长流”的愿心，终于忍辱负重，克服万难。

时光荏苒，心中的体会也不时递嬗。五十岁过去了，我忽然心有所感：学佛应该是效法诸佛菩萨“代众受苦，难行能行”的精神，为什么自己却总是祈求诸佛菩萨做这做那？因此，五十岁以后，我开始向诸佛菩萨作如是的告白：

慈悲伟大的佛陀！

慈悲伟大的观世音菩萨！

请让我来负担天下众生的业障苦难，

请让我来承受世间人情的辛酸冷暖，

请让我来延续实践佛陀的大慈大悲，

请让我来学习如来世尊的示教利喜。

回想这二十多年来，我虽然开刀多次，却未曾间断弘法工作；我奔走斡旋，终于让海峡两岸佛教的代表首次坐在同一个会议厅里商讨议案；我走访大陆，为两岸和平统一及福利众生而祈愿；我多次沟通协调，说服诸方大德，在印度佛陀成道处举行国际三坛大戒，恢复南传国家比丘尼僧团制度；我不辞辛劳，在世界五大洲遍设道场及佛光会，实现僧信平等，光大佛教的理想。清夜自扪：凡此艰巨使命一一的完成，若非蒙我佛加被，以愿心为力量，何能致此？所以，当名画家李自健先生为我画了几幅肖像，请我题字时，我毫不思索地写下：

心怀度众慈悲愿，身似法海不系舟，

问我平生何功德，佛光普照五大洲。

省庵大师曾说："入道要门，发心为首；修行急务，立愿为先。愿立则众生可度，心发则佛道堪成。"自古以来，诸佛菩萨无不以愿心成就无上菩提，像药师如来的十二大愿、观世音菩萨的十二大愿，愿愿饶益有情，普利世间，他们的慈悲是多么的深宏广大。有感于此，我曾经将普贤菩萨的十大愿望，改以现代的口语来作为自己的发愿：

一者礼敬诸佛，我愿自今以后实践人格的尊重；

二者称赞如来，我愿自今以后实践语言的赞美；

三者广修供养，我愿自今以后实践心意的布施；

四者忏悔业障，我愿自今以后实践行为的改进；

五者随喜功德，我愿自今以后实践善事的资助；

六者请转法轮，我愿自今以后实践佛法的弘传；

七者请佛住世，我愿自今以后实践圣贤的保护；

八者常随佛学，我愿自今以后实践真理的追随；

九者恒顺众生，我愿自今以后实践民意的重视；

十者普皆供养，我愿自今以后实践圆满的功德。

我也效法阿弥陀佛的四十八愿，为自己拟出了四十八个大愿：

第一：我愿做一支蜡烛，燃烧自己，照亮别人；

第二：我愿做一泓清水，荡除垢秽，净化身心；

第三：我愿做一个冬阳，温暖大地，成熟万物；

第四：我愿做一盏路灯，照破黑暗，指引光明；

第五：我愿做一只土狗，忠心耿耿，守护众生；

第六：我愿做一棵大树，枝繁叶茂，庇荫路人；

第七：我愿做一本书籍，展现真理，给人智慧；

第八：我愿做一个木鱼，提醒大家，精进不懈；

第九：我愿做一个布袋，含容一切，怨亲平等；

第十：我愿做一座桥梁，联系彼此，沟通情谊；

第十一：我愿做一方大地，覆载众生，生长万物；

第十二：我愿做一座浴池，定水湛然，涤尽尘劳；

第十三：我愿做一条河川，源远流长，润泽大地；

第十四：我愿做一阵和风，吹拂枯槁，抚慰创伤；

第十五：我愿做一块面包，三德六味，解人饥饿；

第十六：我愿做一缕白云，遮蔽炎威，带来清凉；

第十七：我愿做一面镜子，光鉴照物，洞察实相；

第十八：我愿做一撮味精，轻轻挥洒，增添滋味；

第十九：我愿做一袭铠甲，保卫有情，免于伤害；

第二十：我愿做一颗果实，饱满多汁，解除饥渴；

第二十一：我愿做一辆车子，普载大众，行菩提道；

第二十二：我愿做一座宝窟，法财无限，饶益众生；

第二十三：我愿做一串璎珞，喜舍供养，庄严身心；

第二十四：我愿做一座城廓，戒墙坚固，布施无畏；

第二十五：我愿做一池清泉，消除热恼，涌流报答；

第二十六：我愿做一支画笔，彩绘世间，增添美丽；

第二十七：我愿做一弯彩虹，光华万千，照耀人间；

第二十八：我愿做一张石椅，随时随地，给人栖息；

第二十九：我愿做一头牯牛，终日勤劳，服务奉献；

第三十：我愿做一朵鲜花，吐露芬芳，给人清香；

第三十一：我愿做一把钥匙，开启心门，解除缠结；

第三十二：我愿做一把雨伞，遮挡风雨，给人安稳；

第三十三：我愿做一条渡船，运载众生，到达彼岸；

第三十四：我愿做一轮满月，高挂夜空，辉映人间；

第三十五：我愿做一滴甘露，洒向山河，大地回春；

第三十六：我愿做一座高山，耸峙云霄，众生群集；

第三十七：我愿做一条道路，引领大家，走向正途；

第三十八：我愿做一座晨钟，宏声远播，惊醒迷梦；

第三十九：我愿做一件衣服，为人遮羞，给人保暖；

第四十：我愿做一钟钵盂，盛满法食，滋养慧命；

第四十一：我愿做一幅图画，美化空间，增加祥和；

第四十二：我愿做一杯热茶，祛走寒气，解除疲累；

第四十三：我愿做一块田园，培福植德，利济有情；

第四十四：我愿做一座丛林，总持诸法，取用无尽；

第四十五：我愿做一座凉亭，慈悲为盖，方便行人；

第四十六：我愿做一座宫殿，运筹帷幄，福被万民；

第四十七：我愿做一根木柴，制成器具，供人使用；

第四十八：我愿做一个菩萨，发菩提心，光大佛法。

多年以来的修持体验，使我深有所感：发心立愿如同学生的升级，应该要策励自己不断进步，像地藏菩萨的誓愿从“超度亡母，出离苦趣”到“地狱不空，誓不成佛”，经过了无量亿劫的考验；弥勒菩萨的发心从“求名求利，游族姓家”到“降诞娑婆，广度众生”，也是多少阿僧只劫心灵提升的结果。

而我单单一个愿心，就花费了一甲子以上的岁月，在人间佛教方面，才渐渐有一点点了然于心；在修道成绩方面，才慢慢有一点点差可告慰。可见生命是一场长久的马拉松赛跑，谁能发大愿心，坚持到底，谁就能获得最后的胜利。

未来比现在更好

一九四九年元月，我来到台湾，看到当地社会经济萧条，生活落后，与我过去生长的南京、上海的繁荣景象比起来，可说有着天壤之别。佛教方面，台湾的寺院崇尚拜拜，既没有大陆丛林的宏伟规模，又没有续佛慧命的文教事业，而神坛庙观充斥，其中许多都打着佛教的旗号来行敛财之实，凡此都使得佛教沦为迷信之流，无法达到净化人心的目地。感叹之余，我在《觉生》月刊上写的文章——《回忆比现实美丽》文中叙述大陆佛教事业建设、人才运用等种种情况，期能唤起当地教界的觉醒，同时也以此自勉自励。四十六年来，我以复兴佛教为己志，未尝稍息，如今台湾的佛教十分盛行，社会的经济也越来越繁荣，但是我并不因此自满，依旧夙夜匪懈地策划未来，希望未来的一切都能比现在更加美好。

三四十年前的台湾，佛教徒多以诵经拜忏为主，对于佛法中因缘果报等教义并没有真正的认识，当时的寺院多将佛经典籍束之高阁，一般人不易接触，市面上印行的佛书，多以课诵本或一些非佛法的善书，即便偶见《金刚经》、《弥陀经》等，也都是古本制版流通，内容艰涩，印刷粗糙，真正能让人了解佛法的读物真是少之又少。

有鉴于此，我尝试用浅白平易的文字撰写佛教小说、散文、传记、诗歌，在报章杂志刊登，在广播电台发表；我设置“佛教文化服务处”，出版简明易懂的佛教丛书；我发起“每月印经会”，采新式标点符号，分段、分行，重新编印佛经；我编纂佛教杂志，登载雅俗共赏、老少咸宜的文章，使佛法能深入人心……凡此都获得了大众良好的反应，连平日视佛教为迷信的知识分子，也开始予以认同。

为了提升佛教文化的层次，我继续往前迈进，创设佛光出版社，以生动的文字将佛教的智慧流通于世；成立大藏经编修委员会，以现代化的方式让大众易于接受佛经；举办赠书活动，将优良的佛教图书捐给机关学校，使整个社会都能受到书香的熏陶；鼓励演艺人士从事佛教电影的制作，以悲智愿行的典范寓教于乐；指导老师们研究佛经里的教育方法，用方便巧思启发学生的心灵。目前，我仍然不断地著书立说，将自己体验的佛法公诸大众，并且继佛光山、西来寺、澳洲的佛教宝藏馆之后，又于各处设立展览馆、美术馆，以精美的文物展现佛教历史的源远流长，佛教教理的博大精深。

台湾佛教从乏人问津到热烈澎湃，佛教典籍文物的通俗化、文艺化可说居功最大。将来，我们还可以从事长程的规划，重新结集三藏，将汉文三藏经典整理简化，添加南传经典和现代著作，修正与原意大有出入的佛书，补入新发现的古人作品，举凡相关的漫画、摄影、雕刻、建筑、图表、梵呗圣乐的曲谱、护教辩难的论文、法制规章程序等，均纳入其中，并且重新归纳分类，电脑存档编印，成为国际共遵的三藏经典，让佛法从山林寺院走入社会学校，从出家弟子到达在家信众。

此外，我们可以拟定方针，大力提倡佛教优良读物，奖掖佛教音乐创作；分门别类，出版佛教专书；运用视听科技，将佛经讲座、梵呗音乐、佛教卡通、佛法典籍、佛教剧本、佛教故事制作成录像带、录音带、光盘；成立佛教资料社，将佛教人事、数字考据等资料建档，为历史留下见证；兴办佛教通新社，对外发布佛教每天的大事、活动、佛教对政经的观点、佛教对生权的维护、佛教对和平的看法、佛教对舆论的督促；设立佛教电台、电视台……让社会大众的眼见耳闻都能够浸润在佛教的世界里，相信未来的社会一定比现在更安和乐利。

五十年前在大陆各地丛林参学时，我就深深地感到：过去佛教寺院以租佃收入与法会油香添补经济来源的不足，随着时移世迁，社会形态逐渐改变，佛教的财源也应有所更易，更何况普济群生是每一位佛子应有的责任，所以兴办佛化事业才是佛教的慧命所在。十年后在台湾，这份心愿逐渐达成。

四十年来，我为教界造就人才，办理养老院、育幼院、托儿所、幼稚园、图书馆、出版社、杂志、学校、讲堂、医院等，佛教事业的大众化不但带动了佛教的发展，也促进了社会的进步。未来我们可以进一步让佛教事业更加普及化，鼓励信徒经营与民众生活密切相关的农场、林园、工厂、银行、报社、电视、电台、购物中心、超级市场、信托保险、旅游事业……佛教界可以办理青年助学贷款、工商企业融资、退休养老基金、急难扶持会……成立职业辅导训练中心、妇女求职中心、电话法语中心、佛法咨询中心、大专青年活动中心、老人长青苑、收容所……鼓励佛子们充实六度四摄的修养，担任教授、讲师、律师、医师、护士、幼教师、教诲师、布教师、工程师、美术师、音乐师……组织佛教体育队伍、佛教音乐团体、提拔佛教艺术人才，举办佛教巡回展览，以正当娱乐来化导众生。

佛教本着慈悲济世的胸怀，以普及化的佛化事业教众养众，相信整个社会必定会更加富强康乐。

佛法的教化由文字到图样，由静态到动态，无非都是度生的方便。然而佛法不是一种知识，必须要靠修行才能有所体证。只可惜过去的佛教太过重视出世的思想，佛弟子一入门，所接受的就是苦行禁欲、了生脱死的教义，法师也鼓励信徒舍弃世间，入山清修，不但埋没了佛教的人间性，也使得整个佛教与社会脱节。

因此，我提倡每日课诵生活化，依据自己的环境，将修持纳入生活作息当中；我主张戒律规范人间化，鼓励信徒实践五戒十善、四摄六度的修持，树立饶益众生、福利世间的风范；我赞成举办经常性的念佛会、禅坐会、报恩会、法座会、八关斋戒会等，让红尘众生借此荡涤尘虑；我也欢喜举办大型的禅净密三修法会、扫街植树运动、亲子游乐活动……欢迎信徒全家参加，共享法喜；我在佛光山及各道场设立修持中心，提供良好的修行环境，我发起朝山参访团，启发信众清净道心。

经过多年的努力，佛法已在台湾民众心里占有举足轻重的地位，大家均公开赞扬佛法的周遍圆融。举凡佛像开光、佛化婚礼、新居洒净、破土典礼、开工仪式、公司开幕、落成大典等，民众们也都喜欢邀请法师前往加持祈福，冀望日后每个人从生到死，从小儿弥月到成年礼仪，从公仆选举到宣誓就职，从年节庆典到家庭聚会，都能借着佛教仪式来净化身心，那么台湾上下必然一片和谐，社会到处一定安详和乐。

近几年来，国际佛光会举办的净化人心七诫运动，不但引起政府部门的重视，机关学校也纷纷热心参与；佛光山文教基金会举行的世界佛学会考，吸引百万人共襄盛举；佛光山丛林学院主演的梵音海潮音音乐会，屡次造成座无虚席的盛况；佛光山举办的短期出家修道会、在家戒会、教师夏令营、大专青年学佛营，也成为大众每年瞩目的焦点。修持实践的人间化俨然是今天佛教的趋势，日后我们还要朝着统一化的目标前进，因为各门各派的修持方法分歧太大，各宗各寺的礼仪程序差异太多，不但佛门信众莫衷一是，也容易导致邪魔外道乘虚而入。所以，今后的佛教，早晚课诵内容应该统一，生活规范应该统一，禅净忏仪规则应该统一，婚丧喜庆仪式应该统一，乃至殿堂供奉的本尊应该统一，印刷发行的经书应该统一，称谓头衔的礼貌应该统一，僧俗层次的资格应该统一。

多年前，法学博士曾敏敏女士曾对我说：“我们在家信众总是觉得了生脱死、成就佛道，是一件好渺茫、好遥远的事情，我们只想知道自己如何能够过得比别人更好一点，比世人更超逸一些，就很满足了。”我听了这番话，心中真是感触良多。佛教之所以无法推展开来，化导群迷，最主要的原因在于传教者不能契理契机，而用出家人的标准来要求在家信众，使得有心之士觉得佛道难成而心生畏惧，裹足不前。人间最重要的就是让现在的生活过得更好，舍弃人间的生活，哪里还有佛道可求呢？舍弃现代的说理，哪里能使人心悦诚服呢？因此，我在说法时，总是鼓励信众净财事业越多越好，禅悦法喜越妙越美，希望大家都能在佛法的引导下，拥有全面的人生，享有合理的经济生活，正义的政治生活，服务的社会生活，净化的感情生活。

弘法的内容固然需要顺应人心，弘法的方式也应该与时俱进。所以，我们应该走入人群，到乡间的庙口宣道，到展演殿堂讲经，到三军阵营开示，到各级学校说法，到机器声不断的工厂布教，到受刑人聚集的监狱指点迷津。我曾力排众议，用音符乐曲来弘扬佛法，以声光化电来敷演妙谛。我也改变传统讲经形态，有时采取座谈方式，一齐研究讨论；有时前往家庭普照，与信徒们接心；有时召开会议，大家报告心得；有时举办活动，彼此联谊交流。

四十年前，我突破窠臼，在台湾兴建第一座讲堂，灌制第一张梵呗唱片，设立第一所星期学校，发动第一次环岛布教。我在道场建筑里添设教室、会议室、简报室、图书馆、视听中心，将寺院学校化，使之成为学佛的场所，而不仅是拜佛的地方。我在聚会活动里，增加开示说法，好让与会者将实用的佛法带回家庭，影响社会，达到净化人心的目的。

刚开始，我以现代化的理念进行弘法工作时，真可谓滞碍难行，但是久而久之，当人们发现现代化使得佛教更加进步，让众生更能身受法益时，大家莫不起而效法，认可实践。

弘法方式的现代化已经成为时势所趋，未来我们还要迈向“国际化”的新里程碑。因为佛陀说法总是以三千大千世界的众生为对象，佛教的弘传当然也不能局限于一时一地为满足。所以，我在佛光山开办国际学部，培训国际弘法人才；我创建国际佛光会，统筹世界各地的佛教资源，遍撒菩提种子于十方；我设立国际弘讲师、檀讲师制度，结合僧俗四众的力量，在海内外广宣妙谛；我发起佛教委托研究，奖励世界有心之士探讨佛教国际化的各种问题；我召开国际佛教学术会议、国际禅学会议，我补助中央大学召开文学会议，我支持一些美学研究，期使学术界也能互相交流；为了提倡佛教融合，我举行世界显密会议、国际僧伽讲习会，增进世界各宗派之间的团结合作；如今我又开始筹划国际佛教金刚会议、国际佛教妇女会议、国际佛教义工会议、国际佛教青年会议……未来佛教的弘法若能走向国际化，必定能使众生蒙福更多。

经云："欲知未来果，今生作者是。"四十六年来的努力已经使佛教在岛内开花结果，如今我们必须站稳脚跟，在现阶段的通俗化、大众化、人间化、现代化上精进不懈，放眼未来，着力于佛法的文艺化、制度的统一化、事业的普及化、弘法的国际化，相信未来的世界一定会比现在更加美好。

行愿精进，自强不息

刚开始练习利用零碎时间的时候，片断的思想就如同水滴透过石缝般，最初是“滴”、“滴”、“滴”……一点一点地流出来，时日一久，自然就会凿穿石壁，形成一道清流，如银瓶泻地般宣流不止。

了不起与没有什么了不起

佛光山为纪念开山三十周年，决定制作一部有关佛光山的纪录影片，电影制片厂特别指派曾经荣获金马奖的名导演——王童先生为我们执导。他几次领队上山拍摄镜头，我偶尔请他来法堂小坐，有一次，他听我简报开山经过之后，说道：“实在了不起！”我不经意地回说了一句：“遇到一些磨难障碍，没有什么了不起！”没想到这句话为王导演带来欢喜自在，此后批评他的一些言语传到耳边时，他不再烦恼，反而回答同事：“没有什么了不起！”遇到一些很无奈的事，他也不会抱怨，反而告诉朋友：“不要紧，没有什么了不起！”属下不小心犯错，他不但不生气，反而安慰对方：“不要挂碍，没有什么了不起！”台风来了，家里淹水，他不但不沮丧，反而劝妻子说：“没有什么了不起！”“没有什么了不起”不但成为他的口头禅，而且提升了他的生命境界。

我听说此事，颇能感受到他内心的愉悦旷达，继而回顾自己一生之所以能专注于弘法利生，不为外境的顺逆高下所动摇，不也凭着这句“没有什么了不起”吗？只是鲜少有人能深切地体悟到：“没有什么了不起”的信念，实际上是建立在了不起的观念上。因为一旦你将自己所认为了不起的价值观凌驾于一切之上，自然就会觉得其他的事情都没有什么了不起，从而集中心思迈向了不起的目标。“了不起”的观念，养成我凡事敬重的态度；“没有什么了不起”的信念，养成我开朗、承担、果断、积极的个性。我的人生就在这两种生活态度交替下显得多彩多姿。

我生长在兵连祸结的时代里，当时家乡流传一句话：“宁为太平狗，不为乱世人。”年少时，在荒郊野地里，曾看到一朵小花在岩壁中绽放蓓蕾，迎向朝阳；也看过一撮小草在石缝中抽出新绿，随风摇曳，心里的感动一直持续到今天。因为我觉得：这些小花小草展现的生命力很了不起，人类如果轻易向厄运低头，虽自称为万物之灵，也没有什么了不起。

青年时，我曾在盗匪出没的乡村办校兴学，教育乡村子弟，备受骚扰，险些失命；也曾到土豪劣绅掌权的地方上住持佛法，力倡革新，几乎被人置于死地，因为自觉生死之前没有什么了不起，而增加了百倍的勇气面对横逆，故能履险如夷。来到台湾，最初在宜兰弘法，一位妄言证悟的同道曾持棍找我理论，拿起桌上的垫板玻璃欲往我头上砸下去，我当时想果若难逃此劫，也没有什么了不起，所以默然不语，闭目静坐，这番不为所动的气势令他愕然，一场闹剧随之结束。来到高雄，因为某法师住持一间佛堂，引起一位同道不满，教唆左营海军数十人前来找我兴师问罪，只见他们来势汹汹，我自忖没有什么了不起，随即从容不迫地向他们开导，后来大家都带着欢喜的笑容回去。当时吓得躲在楼上的慈惠，事后和我说：“师父！你真了不起！”其实不是我了不起，而是“道理”了不起，所谓“有理走遍天下，无理寸步难行”，人，只要循着正道走，一切的磨难都没有什么了不起。

年少时曾偷偷地在寺院的空地里建了一个克难篮球场，看到同学们打球时那种欢喜的样子，自觉做了一件了不起的事情，所以立志将来要办一所四育并重，福慧双修的小学、中学，甚至大学、研究所，继续了不起下去。四十余年后，这些理想陆续实现，看到毕业的学生卓然有成，我反而觉得自己没有什么了不起。

三十年前，我在东方佛教学院前面的深沟填了几千卡车的泥土，建了一个约四十坪的小平台，课余时和师生谈天说地，心里的高兴不可言喻，想到穷苦了这么多年，终于有了这么一块平地，觉得很了不起，因此发愿以后还要建更好的设施，更多的道场，提供给大家共同了不起。如今佛光山上会议室、图书馆、会堂、禅堂、客堂等设备应有尽有，佛光山的别分院遍布全球各地。许多人说佛光山所建的道场富丽堂皇，美观实用，耳闻溢美之言，心念诸佛菩萨利益众生的了不起事迹，我们更惭愧自己没有什么了不起，唯有自勉“百尺竿头，更进一步”，才能报答佛恩于万一。

也有人说我建寺好像用纸糊的，一下子就是一间，其实这一切的功劳归诸我是不对的，我只不过是从中担任穿针引线的工作，没有什么了不起；真正了不起的是万万千千的信徒，是他们点点滴滴的奉献，我们才有如此辉煌的成果。

过去交通设施不便，每次南来北往弘法，光是搭车就要花上一天的时间，途中吃素的地方可说是少之又少，一九七五年，福山寺落成，总算为大家设立了一个中途落脚的地方，无奈一些公务人员以磨人为乐，迟迟不让福山寺登记注册，八年后，才立案通过；佛光山寺也是经过十年的奋斗，才得以获准登记。如今还有一些别分院因为在高楼里面，没有飞檐翘角，碍于台湾法令，只认外貌，不认实质，无法办理寺院登记。这一切，我都觉得没有什么了不起。不准登记，我依法缴税；不准设立，我据理力争。佛法妙谛能传扬开来，为世人作得度的因缘，才是我们感到最了不起的使命！

佛经上说：三千大千世界七宝布施比不上四句偈功德。又说：一切供养，以法供养为上。短短的几句话道尽了文化事业了不起的功能，有感于此，在法务繁忙、经济最困难的时候，我接下《觉世》旬刊的重担，四十多年来锲而不舍，从报纸形态到杂志形态，从黑白印刷到彩色照排……多少次接到读者来鸿，为我们的持续努力而喝彩，但自忖与诸佛菩萨累劫精进，我们实在没有什么了不起，故而再接再厉，奋发继起。从《觉世》到《普门》，从“佛光出版社”到“香海文化事业”，从最初三重埔的“佛教文化服务处”到目前世界各地的“佛光缘书坊”……

年少时常被师长斥责："没有出息！"心里觉得没有什么了不起，因为我坚信凭着自己的努力，必然不会辜负此生。所以不但从未记恨在心，而且由衷感谢老师肯直言教导，真是了不起。现在多少的匾额、奖章堆满仓库，我也认为没有什么了不起，因为我认为那不是在表扬我，而是对宗教人士贡献社会的肯定与鼓励，这一点才是奖章背后真正了不起的意义所在。

初来台湾，正当人生穷苦潦倒的时候，寒无衣，食无饱，甚至遭到叩门不应的难堪、尖酸刻薄的讥讽、鄙夷歧视的眼神、踹门责问的羞辱，这一切我都觉得没有什么了不起，一意在办道讲学上努力用心。如今，典礼邀约应接不暇，弘法行程已经排到明年甚至后年，每天接不完的电话，开不完的会议，甚至一出门就遇到路人要求签名、合照，多少的恭维，多少的赞美，我依然觉得没有什么了不起，因为我一如往昔，仍旧是一个志在人间弘法的和尚。

戒严时期，每次出外弘法，遭逢多少阻挠，自觉没有什么了不起，我忍辱负重，为所当为，四十年来，多少信徒成为今日佛教的中坚分子；二十多年前想送弟子出国深造，台湾佛教会种种刁难，自忖没有什么了不起，我为他们办观光护照，虽说多花了许多冤枉钱，但他们千辛万苦，学成归来，为佛教带来多少贡献。"国际佛光会"成立七年来，会员们在各地举办各种公益活动奉献社会，得到多少肯定；但也听到许多不实的批评，自念："没有什么了不起！"让我来给他们欢喜，让他们感动，多少人因此扭转观念，化敌为友……对于种种逆境，因为我能以"没有什么了不起"的态度去承担，去化解，所以后来都成为了不起的修行资粮。

有人说我讲经说法、慈善救济、文教事业、共修活动……度了多少人，我每次听了都觉得很惭愧，因为实际上是佛法在度众，自己没有什么了不起。《金刚经》云："一切众生我皆令入无余涅槃而灭度之，而实无有一众生得灭度者。"佛陀度无穷、无尽、无量、无数的众生都觉得无有一众生可度，我一点儿小功小德，还有什么了不起呢？

也有人说我拥有多少道场、多少徒众、多少佛光会、多少会员，其实这些都不是我个人的，而是大家的。一个人即使拥有三千大千世界也没有什么了不起！伟大人物身居要位，也慨叹：“高处不胜寒！”可见金钱、名位没有什么了不起！所以我们不必用权势、财富来打倒别人，因为那些都是过眼云烟，没有什么了不起。真正了不起的人“以无为有”、“以空为乐”，处处喜舍，心心念念都在众生身上。

一九六三年，我随台湾佛教会访问团赴东南亚访问归来，许多人羡慕我们能和国家首领见面，我觉得这没有什么了不起，了不起的是印度尼赫鲁总理竟向我们展示办公桌上供奉的佛像，并且表示印度以佛教文化为傲，身为佛子应以发扬佛陀的和平精神为己任；菲律宾乃天主教国家，马嘉柏皋总理居然在总统府优先接见我们，并且邀请我们前来菲国传教。因此，三十年后，我将位于马尼拉市中心的苏联大使馆改建为佛教道场，弘扬大法，以实践当初的承诺；三十五年后，我在印度传授国际三坛大戒，让南北传的戒子聚集一堂，从教界本身的和平团结做起，来响应尼赫鲁生前的美意。

一九九八年二月，我们到曼谷将来自印度的佛牙恭迎来台供奉，媒体以“政治人物参加迎牙行列”为题大肆渲染，以为这回逮到一个新闻卖点，可以广增销路，其实这些所谓的政治人物都是佛教信徒，在我眼里与一般信徒无异，没有什么了不起，了不起的是他们对于佛陀的真身舍利那种恭敬虔诚的心意。

一九九八年五月，我到马来西亚弘法时，曾与总理马哈迪会谈。当我踏出总理署大门时，记者们一拥而上，有人说：“这是马哈迪担任总理十八年来，第一次接见外国宗教人士。”也有人说：“马哈迪总理和别人讲话通常只有十五分钟，这次和你竟然讲了四十分钟！”其实殊荣美誉没有什么了不起，我觉得真正了不起的是有“马来西亚圣人”之称的马哈迪：前年我在吉隆坡的莎亚南体育馆主持八万人弘法大会时，身为虔诚回教徒的他竟默默地捐出五万马币作为赞助基金；今年我在马国弘法，举行六场弘法大会，他也向我表达诚恳欢迎之意。

苏东坡自作一偈：“稽首天中天，毫光照大千，八风吹不动，端坐紫金莲。”自以为很了不起，但被佛印禅师“一屁就打过江”，可见了不起不是自封的，自以为是的人也没有什么了不起！天童寺老和尚八十高龄顶着烈日晒香菇，当傲慢的日本学僧知道老和尚典座六十五年之后，不禁立刻合掌赞叹。老和尚照顾当下，同一件工作竟然默默地做了六十五年，发挥了不起的禅道精神，而一般人二三十年东奔西跑，攀缘附会，即使名满天下，也没有什么了不起。后来这位日本学僧专心修持，谦虚问道，成为一代宗师，他就是日本曹洞宗的开祖——道元禅师。所以，世间能懂得别人了不起的人，自己才能够了不起！

有人说我小学毕业证书都没有，但跟随我学佛的博士、硕士却不计其数，人才济济。其实我觉得：这些没有什么了不起，像我的一些徒弟如依晟、永庄、满济、满义等，没有傲人的学历，也没有受过很好的写作训练，但是在我的书记室却写作成功，才是了不起！也有人说："大师，你很忙，每天要接见多少'了不起'的重要人物，我不好意思打扰你。"其实，小人物大愿心，更了不起。四十年前，一个六年级的小学生写了一篇《释迦牟尼佛传》的读后感寄给我，我亲自写信给他。我觉得：花时间写一封信没有什么了不起，但是小朋友的菩提善根很了不起。多年前，佛光山下卖兰花的老婆婆每天傍晚都到佛殿供上一朵兰花，徒众怪她沿路兜售，有碍观瞻，我却特地招待她上山吃饭，因为煮一顿上堂斋没有什么了不起，但是老婆婆供佛的清净心很了不起。每次我出外弘法回山，都送一些点心给看门的老伯，其实美味的点心没有什么了不起，但是老伯风雨无阻、坚守岗位的态度很了不起。我常将信众供养的礼品转赠给教育院、文化院、计算机中心、大寮典座等单位，在我心目中，再贵重的礼品也没有什么了不起，但是这些单位的徒众不求闻达，默默耕耘的精神很了不起。

回顾自己的一生：尽管并不聪明，但因为觉得别人都很了不起，进而尊重一切，和平处事，所以能广结善缘。虽然没有长才，但因为自惭没有什么了不起，进而努力奋发，不断改善，所以能寡尤少过。我原本一无所有，但因为感到人间处处都是佛法、般若、清净、庄严，都很了不起，进而心生感恩，惜情爱物，所以能知足常乐。我的人生挫折颇多，但因为体悟一事一物都有如片云点太虚，没有什么了不起，进而放下万缘，不以为意，所以能自在悠然。

反观时下许多青年只觉得自己了不起，别人没有什么了不起，以致社会乱象层出不穷，个人也囚禁在贪欲的牢笼里无法自拔，不禁感到惋惜。所以在此以“了不起与没有什么了不起”作为我的百语之一，希望能对大家有一点启发。

要利用零碎的时间

我十二岁出家之后，就进入佛学院念书。我的同学都是高头大马的成年人，在年龄上、在思想上就差了一截，最困难的还是面对艰涩的佛学名相，让我最为头痛，每次上课，我都是在如聋若哑，不知所云中苦苦挨过。

有一天，海珊法师大概看我们不知道如何用功，语重心长地向大家说道：“你们要会利用零碎的时间啊！”这句话如同晨钟暮鼓般，给我很大的启发。我数十年来分秒必争，不但学业得到迅速的进步，甚至许多心愿、事业也都是在零碎的时间中完成。“利用零碎的时间”这句话也就成为我一生中最重要的法语之一。

其实，人的一生，即使能活到百岁高龄，为了生活上的需要，也不得不将时间分割成零碎片断。例如，我们有时需要吃饭，有时需要睡觉，有时需要处理公务，有时需要办理私事。为了吃一餐饭，就得花时间去想菜单、买菜、洗菜、烹煮、洗碗，即使自己不动手，上馆子去吃，也得要花上时间走上一段路，还要找座位，点菜单，等着侍者将饭菜端来。为了睡觉，我们得时常打扫房舍，整理床铺，有时候躺下来，还会辗转反侧，无法立即成眠。吃饭、走路、睡觉，其实并不一定是自己心甘情愿要做的事情，却是每个人生活上不可或缺的事情。在我们短暂的生命旅途中，如果将每天吃饭、睡觉、走路、上厕所、洗澡的时间全部扣除，还剩下多少时间呢？即使人生还有数十寒暑，如果除去嗷嗷待哺、懵懂无知的幼年，及垂暮多病、心力交瘁的老年，真正能够发挥智慧、奉献社会的时间，还剩多少时间呢？所以，人生的时光，少得有如海中之沤，水中之泡，实在是太有限、太短暂了。既然"时间零碎"是生活中的一项事实，懊恼无用，我们必须正视这个问题，进而善用它，将它转化为一股激励向上的力量，实现我们的理想，创造我们的事业，集合诸多零碎的时间，成为整体人生，如此也就庶几无愧于难得的人生了。

我回想，自己一生当中光是为了等车子、等客人、等上课、等开会、等吃饭，就不知道花了多少时间。后来，我发觉被人等待固然是一种残忍的行为，学习等待却是一种至高的艺术，所以我自己除了保持守时守信的习惯之外，也喜欢利用等待的零碎时间，计划做事的先后程序、考虑人我的彼此关系，甚至思考文章的内容安排、佛学上难懂的名相，或回忆读过的名著佳作等。如此一来，不但培养我集中意志的习惯，也增进我从"闻、思、修"进入三摩地的能力。

在四十多年以前，我曾经坐煤矿小火车去台北县菁洞坑弘法，途中在一座不知名的小站上，火车突然停止不走，五分钟、十分钟过去了，还没有发动的迹象。车上的乘客无不焦急地来回走动、探问，我觉得因缘既是如此，何不平心静气地做些事情。就在人来人往的车厢里，我反复思维，很快地完成了一篇腹稿，半小时之后，火车启动。到了菁洞坑下车，我再度利用弘法空当的零碎时间，将刚才所思所想的一挥而就，这就是《今日佛教》杂志的发刊词《我们的宣言》。

由于我懂得利用零碎时间，订计划、想办法，所以，无论是坐火车、坐汽车、坐飞机、坐轮船，无论要花费多少钟点，路程多么曲折辗转，我不但从未感到时间难挨，反而觉得是席不暇暖的弘法生涯中最大的享受。我常常自豪地告诉别人："公路、天空是我的床铺，汽车、飞机是我的餐厅，一本书和膝盖是我的书桌，一支笔是我所有的动力。"所以，过去几十年，我南来北往，乃至岛内外来回，一点都不觉得浪费时间，甚至觉得零碎时间也不够用。记得有一次在"华航"飞机上，曾在翻阅杂志时，见到张岳军先生的大作，里面佳句不断，明知即将着陆，还是不忍释手，终因时间不够，无法看完，下了飞机之后，只记得刚开始的一句是“人生七十才开始”，其他内容已不及阅读，不免遗憾万千。高希均教授的感人大作《八张飞机票》也是在飞机上看到的，但也因为匆匆一览，现在回想内容，也记不清楚了。直到现在，我每次只要一上飞机，就赶紧阅读书报杂志，恨不得一口气全都看完，以至于到达忘我的境界，深深感念到经中所谓的“闻所成慧，思所成慧，修所成慧”，是多么奥妙的哲理。原来，听闻不足，必须补于思考；思考不足，必须补于实践。而思考的训练、修行的实践，都必须靠永恒持续地精进不懈，其中，零碎时间就是我们用功的最好时刻。

例如，我在佛学院就读的时候，为了遵守海珊法师那句“要利用零碎的时间”，无论是扫地、司水、典座、行堂、洗碗等，我都保持正念，思维观察，或者替常住或别人设想。因为身体虽然劳动，头脑却不会受到影响，所以我看起来好像整天做事，没有读书，但总能考得高分，令人羡慕。

五十多年前我刚来台湾的时候，每天清晨为寺院拉车采买用品，一路上，一句“观世音菩萨”的圣号陪伴着我，让我忘却了是非人我、称讥毁誉，每天悠游在法海之中，因此无论什么难事加身，都不觉得辛苦。后来我南北弘法，常常坐在公车或火车上，一根根的电线杆、一畦畦的稻田也都化为我称念“阿弥陀佛”圣号的念珠，飞扬在宇宙虚空之中，偶尔竟也能到达“念而无念，无念而念”的忘我境界，我发现诸佛菩萨不但在我内心的深处，甚至法身也在山河大地、鸟叫虫鸣里彰显无遗。

近三十年来，法务倥偬，但即使在坐困卧眠的零碎时间里，诸佛菩萨的圣容仍在我脑海里盘桓不已，诸佛菩萨的圣号仍在我耳际中荡漾回旋。我始终觉得：如果生活中没有了零碎时间，就好像画满一纸的国画，缺少了生命的张力与美感。

我最初尝试以文字弘扬佛法时，常常镇日思维，搜索枯肠，甚至挑灯夜战，伏案终宵，也不见得写出什么东西，但往往在走路、等人的零碎时间里，却能触景生情，灵光乍现，产生许多意想不到的神来之笔，最初也不知道是什么原因，后来我仔细回忆往事，才明白时间或久或暂不是学习的绝对要素。

一九五七年，我住在新北投普门精舍，印象中云光山色，花树婆娑。像我曾经花了一个暑假，一两个月的时间，读完蔡东藩先生四十册的《中国历史通俗演义》，但是到头来什么也记不得，只觉得他对佛教不友善，也不是议论公正的历史学家；四十年前，报纸连载的武侠小说，如卧龙生的《玉钗盟》，诸葛青云的《护旗》等，多年以来，都是我晨间阅报先读为快的作品，但是到现在，竟然一点记忆也没有。十年前，尽管朋友们推荐我读金庸先生的武侠小说，像《神雕侠侣》等，而且我也曾在香港和金庸先生晤面畅谈，但是由于我怕记不起那许多每天不吃饭、不谋生，只在刀光剑影中来去挥舞的侠女勇士们，所以想想还是不去接触也罢。反而四十多年前的同道、信徒，即使只花了一两分钟零碎的时间，见过一次面，到今天，不但他们的名字我都能叫得出来，而且谈话的内容、事物的背景，也都历历在目，难以忘怀。可见，心念上的东西不一定要花长久的时间，佛教所谓的“一念三千”、“胸中法界”，诚乃不虚之言也。

二三十年前，电视播放《保镖》、《西螺七剑》等连续剧，我也跟着大家好奇，凑热闹，如此持续数月之久，可是到现在却一点印象都没有。当时有一个小女孩跟着母亲来寺院煮饭多年，法师们才刚讲过的佛门人物故事，再问她人名、内容，她都一概不知；但只要信徒们一提到李璇、白嘉莉、欧阳菲菲等演艺人员，她却能如数家珍，津津乐道。这也说明了每个人的根器不同，心思着力的方向不一，就会在八识田里种下了不同的种子，所以花时间的长短，不是成事的原因。

一九四五年，我到焦山佛学院继续学业。因为焦山位在扬子江中心，所以每天药石（晚斋）过后，总喜欢走到门外沙滩上散步，一走数里之遥。因为面对那一望无际的江水，思绪就好像波波相继的浪潮般，从远处拍岸而来；起伏的念头也如同暮霭返家的帆船般，不断驶进心中的港口。在那段美好的时光里，我虽无王勃《滕王阁序》中“落霞与孤鹜齐飞，秋水共长天一色”的佳句，但也偶有小诗习作登在《新江苏报》上，对我日后从事佛教文艺创作，不无鼓舞。数十年后的今天，厕所文学、马路文学、会议文学流行于世，有人说那是胡思乱想下的产品，我却觉得如果在零碎时间里，能用正念对治妄念，未尝不是好事；当然最高的境界，是以无念对治正念，但何其难也！

一九五二年开始，我驻锡宜兰，每天总有一些青年喜欢来到寺院里听经，他们问我："青年在佛教里能做些什么事情？"于是，我开始教他们利用零碎的时间，做纸人、画连环图。我们每天就骑着脚踏车，带着这些纸做的道具，到乡村的露天广场里，一面采取通俗方式说法，一面以玩纸戏、放幻灯片来作辅助，结果往往吸引了许多人前来闻法，这在当时佛教不普遍的年代里，真是莫大的鼓励。我们每天骑着脚踏车，带着抖擞的精神前往各乡村邻里布教，总能载满法喜的心情返回寺中。有一天，在归程时看到朦胧的月色，我突然心有所感，回到寺院寮房，赶紧拿出纸笔，就着微弱的灯光，写下《弘法者之歌》，由于颇受佛教青年的欢迎，更鼓舞我创作佛教圣歌的兴致，像后来的《西方》、《祈求》、《钟声》、《甘露歌》、《菩提树》、《伟大的佛陀》、《快皈投佛陀座下》、《青年佛教的歌声》、《佛光山之歌》、《信心门之歌》、《佛教驱邪总动员》、《佛化婚礼祝歌》等，也都是我在零碎时间酝酿思维，而后一气呵成的作品。其中最令我难忘的，是有一次应邀到新营高中主持佛学讲座，当汽车飞驰在高速公路上时，偶然一刹那间，心中灵光一现，忽然赞颂三宝的词句全都涌现在脑海里，我立即请同车的慈惠替我记录下来。那就是现在岛内外佛教典礼集会时，大家经常唱的《三宝颂》。

最初，我经常为频繁的讲演所苦，但既然答应了别人，就得全力以赴，于是拿出利用零碎时间的全副本领，不敢稍懈，后来竟能驾轻就熟，无论是临时的开幕致辞，即席的餐前开示，我总能在数秒之内，脱口而出；一天数场的讲话，同时进行的会议，我也可以在几分钟之内预先想好说辞。破土、落成、开光、启用等的法语，内容不一，有时是为寺院，有时是为商店，有时是为机关，有时是为住家，我经常都是抵达目的地的前一刻，在车上打好腹稿；法会、活动的祝祷、祈愿，对象不一，有时是青年，有时是妇女，有时是幼童，有时是老人，我也往往都是到了会场，和客人寒暄之后，才赶快去思维组织。我发觉刚开始练习利用零碎时间的时候，片断的思想就如同水滴透过石缝般，最初是“滴”、“滴”、“滴”……一点一点地流出来，时日一久，自然就会凿穿石壁，形成一道清流，如银瓶泻地般宣流不止；而众生本具的佛性好比包裹在层层弹壳里的炸药，只要善于利用零碎时间，让正念的引信保持干燥，不被妄念欲水所沾湿，一旦因缘具足，点燃火花，总能产生很大的引爆力量，将内在的潜能全部发挥出来。

佛光山开山时期，每周有许多善男信女组团朝山，虽然每次前来的客人、团员都不同，即使讲的是同样的内容，也不致让人有重复的感觉。但是我感到自己身为负责人，又是大家的师父，理当采取不同的题材以身作则，才能教育担任知客的徒众、职事们，只是那时我既要监工，又要教书；既要计划，又要筹款，整天从早忙到晚，连合眼都成为奢侈的休息，遑论刻意去思考开示的纲要？还好我过去习于利用零碎时间构思取材，所以每次从东方佛教学院的宿舍走往朝山会馆，在经过宝桥的路上时，俯瞰池中碧波荡漾、鸢飞鱼跃的景象，往往引发无限的感触。像“你好我坏，你对我错，你大我小，你有我无”；“对自己不忘初心，对国家做不请之友，对朋友不念旧恶，对社会不变随缘”；“见面三句话，相逢应问好，交谈应微笑，口角一回合”……都是在那一段宝桥的路上想到的题材，我深深感到古德所云“大块假我以文章”固非虚言，但也要吾人肯在零碎时间上多下功夫，才能把握其中的妙义。

我每次主持三皈五戒的时候，因为平日习于利用零碎时间，头脑从来未停过，即刻就会发现这里不如法，那里不对劲，无奈台上台下的徒众，不能和我相应，只有双眼一合，告诉自己：“着急没有用，一切随缘吧！”就在这闭目的零碎时间里，我也经常福至心灵，想到许多深入浅出的词句，在开示时收到很大的效果，例如，我教大家称念“我是佛”，并开示“我是佛”的观念，总能让皈依者立即明白学佛的意义，而得到点头、鼓掌的回响；我告诉大家“皈依佛，是为自己的心建造发电厂，点亮心灵的灯光；皈依法，是为自己的心建造自来水厂，储蓄甘露法水；皈依僧，是为自己的心田开发良田土地，长养菩提花果”。结果也能令大众皆大欢喜，本来是观礼的人，往往在听完开示之后，也发起菩提心加入受持三皈五戒的行列。可见只要我们肯用心“利用零碎的时间”，无论睁眼、闭眼，都能洞悉世事，获得法益。

佛光山三十周年庆时，数项活动同一天举办，先是心定主持晋山典礼，又是功德主会，我既要招呼信徒，又要接待贵宾，没有片刻休息，直到下午举行封山典礼时，我坐在不二门前的法座上，才发觉脑中一片空白。后来，我想到了四句法语：

封山，封山，常住责任一肩担；

封山，封山，慈心悲愿永不关；

封山，封山，菩提花果处处开；

封山，封山，弘法利生希望大家一起来。

这四句法语虽然是我在片刻等人的零碎时间中及时想出，看似信手拈来，不费吹灰之力，却是我长久以来“利用零碎时间”思维法义，观察世事，提起正念，修持不懈的心得感言。

今日的时代，随着科技的进步，操作简易的机械虽然取代了程序繁复的手工，但奇怪的是，人类的忙碌却未见其减，反见其增；人类的快乐则未见其增，反见其减。究其原由，不外是因为许多人一味地忙于比较、计较，以至于将自己逼到精神的死角里去，社会的乱象也因而频生不已，如果我们每个人都能够善于利用零碎的时间，提炼自己的思想，提升心灵的升华，相信不但个人能拥有积极进取的人生，整个社会也能臻于幸福美满的境地。

有永远休息的时候

白从加入弘法利生行列近五十年来，到处行脚，不曾停止，尤以近几年来周游五大洲，更是席不暇暖。有人关心，问我：“你为什么不休息呢？”我都如是回答："将来有永远休息的时候。"

从小到大，我一直喜欢阅读名人传记，在神游古今中外时，经常发现成功几乎都属于勤奋工作的人，而骄奢放逸的人注定要走向失败的命运。多年来，我踏遍全球各地，在考察人文风俗，经过一番比较之后，深深感到前途充满希望的国家，往往都拥有乐观进取的人民；反之，落后贫穷的国度里，不知勤奋生产的人比比皆是。我发现，那些具有恒心毅力、能够百折不挠的朋友们活得最为充实幸福。我自己做过各类不同的苦工、劳役，只要利济有情的事业，纵使经过一番辛苦奋斗，都能令我终身回味无穷。所以我经常告诫徒众说……精进勤劳是善德，是财富；懈怠放逸是罪恶，是贫穷。

"天行健，君子以自强不息。"大自然中，四季轮流递嬗，行星运转不息，我们是大自然里的一分子，又何能遁逃于天地之间？而"止水易生虫，滚石不生苔"的现象，更说明了唯有将自己动起来，才能创造无限的活力；唯有精进不懈，才是顺应天心，安身立命之道。因此，我对那些劝我不要忙碌，好好保重身体的人说："忙，才是保重。"因为将来我们都有一个永远休息的时间。

隋朝智者大师在读到《法华经•药王菩萨品》时，了悟"心缘苦行，是名真精进"，顿时豁然开悟，我虽自叹无此福德能善入佛慧，但半个世纪来的出家生涯，及数十年来的忧患相煎，使我确实体会到修行并不是表相上的苦乐荣衰，而是在真参实学中显发自性的光芒，在志行坚固中流露悲愿的力量。就拿忙与闲来说，宁可忙着死去，也不要闲着生活。因为基本上，过分的休息就等于冬眠，就等于浪费生命。

我常看到一些原本大有所为的青年，在学佛以后，不是急着闭关念佛，入山修禅，作为躲避忙碌的借口，就是想要去兴建家庙，广收弟子，以募款化缘，自图温饱为足，结果不是在寂静的岁月里消磨了志气，就是在丰厚的供养中埋葬了慈心悲愿，心中真是良感哀痛！

反观佛陀在证悟真理后，还四处弘法利生，及至八十高龄，仍然拖着疲惫的病躯行化于恒河两岸。我们又看到历劫菩萨在因地修行时，精进不懈，苦忍辛劳，度脱有情，乃至虽舍身首脑髓、国城妻子，而不起丝毫嗔恨之心。圣贤之所以能长久在生死海中作福兴善，永无疲厌，是因为他们都立定远大的志向，坚此百忍，无怨无悔。吾等一介衲僧，浅慧薄福，有无尽的众生需要度脱，有无量的法门需要学习，哪里还敢贪逸恶劳，坐享其成？想要断除无边的烦恼，勤求无上的佛道，岂是只知隐迹遁世或一味入世媚俗者所能轻易成就！

所谓“人身难得今已得，佛法难闻今已闻”，如果我们不能把握当下积极行道，让时光悠悠而过，一旦无所奉献，就业报命尽，岂不有负十方大众信施？倘若袈裟下失却人身，陷入万劫不复之地，更是愧对诸佛菩萨的慈悲。

曾经有一位在外参学多年的徒众，回来向我销假时，惊异地说道：“师父！您怎么一点也没有老？”

我回答：“因为我没有时间老。”

孔子曾说：“其为人也，发愤忘食，乐以忘忧，不知老之将至。”

“老”，最怕是心力的衰退，而非年龄的增加。有些人虽然年纪轻轻，心却已经老了，所以只有坐以待毙，如行尸走肉般生活在世间。有些人尽管满头银发，却精神饱满，老当益壮。像东汉马援以耄耋高龄，在沙场上冲锋陷阵，发出“马革裹尸”的豪语，令人荡气回肠；以色列的梅尔夫人，年届八十，仍在烽火中折冲樽俎，她曾豁达地说道：“我从不担忧年老。年老就像飞机在暴风雨中飞行，你既然无法遏止风雨，也不能停止飞机，所以不如乐天知命，让它飞吧！”

不管是在五欲六尘的人生战场里奔波也好，或是在五味杂陈的世间风雨中驰骋也罢，光阴如流水，易逝而难返，要以有涯的生命去完成无穷的使命，就得把精神武装起来，和时间作长期的赛跑。所以我尽量以最快的速度办事，一些堆积很久、棘手难办的问题，只要到我这里来，立刻解决，因此有“马上办中心”之称；无论行程多么忙碌，凡是答应别人的邀约，我一定想尽办法准时赴会，故而得到“限时快递”的美誉。

早年我从走路布教到单车弘法，后来又以火车、汽车代步，南来北往，现在尽管经常搭乘飞机，穿梭于洲际，但是每天仍是忙不过来。在生活上，我力求简单，洗脸一把半，剃头五分钟，为的是节俭时间，做更多的事。长久以来，我训练自己随遇而安，所以无论在机舱、车厢、闹市、卧铺，我都能自在地看报读书，借着用功吸收新知，督促自己能与时俱进。我在出家时，从排班、走路中，利用零碎时间学习，直至今日，即使几分钟的散步，开示中的空当，我都不轻易浪费。一份计划大纲，几张结缘的书法，经常都在这些时候完成的。我恨不得一天当一年用，一周当一世用，只觉得时间太少，怎么会有时间老呢？

有时接到信徒的来函，信尾祝福我“少病少恼”，其实我既然没有时间老，当然也没有时间生病，更没有时间烦恼。维摩诘居士说：“众生病，是故我病。”赵州禅师说：“佛是烦恼，烦恼是佛。”菩萨道的行者，因为能从平等一如的佛性和自他不二的关系上看待众生，所以视众生的疾病为自己的疾病，视众生的烦恼为自己的烦恼，因而能心甘情愿地为众生做牛做马，不以为苦。我自幼厕身丛林，日夜熏习，以前贤为师，所以日夜不停课徒授业，给人欢喜，不敢稍息；我栉风沐雨接引佛子，布施无畏，不知怨悔。我将“他受用”的法喜，转为“自受用”的禅悦；我将“自受用”的所得，转为“他受用”的利益。多年以来，一直觉得为他人做事好像是在为自己工作，所以兴味益浓，即使遭逢挫折阻碍，也不曾退心转意；纵然病恙染身，也照常工作，乐此不疲。

数年前，我的腿跌断了，许多关怀的声音随之而起：“师父！您的腿不好，不要走太多路！”

我的腿就是不能走了，还有手啊！古人不是常说“双手万能”吗？

一晃眼，几年的光阴如白驹过隙，我不但绕着地球跑了好几圈，甚至为了筹措西来大学、佛光大学建校基金，写了不下一千张的毛笔字，拿去义卖。

近年来，我的视力日益减退，医师曾警告我，如果不好好保养，将有失明之虞，顿时，耳边又多了许多叮咛：“师父！您的眼睛不好，不能太费神！”

我的眼睛就是不中用了，还有口啊！嘴巴最容易做功德了。

数年的时光匆匆而过，我不但看了上千篇文稿，还主持过无数场的讲经、开示。

半年前，我的心口闷痛转剧，出息入息时感不畅，真正感受到人命就在呼吸之间，更觉得不能随便休息，所以不时鞭策自己，加速弘法的脚步。

最近，我做了心脏手术，一些来探望的弟子都说："师父！您的心脏不好，不要太累了！"

肉团心虽有小损，真如心何尝有缺？只要有心，无事不办！

他们经常劝我："休息是为了走更长远的路。"乍闻此语，似乎很有道理，其实休息并不必然能走长远的路。社会上一般人即使晚上睡觉时合着双眼，心念却还流连在白天的事情上，因此，辗转床笫者有之，夜不安枕者有之。平常闲暇时更不用说了，六根门头不断地向外攀缘，不但不能达到休息的目的，甚至还增添许多无明烦恼，扰乱了工作时的情绪。所以真正的休息，应该是休歇六根，息止妄念。果能如此，真心现前，自然就能进一步善用根尘，转识成智，普济天下有情，故到"不休息而休息，休息而不休息"的境地。像大势至菩萨"都摄六根，净念相继，得三摩地，斯为第一"，成就念佛圆通；观世音菩萨"初于闻中，入流亡所，所入既寂，明暗二相了然不生"，故能"千处祈求千处应，苦海常作度人舟"。我自愧行持浅薄，没有如此深厚功力，但是因为能保有一颗宁静的心灵，所以我可以同时听话、回答、看信、吃饭……而且还能招呼附近每一个人。录制电视节目时，我也能在不备文稿、不看钟表的情况下，安然地说出一则则法语、故事，并且准时结束，从不 NG。所以我常说：只要人忙心不忙，工作中可以休息，休息中也能工作。所谓"处处无踪迹，声色外威仪"，无住生心，随缘应物，虽千钧加顶，也能举重若轻。

人生的意义在于创造宇宙继起的生命，至于能否走长远的路，并不重要。像僧肇虽然英年早逝，他的《肇论》却是佛教传入中国初期的重要宝典；蔡锷虽然仅仅活到而立之龄，但是由于他奋不顾身，揭穿洪宪帝制的阴谋，使亿万人民免于君主专制的厄运，朝露虽易逝，但它润泽了大地；冬阳虽短暂，然而能消融冰霜。我们应该趁着一息尚存，及时努力，燃烧生命的火花，留下璀璨的光辉，照亮后人，因为将来有永远休息的时候。

古圣先贤行愿精进，不肯轻易虚掷光阴，往往坚持到最后一刹那，像道安大师在大座说法中立化，慧远大师在声声佛号中西归，玄奘大师在振笔译经时圆寂，佛印禅师在接引信徒时坐灭，他们的行止风仪是多么的洒脱自在！我今已七十而知天命，生灭荣衰于我有如云淡风轻，但是所谓“死有重于泰山，有轻于鸿毛”，若能有此福报，在精进工作中奄然而去，不也得其所哉，意义非凡！

欢喜与不欢喜

每一个人都有自己的个性，小时候我和其他人一样，也有喜恶之情。遇到自己喜欢的事情，我不舍昼夜地去做；逢有不喜欢的事，则弃之如敝屣。有一天，我的师祖卓尘长老和我说：“你喜欢的事情，固然要去做，但也应该有所节制；你不喜欢的事情，如果对他人有益，你也一样要发心去做。”从此我开始努力尝试着去做一些虽然不是自己所喜欢，却能利益他人，与人为善的事。

出家以来，我一直不擅长佛门很重要的经忏佛事，但是为了帮忙远地的师兄，我常常披星戴月，翻山越岭，一天走上一百多华里的路程，只为了赶赴一场超度佛事。如是达数年之久，我经历不止百台的焰口法会。在耳濡目染之下，我学会了各种犍槌梵呗，也熟悉了法会忏仪的程序，少年初学的我，由此体会到佛教自利利他的方便所带来的法喜。然而对于当时一般寺庙赶赴经忏、度死重于度生的情况，我始终不以为然。

二十一岁时，我担任南京华藏寺监寺，虽然订定了各种新的寺规，但是为了促进与旧僧之间的融和，以达到改良陋习的效果，对于经忏佛事的频繁，我还是保持容忍的态度。来到台湾后，我矢志从事佛教文教工作，宁受饥饿贫困，也不稍改初衷。在三十年前，我创办寿山佛学院时，为了筹措资金，我也曾打破往例，在太平间通宵达旦为亡者诵经超荐，我不觉得勉强，也不以为辛苦，因为我是在为众生累世的慧命募集道粮。如今眼见一所所的佛学院成立了，数以千计的佛子在毕业后为佛教奉献心力，我深感欣慰。

我向来没有音乐素养，也毫无高歌吟唱的雅兴，但是为了使正信的佛法能在宝岛顺利地弘扬开来，我将满腔的弘教热忱一倾而出，写成诗词，请人谱曲，我还组织佛教圣歌团，延聘老师教唱，到各地去高展歌喉，居然广受欢迎,而深奥幽玄的法义就在轻快悠扬的乐声诠释下,迅速地深入人心。后来，我又陆续举办佛教梵呗歌唱比赛，以及梵音海潮音演唱会、录制佛教音乐唱片、发行录像带，也都获得了广大的回响。我以身体力行证明了，即使不喜欢哆来咪，不认得五线谱，只要有心，也能以乐曲歌声为佛教作法音宣流。

自从学佛以来，我一直发愿生生世世来此娑婆度化众生，因此，虽然在念佛方面曾有愉悦忘我的心得，但向来不以“往生西方”作为自己的修行诉求。然而,刚开始在台湾弘法时,为了度众的方便,我也曾于各地遍设念佛会，并经常主持佛七法会，开示念佛法要，如此持续近三十余年之久。当初因念佛因缘而皈依三宝的信徒，后来不是投入佛门披剃出家，便是成立佛化家庭，他们积极参与各种佛教活动，对于台湾佛教的蓬勃发展有着莫大的贡献。念佛修行不但庄严了彼生的莲邦，也净化了此生的娑婆。

我曾在大陆金山寺、天宁寺的各处禅堂参学，在禅七中，我虽然曾经体会甚深禅悦，却不主张槁木死灰般的宴坐冥想，我以为真正的禅味源自心头，而非枯坐。尽管如此,为了摄受不同类型的众生,我不但举办了多次的禅七法会，并且在短期出家修道会、教师佛学夏令营、大专佛学夏令营等活动中，开办禅坐课程，借着这项活动，也激起不少学员的向道之心。目前佛光山正在筹建大型的禅堂，我希望借由正确的修禅调心，能使整个社会更趋于祥和安乐。

过去，一位密宗的仁波切曾对我说，学密要有十年显教的基础，否则容易走火入魔。后来，我入世布教，也不倡导修密，但是，我并不予以排斥，我反而主办显密佛学会议、禅净密三修法会，我想借着这些活动，来促进各宗派彼此的了解，团结佛教的力量，以达到益世度众的成效。

我自幼家境贫寒，出家以后，在丛林参学，物质更是缺乏，不但经常三餐不继，不得温饱，身上的衣袜也尽是捡同参道友们千疮百孔的旧物来穿着。在如此艰困的生活下，久而久之，遂养成我不上街购物的习惯；但是，当我领队至澎湖等离岛布教，或者率团到岛外弘法时，为了广结善缘，给人欢喜，我总是率先掏钱购买当地小贩兜售的纪念品。虽然每次回来总是为了处理这些粗制滥造的物品而伤透脑筋，但我还是乐于随缘布施。

丛林十载，在严苛的教育熏陶下，我惯于逆来顺受，并且乐于与人配合，我不喜欢孤立，更不爱做领导人。可是，当我初来台湾时，却备受长老们的打压，他们拒绝我们挂单，不采用我们的投稿，我只好认清时务，自求充实。数十年来，我不怨不悔，为佛教肝脑涂地，培养人才，创办各种事业，却屡遭同侪排挤，或许我和他们的宗门素无渊源，或者我不是他们的同事同学，他们甚至想尽法子，阻碍我代表出席世界性的佛教会议，自忖教界四分五裂，缺乏共识，何能奢言团结共勉？为了佛教的发展，我唯有孤军奋斗，为佛教开创另一片天地。

承蒙信徒的厚爱与支持，在多年的辛勤耕耘下，我们将佛教从岛内各地带向世界五大洲，如今，我拥有多个国家颁发的荣誉公民证书，也蒙赠市钥，连四十年来与我有缘无分的“世界佛教徒友谊会”，也将我拥上荣誉主席的宝座。对于这些名位，我向来不忮不求，但是当众意难违时，我也乐意为了佛教，当仁不让地接受殊荣。一九八五年，我毫不眷恋地将佛光山交给我的弟子管理。一九九二年，我又本着舍我其谁的精神，组织国际佛光会，期使佛光能普照寰宇，造福人群。

我年少时就在深山古刹中参学，听惯了松涛拍岸，鸟叫虫鸣，看尽了夏涧秋谷、春花冬雪，在自然的怀抱中陶冶长大，我不喜欢使用繁复冰冷的机械，但是，当经济较为充裕时，我却买了一些录音机、照相机送给需要的人，好让大家共享一份文明的喜悦，而我自己却连一台收音机也没有。大陆的乡亲特别喜爱电视机，我也满足他们的希望，尽量购买，并且从香港雇车运到内地，分赠邻里故旧，后来，由于需索太滥，我才予以节制。我的弟子们基于尊敬师父，常供养我一些自动化的电器用品，只可惜我过惯了简朴的生活，不喜欢操作按键，也只有转赠他人。

我原本生性内向，不喜多言，我乐于宁静自处，观察思维，然而当我踏入红尘浊世，发觉世间需要佛法的滋润时，我不再沉寂无声，闭关自守，我开始走进社会，接触群众。我一改羞怯的本性，在台上讲经说法，在台下接引信众，以佛法真理唤醒迷惑的众生。四十年来，我日日与群众为伍，我没有自己房间的个人锁匙，我没有一封不可给人看的信函，我没有不给人知道的行踪，我时时刻刻都属于大众所有。我虽然牺牲了个人独处的时间，但是也因此长养了我些许的慈心与愿力。

所以，我闭过关，但我不主张一定闭关修行；我曾持“过午不食”，但我不主张一定过午不食。我认为真正的行者，应该是人间的菩萨，以社会大众为第一，不必把自己生活上衣食住行的问题看得太过重要。尽管如此，我并不拘泥己见，我不但建立了几座设备完善的关房，还曾经帮别人护关，并且亲往探视正在闭关的后学，指导他们所遇到的障碍。

我从小吃惯了粗茶淡饭，再加上生性疏懒，连三餐都崇尚简便。平常，我只要有一碗茶泡饭、一道小菜，心中就感到非常满足。可是我每到一地弘法，信徒总是热忱供养佳肴果蔬、琼浆玉液，往往前一餐的饮食还未消化，第二餐的邀宴又接踵而至，如是周而复始，心中常引以为苦，为了给对方欢喜，我只好勉强自己的不喜欢，接受邀请。假如有人问我，在我一生中，最不喜欢的事是什么？我会毫不犹豫地告诉他，在弘法访问中，第一苦是宴会，第二苦是照相，第三苦是周围都是人，连要去厕所方便都不方便。但是看到信徒的虔诚欢喜，就算自己不喜欢，也实在不忍拂逆。

弘法行程中的送往迎来也是一苦。我向来害怕惊动别人，所以喜欢悄然来去，然而往往事与愿违。记得四十年前，我住在宜兰及台北，每次南下到高雄讲经时，信徒总是请了乐队，一路吹打，浩浩荡荡地到火车站来迎送，后来为了避免路人讶异，我只得改搭夜车，信徒还是不辞劳苦，赶来接送。直到现在，所到之处，无论是岛内、岛外，无论是城市、乡村，善男信女的隆情厚意依然有增无减，他们或持鲜花素果顶戴相迎，或请警察车队一路护送。一九九三年七月，我到俄罗斯成立佛光会，廖泓毅先生竟然请了六名秘密警察，护送我到圣彼德堡，一路来回，不离我半步。看到大家为我如此辛苦忙碌，心中实在过意不去，可是想到自己如果一味拒绝，也不尽合乎人情，所谓“欢喜与不欢喜”，只得随缘。

我一向拙于书法，也不喜欢被人拍照。但是见到信徒欢喜的容颜，我总是打从心里高兴起来，因此当有人索取题字或要求合照时，我总是有求必应，给予种种方便。只是，往往答应下来，就欲罢不能，一次挥毫数十张是常有的事，而照相的人更是一拨一拨，络绎不绝，虽然腿酸脚麻，我也都恒顺众生，忍耐接受，不能想自己喜欢或不喜欢。

记得以前我出席佛教会议，一些与会者只要一见到我起身发言，便面色凝重，他们认为，我是一个性喜改革的激进分子。其实，我相当保守，也很执著传统，我曾建议信徒应为佛教所有，教产应为教会所有，我曾倡言佛教应有统一的制度，我也希望国家和人民的典礼规范，应以佛门为准。我一直用心研究古德制定清规的用意，但是，我也本着日新又新，精益求精的精神，在发展佛法事业上力求突破。我以为，我们不应故步自封，墨守成规，以现状为满足，因此，我改良弘法讲经方式，积极运用各种方法推动国际佛教，以前瞻性的思想课徒教众。为了佛教的前途，为了众生的福祉，我觉得佛子们都应该有所为，有所不为，不必太计较一己的“喜欢与不喜欢”。

我不喜欢出名，但是近二十年来，我颇受盛名之累；我不喜欢理财，但是我必须为了佛教的建设而运筹帷幄，周转募款；我不喜欢计较，但是我不能因循苟且，积非成是；我不喜欢权力，但是我理应为了正义而主持公道。我奉行老师的训示，以欢喜的心情，做了许多并非自己所喜欢的事，悠悠岁月，就这样过着人生。

那么，我究竟喜欢什么呢？我拥有动静两方面的嗜好，终以因缘不合，而埋藏心底，例如：我自幼喜欢随手涂鸦，将见闻思想付诸笔墨，及至年长，我立愿以文字般若弘扬佛法，不意事与愿违，繁忙的弘法行程，使我不得不割舍我的兴趣。但我并不觉得可惜，因为一失必有一得，一得也必有一失，我从信徒闻法欣悦的表情中得到了最大的满足。现在，我努力培养佛教文化人才，所谓“成功不必在我”，“但开风气不为师”；像依空、永芸等后进，不也是在延续我的喜好吗？

我才六七岁时，就很喜欢游泳，能在水中数小时而不沉没，出家后最苦的事就是与游泳绝缘。我喜爱篮球等运动，在佛学院就读时，没有体育课程，我曾经偷偷地自制篮球架，因而险些被院方开除。刚到台湾时，民风保守，我带着学生去打篮球，不料学生却一直躲避。我非常感慨，我做学生时，老师不准我打球；我做老师后，学生不敢打球；我只有徒呼奈何！近五十岁时，我才在佛光山东山顶上建了一座篮球场，可说是我一生中最喜欢的事了！每天傍晚，我与沙弥们抢球上篮，玩得不亦乐乎，美中不足的是，经常比赛到一半，侍者一声通报，我还得和着汗水，披上长衫，赶赴客堂去会见访客。近几年来，海内外奔波讲经，席不暇暖，我只好放下喜欢的运动，仍然和一些不喜欢的事周旋。

现在社会上流行一句话：“只要我喜欢，有什么不可以！”虽然是短短的一句话，也正是社会乱象的根源。佛陀早在二千五百多年前，发现宇宙相互依存的缘起真理，因而在华严会上呼吁佛子：“但愿众生得离苦，不为自己求安乐。”诚然，快乐是我们所追求的，但是当众生仍在火宅苦海中挣扎沉沦时，我们怎么忍心耽于安逸？甚而还将自己的快乐建筑在他人的痛苦上呢？我毕生没有享受过自己的喜好，反而终日孜孜矻矻于自己原本不喜欢的事情上，但是我过得很充实饱满，法喜自在，这样的体验使我更加肯定了佛教牺牲奉献的人生观。

喜欢的，不一定是好的；不喜欢的，也不一定就是不好。人生在世，有时要牺牲自己的喜好，把兴趣转为责任，去做利益大众的事情。

不要错失良机

一九五三年，我常在宜兰弘法，后来创设了一个幼稚园，那时有七八位年轻小姐担任老师。我见她们很有学习性，便省吃俭用，凑出一笔经费，作为车资，经常送她们到台北、板桥接受幼教师资的讲习。她们每每在即将出发之前，一再问我："师父！我们真的要去吗？我们走了，谁来教幼稚园呢？"我回答她们："我也会带幼稚园，你们快去吧！不要错失良机！"她们学成回来之后，继续担任教职，将幼稚园办得比以前更有声有色，学生竟达五百余人之多，在当时可说是台湾之冠。后来她们陆续随我出家，其中就有现在的慈嘉、慈容、慈惠。

十多年后，在佛光山草创初期，正是财务最拮据的时候，我又陆续送慈惠、慈嘉、慈怡、慈庄、慈容等人去日本留学。她们甚至在临上飞机时，频频问我："师父！我们一个个走了，您一个人怎么能料理开山那么多事情呢？"我依然以平静的口气回答她们："我一个人就可以了，你们不要犹豫迟疑，错失了良机！"她们毕业归来之后，帮我办理各种文教事业，佛光山因此而奠定了厚实的基础。

后来，我又送了一些徒众继续到世界各国去深造，但也有一些没有条件留学的弟子，自己前来要求留学，我回答他们："你们留在山上好好学习行政、法务，不要错失良机！"一些弟子听从我的劝告，继续留在佛光山多方参与，现在都已是住持一方，良机无限，他们都很感谢我当年的苦心；一些弟子一意孤行，后来学无所成，悔不当初，才知道自己没有条件，即使争取到机会，也不是良机。所以，什么是良机？我觉得：有未来性，能利己利人的机会，才是良机。回想我并无聪明才智，境遇也不是很好，但是仍能为佛教创出一番天地，“没有错失良机”正是重要因素之一。

即以读书深造为例，过去我还在焦山佛学院念书的时候，曾有机会进师范学院念书，但师父却以苛责的语言回绝了我，而送我的师弟今慈去念大学。后来师弟还俗，我才恍然大悟，伟大的师父严厉地骂我，是故意用一种激烈的方式，让我不要错失良机。

来到台湾之后，我遇到曾在天宁佛学院担任教务主任的圆明法师，一九五一年，他获得台湾佛教会的奖学金赴日留学，大家对他寄予厚望，只可惜他也像许多到日本留学的年轻比丘一样，滞留当地，后来听说在大学教书，兼开补习班，将会终此一生。记得当时的我居无定所，一文不名，既没有圆明法师这么好的机缘，也没有同门师兄弟得以依靠，但凭一股爱教热忱，在各处弘法布教，却因此结下许多法缘，开拓日后广大的人生。所以，机会来了，不见得好，如果一念之差，随波逐流，反而错失其他真正的良机；没有机会，却能脚踏实地地做好自己的本分，就是一种潜在的良机。

四十年前，因为我经常为了护持正法、厘清佛教的原则，而在报章杂志上扫除邪见；又写了一本《释迦牟尼佛传》，引起日本大正大学的注意，一九五七年寄给我一纸博士班入学通知单，希望我前往就读。当时我想：这个机会实在太好了，我要努力读书，将来学成归来，服务大众，好为中国比丘争一口气，让大家知道不是每一个人到了日本就会变节还俗。既而又想：“我千辛万苦，好不容易在台湾这片佛教沙漠之中开辟了一些绿洲，如果我去了日本，有谁能继续我的愿心，将菩提种子遍撒台湾各个角落呢？”正在犹豫的时候，高雄万隆酱园的朱殿元居士得知这个消息，焦急地跑来问我：“你已经是我们的师父了，为什么还要去日本当学生呢？”我突然醒悟：“此时此刻，我何必为了博士虚名争一口气远赴东瀛呢？我留在台湾好好耕耘这一片净土，如果能让佛教拥有光明的前途，就足以证明比博士学位更为重要！”后来事实证明：我虽然失去了深造的机会，但是我并没有错失良机。在此二十年后，美国东方大学颁给我荣誉哲学博士学位。这么多年来，我看尽世事起伏，往往发现：人，之所以会错失良机，大多在于私心自蔽，以致自他受害。

原来所谓良机，是要自他欢喜，彼此有益，公私两利才可。

像太虚大师因为在抗日战争期间曾经组团到国外宣扬国威，揭穿日本对我国的侵略宣传，获得英、美、锡、缅等国的支持，使得八年抗战终于胜利成功，所以无论在朝在野，声望都很高，这本来是振兴佛教的良机，但由于佛教守旧派的僧伽不肯合作，以致功败垂成，令人扼腕。记得当时我等一批僧青年为了响应他的号召，曾在南京组织佛教青年会，准备如火如荼，有一番作为，可惜后来因为会内有人捣蛋而使会务告终，就这样丢失了良机，当时我的心中真是悲愤填膺，但又徒呼奈何！

一九四九年，来到台湾，在佛教地位低落的当时，曾遭遇一段困厄的时期，但我并不气馁，依然为弘扬佛法而奔走，或救济风灾、震灾，或到监狱讲经说教，或到乡间海边弘法，或编印发行杂志，或许是因为如此，得到多位教界前辈的垂爱，给予我发展的机会，只可惜因缘不具，仍然不能圆满所愿。像慈航法师曾介绍我到嘉义天龙寺去当住持，尽管老住持能之法师已然承诺，但由于没有得到寺内全部委员的同意，所以我默然不敢承受；一善堂的负责人吴随居士也想将堂务交给我接管，然而他的亲族很多，意见不一，所以我婉拒了他的美意；纽约大乘寺的主事者应金玉堂有意将道场交给我，并承诺我办移民二十人前往美国，也听说他家人有意见，因此我没有动身前往接任。许多人说："你好傻！既然住持人都同意了，你何必管那些闲话，而白白浪费弘法利生的机会呢？"我告诉他们："机会如果是勉强成事，而非众缘和合，就不是良机，宁可失去的好。"当时心想："惭愧自己无福无德，唯愿效法前辈给人因缘的精神，并且设法让大家皆大欢喜，使之成为别人的良机。"或许是因为事先设想周到，我推荐同道至各处住持道场，例如我推荐月基法师到高雄佛教堂、成一法师主持头城念佛会、真华法师主持罗东念佛会、煮云法师到虎尾念佛会，都能一一成功，眼看佛法传播日广，心中好不欢喜，深深感到：良机不一定要自己拥有，同道们遍布各地弘法，促使佛教兴隆，不但大众受益，身为佛教徒的我们也都可以跟着沾光，不是很好吗？一向以来，我本着这种为大家制造良机的理念立身行事，结果无心插柳柳成荫，不知为自己创造了多少良机。

想当初没有人愿意留在宜兰弘法，因为大家都觉得这里地方偏僻，设施落后，并非良机，而我却能在此地一待数十余年，将兰阳佛教带动起来，使兰阳弟子遍布全省，甚至全世界，最主要是因为我只想到要为宜兰人创造良机，并没有想到自己的尊荣利益。

开辟佛光山亦然，那时曾有人劝我："这片山林地质不佳，风水又不好，难怪没有人要，尤其高屏溪就在山的前面流过，将来钱财全部都会流走。"我告诉他："我觉得溪水流过去很好，这代表法水永长流。"等到我力排众议，将佛光山建好了，却又听到别人说："你真会看风水，拣到一个'良机'，我今天绕山走了一圈，发现整个佛光山是兰花瓣的形状，好一块福地啊！"其实我哪里懂得什么风水，当初来此，既是为了找一片便宜的山林可以建寺办学，也是因为看中它在乡下，可以让我避免许多无谓的应酬，而能专心一意为佛教培养人才，创造更多发展的良机。结果，我真的没有错失良机，可见良机处处有，地理风水也是唯心所造啊！

一九七一年，佛光山上正大兴土木，兴建朝山会馆，由于必须移山填沟，所以花费甚巨，虽然建筑商特别通融，答应我的请求，让佛光山赊欠钢筋水泥款，但是那段日子还是十分难挨。当时有人劝我也不要再进行了。我回答他："做一天和尚，撞一天钟，我建朝山会馆，是因为看到信徒每次来山，连食宿的地方都没有，并不是为了自己的利益。"没想到朝山会馆建好之后，给予信徒莫大的方便，来山的人因而越来越多，我用佛法接引他们，奠定了佛光山的发展基础，至今想到此事，还很自豪从头到尾都没有错失良机。

美国弘法之初更是困难重重。记得慈庄、依航才到洛杉矶筹备建寺不久，就饱受民众严重抗议，加上当地美国人不了解正信佛教，而一些异教徒又故意从旁毁谤。从台湾前往美国探亲的信徒们，回来之后，向我描述当地情况直可以"风声鹤唳"四个字来形容，虽说知徒莫若师，我相信弟子们一定能够完成使命，但我还是打电话告诉他们："只要抱定奉献的心意，和大众结缘就是良机，不要错失了！"十多年寒暑过去了，她们以无比的诚意及耐心与当地人士不断地沟通交流，提供服务，果然不负众望，最后附近的居民竟然全力支持西来寺的建设。一九八八年落成之日，嘉宾云集，有一位记者问我："西来寺能为美国带来什么？"我告诉他："西来寺不但开放给僧信二众作为礼佛净修的场所，也提供各界及社区人士举办有意义的活动，我们希望以热忱的服务，用佛法的文化为大家带来各种良机。"

真的，我在各地弘法度众所抱持的就是这种给人良机的心情，也因此有难不觉难，有苦不觉苦。像香港过去有些人基于对赌博赛马的迷信，见到出家人非常排斥，许多外地法师不敢久留，但我仍派依如到那里，亲近当地长老大德，一再告诉他要不计辛劳，默默服务，他善解我意，十年有成。我在香港讲经，从沙田大会堂讲到红磡体育馆，听众一年比一年盛况；后来应当地信徒要求，兴建道场，从佛香精舍到佛香讲堂，法务一年比一年昌隆；后来当地张莲觉居士创建的东莲觉苑委托我派人管理，荃湾的弘法精舍提供给我作为教育场所；香港人对出家人也一改以往的态度，对他们亲切而有礼。尤其近几年来，我在世界各地弘法，发现香港移民最为热忱，不但出钱出力，而且从不居功。问起他们学佛因缘，许多来自佛光山最早办的佛香精舍，让我感到十分欣慰，因为大家彼此都没有错失良机。

其他弟子如慧礼、依来等人在南非建寺时，正值种族纠纷最严重的期间；永光、永宁等人被派去菲律宾弘法时，也是内乱暴动最厉害的时候。尤其当地人大都信奉基督教，"佛教"是一个崭新的名词，可以说种种情况对我们都十分不利。幸好派在当地的徒众都具有共识，认为越苦难的地方，越需要佛法，所以宁可为法捐躯，也不要错失良机。只见他们不顾众人奇异的眼光及"嗖嗖"的枪声，在街巷市场弘法布教；不计辛苦疲惫，跋山涉水到乡间发放赈济品，短短几年间，大家对佛教都刮目相看了！一九九七年春节，菲律宾拉采瑞兹主教邀请在马尼拉佛光山讲堂僧信二众至岷仑洛天主教堂，共同为社稷祈福，因属首次，成为媒体竞相报道的新闻；前不久南非总统曼德拉先生也派人到约翰尼斯堡的南华寺访问，也是轰动一时。凡此都说明了良机固然有时候是天赐的佳缘，但更多的时候，是必须付出相当的努力，才会降临在我们的身上。

我祖籍扬州，居台半世纪，在青少年时期，历经颠沛流离、忧患相煎的岁月，目睹杀人盈野、血流成渠的惨状，身遭骨肉离散、天人永隔的悲剧。多年来，我深信许多人和我一样，世代的对立意识已然云淡风清，两岸彼此的隔阂才是大家心中未愈的伤痕。我有意促进彼此的沟通交流，却苦无机会。直到一九八七年，我参加泰王六十岁大寿的庆典，才有了转机。当时，大陆方面的代表——中国佛教协会会长赵朴初长老及其夫人也应邀在座，但碍于当时情势，我们彼此无法交谈。就在典礼刚开始不久，赵夫人突然咳嗽起来，坐在后面的慈惠法师拿出一颗止咳糖递给她。赵朴老当晚回赠大作以示感谢，我觉得“良机不可错失”，殷勤接待，在畅谈之际，欣知彼此在许多事情上都很有共识。后来听说世界佛教徒友谊会前两次大会因两岸名称问题，弄得场面十分尴尬，所以隔年的下一届大会的主办权成为烫手的山芋，我心生一念：危机正是良机，不可错失，遂主动争取由西来寺承担这个任务。为了加速完工时间，不惜加倍给付建筑商赶工费用，好让西来寺的工程能及时完成，赶上大会的召开。至于两岸的佛教会名称，我想了一个折中的方法，即中文名称——“中国北京、中国台北”照样沿用，英文译名改为The Buddhist Association of Beijing,China和The Buddhist Association of Taipei。自以为如此设想十分周到，但还是经过一番曲折，多次协商濒于破裂。为了不要因这一点点问题而错失良机，我一次又一次居间调和，终于化解僵局。当我在大会开幕典礼中宣布“海峡两岸的团体第一次坐在同一个会议厅里开会”时，三十余国，八十几个佛教团体，五百多位代表，长时间报以热烈掌声。由于这次的成功，拉近了两岸佛教界的距离，赵朴老邀我去大陆访问。一九八九年三月二十七日，我率领正团七十二人，副团五百人组成的“国际佛教中国弘法探亲团”成行，赵朴老在北京机场见到我，第一句话就是：“千载一时，一时千载！”我也深深地感叹着：良机不易，幸好没有错过，否则不知道还要等到何年何月。

成立佛光大学及佛光卫星电视台的情况也有点相似，虽说早年就有的构想，但那时法令并不允许；等到法令开放，一时之间，无人又无钱，但我还是紧急设法，在短期间内筹办起来。有人说：“何必那么辛苦，等到以后一切具足了因缘再办，不是更从容吗？”我觉得：世事无常难料，把握当下的良机，才不会导致日后的遗憾，更何况以佛教精神办理的大学和电视台，可以及早为社会注入清流，再辛苦也是值得的。

总之，良机稍纵易逝，不可不慎！翻阅中外历史，宋高宗因为听信奸人秦桧的谗言，将岳飞斩杀，错失了反攻的良机；宋神宗任用王安石为相，锐意新政，但由于行法苛严，触怒了士大夫、商主，引起大力反弹，反倒阻碍了改革的良机；而齐桓公却因不计前嫌，重用管仲，开创了春秋霸业的良机；福特则因善用父亲给予的一美元，成为建设汽车公司的良机。所谓“失之毫厘，差之千里”，一句话、一个环节、一个人、一文钱，乃至一件微不足道的事情，都足以导致成败的关键，岂能轻乎藐视？

在中国有许多要我们把握良机的格言，很值得我们铭记在心，像“树欲静而风不止，子欲养而亲不待”，是在教导为人子女者不要错过行孝的良机；“苦口良药，忠言逆耳”，是提醒在迷途的当局者不要错过忠言的良机；“少壮不努力，老大徒悲伤”，是在警惕青少年们不要错过青春的良机；“不以善小而不为，不以恶小而为之”，是在劝告行为放逸的人不要错过行善的良机。佛教的经典里，鼓励大家不要错失良机的字句更是俯拾皆是，像《华严经》的“不忘初心”，《八大人觉经》的“不念旧恶”，《维摩经》的“不请之友”，《大乘起信论》的“不变随缘”，都是把握良机的最佳法门。总之，没有机会的时候，广结善缘；机会来临的时候，及时掌握，就不会有错失良机的遗憾了。

共建人间的净土

每到初一、十五，寺院中必诵《宝鼎赞》："端为世界祈和平，地久天长；端为人民祝康乐，福寿绵长。"凡我佛子应该走入社会，以高超的教养来净化人心，改善风气，才能实际对国家民族有所贡献……

有佛法，就有办法

在我这一生中，俗家父母生养我的色身，固然劬劬劳苦，但十二岁出家以后，佛教却给予我教育，长养我的法身慧命，让我受用不尽，更是功德巍巍。我在佛教里近一个甲子，深深体会出佛法的妙处，如果有人问我佛法有什么妙处？我会毫不犹豫地告诉他："有佛法，就有办法！"

年少在丛林参学时，我发心下山为信徒诵经，经常早出晚归，穿越野狼出没的荒郊，同学们都说我勇气可嘉，其实那是因为边走边默诵"六字大明咒"所带来的力量。随着年纪的增长，慧解日增，从虔诵《维摩诘经》、《药师经》中，我勾勒"人间净土"的蓝图；在受持《心经》、《金刚经》时，我享受"以无为有"的法喜，没想到日后这些经文都成为我弘法利生的资粮，所以有佛法，就有办法应世度众。

古德常常勉励后学："少说一句话，多念一声佛。"对于这句话，我的体验最多。记得刚入佛学院时，才十来岁，正是血气方刚的年纪，难免心烦气躁，口没遮拦，后来借着精进念佛，我减少了妄念烦恼，道业也逐渐成长。

一九五三年，我在宜兰雷音寺主持佛七时，突然感到身心俱泯，大地空旷，此后耳边佛号声不断，有时即使在室内行住坐卧，但是外面的人说话、走路，我都清清楚楚。有一次，我在大仙寺主持佛七，居然有人听到我在睡觉时念佛，声音了了分明。还有一回，普门寺举行佛七，两只鸟儿竟然飞进大殿，与我共念佛号，应和有致，经云极乐净土水鸟说法，诚信然也。

直到现在，无论坐车行步，我都习惯称念佛号，路旁一畦畦田地、一棵棵树木，也都成了我的方便念珠。我从正念，念到无念；从妄心，念到一心；从无念而念，到念而无念；从有人有我，念到无人无我；甚至念到时间、空间、天地万物都为之一空，阿弥陀佛好像在我身上活了起来，极乐世界似乎就在当下。我深深感到只要有佛法，我们就有办法在娑婆世间开创净土。

宗教上的体验，长养我无比的信心，我深信只要大家奉行佛法，启发本自具有的佛性，一定能共成佛道。所以，在弘法生涯中，无论遭逢多少冤屈，我始终没有退心；不管遇到多少阻难，我也没有忘记弘法的使命。

记得四十年前，初到台湾时，欲食无饭，欲眠无榻，有人说："现在佛教衰微，基督教盛行，不如改变信仰，或许比较容易生存。"我以斩钉截铁的口吻告诉他："即使佛陀现身，亲自叫我易服改信，我也不从！"四十年后的今天，佛教不但在台湾的发展盛况空前，即便在基督教为主的欧美国家，也有着不可忽视的潜力。

《华严经》说："心、佛、众生，三无差别。"我们的心中本自具足无限的宝藏，等待我们去努力开发，因此，在佛门里讲究发心。一九四九年，我孑然一身渡海来台，虽然居无定所，但每到一寺，我都自动发心服务，从典座到编写，从司水到园头，乃至担米运粮，扒粪除垢，无不任劳任怨，戮力以赴，所以我不但从奉献中拓展更多的能力，更赢得寺众的欢迎。他们赞美我的发心，诚意地留我长住，在世局动荡，人心惶惶的当时，可说是非常难得。

一九六七年，开辟佛光山时，我经常在烈日寒风中，发心砌砖墙，堆石头，锯木料，挑沙土，拌水泥，徒众看了，也前来自动帮忙，大家同心协力，乐趣无穷。后来每次领导弟子们做事时，我也总是率先动手，以无形的身教来代替苦口婆心的言教，往往收到更好的效果。《三皈依》文中，有一段是："自皈依僧，当愿众生，统理大众，一切无碍。"如果我们能心存佛法，发心奉献，人我之间的相处一定有办法和敬团结。

佛教本有经世济民之效，无奈数百年来，在政治压迫与人为误导下，失去原来的活力，流于避世的宗教。目睹此景，我发愿力挽狂澜，弘扬圣教，经过数十年的辛劳，终于将佛教教育、文化、慈善事业兴办起来，使佛法与生活融为一体。当雨过天晴，云开日现时，我怀抱感激的心情，更立大志，愿将佛光普照三千界，法水常流五大洲，于是继续勇往直前，投注十余年的心血，克服人情风土的种种困难，在世界各地广树法幢，开拓净土。我的一生并不平顺，但是在佛法的愿力驱使下，我甘于接受磨炼挑战，所以就有办法面对现实，无畏横逆，一步一步地完成理想。

我本身没有什么特长，幸而从小承受佛法的熏陶，培养我坚忍的耐力。因为肯忍辱负重，所以在民风保守的宜兰，我能够突破万难，开办台湾第一所佛教幼稚园，组织台湾第一个佛教青年会，兴建台湾第一间念佛堂，成立台湾第一支佛教歌咏队。由于肯忍劳耐怨，因此在人事纷扰的台湾南部，我也能调和众议，兴设寿山寺，开辟佛光山。当众人赞叹我很有办法，能行人所不能行时，我想到《维摩经》里的一段话："一切烦恼，为如来种，譬如不下巨海，不能得无价宝珠，如是不入烦恼大海，则不能得一切智宝。"不免深自庆幸在烦恼交煎的人生苦海里，拥有宝贵的佛法，使我在动心忍性之中，增益已所不能，从而不断地超越自己，实现生命的意义。

手把青秧插满田，低头便见水中天，

身心清净方为道，退步原来是向前。

这首佛教偈语，对于我毕生做人处世，有着很大的启发作用。记得一九五二年，我在宜兰落脚，曾有人提议我担任中国佛教会宜兰县支会的理事长，我自忖才疏德浅，于是推荐成一法师前往任职；在连任届满之后，我又再度被属意为继任人选，然而我还是执意辞让给真华法师。如是十余年过去了，当无人可继时，我才从善如流，出任掌职。由于谦让成风，偏处一隅的宜兰佛教在一团和气下，发展之迅速，连一些大都会都望尘莫及。所以，我们不要害怕先天条件不足，只要有佛法，自然就会有办法。

刚出家时，年少气盛，看到佛门里一些长老的言行不能令人起敬，十分不以为然；然而当我在《法华经》中读到常不轻菩萨的行持时，不禁起大惭愧心，从此对于一切众生，我都抱持尊重的态度，纵使遇到与自己风格不一的长老大德，我也恭敬礼遇，并且在背后赞美他们的长处，所谓“敬人者，人恒敬之”，久而久之，长老们也给予我很多赞助鼓励。

一九五四年，南亭法师不弃偏远，拨冗来到宜兰小镇，为乡民讲说《八识规矩颂》；道源法师也曾在示寂前，南下高雄，前来佛光山为学生教授《大乘起信论》其他如印顺、默如、东初、演培等诸山大德，都曾应邀至雷音寺、寿山寺等处说法，支持我办学度众。我乃一介后学，又非隶属同门，承蒙他们鼎力相助，在感激之余，我深深感受到只要有佛法，就有办法融和异己。

过去在佛门里规定：出家人必须学戒五年，方可听教参禅。由于在律仪上受有严格训练，使我虽然出了佛学院的校门，依然行止合度。二十一岁那年，我被派往宜兴出任小学校长，住在祖庭大觉寺。有一天，担任住持的师兄前来，称赞我做人老实。原来他为了试探我，在房间的坛子里藏着宝物，结果发现一个也没少。其实，我一直遵守不予不取的戒规，从来不曾兴起掀开坛盖一探究竟的念头，所以连里面装的是什么都不知道，没想到却赢得师兄的敬重。

三十多年前，我经常搭乘平快火车，南北两地奔波讲经，因为在佛门里惯于抬头挺胸，目不斜视，在八小时的车程里，我直脊端坐，默念佛号。有一回感动了一名邻座的军官，竟然跟着我下车，要求皈依在三宝座下。其余以持戒度众的例子更是不胜枚举，所以，“有佛法，就有办法”。

只是在奉行戒律时，我们必须圆融通达，否则为教条所缚，反而失去了佛法的精神。记得有一次，南亭法师与我应邀到宜兰高中校长温麟的家中作客，主人亲自下厨包饺子殷勤款待，我们虽然明知里面是以韭菜、鸡蛋为馅，还是隐忍不语，将一盘饺子吃完，以免唐突失礼。十年前，在日本佛教会用餐，当侍者端来面时，腥膻四溢，才知道此地的面汤全都是用鱼虾熬成的，为了避免大家难堪，我们只有囫囵吞下面条了事。《七佛通偈》中说：“诸恶莫作，众善奉行，自净其意，是诸佛教。”佛法以慈悲为本，方便为门，学佛度众，内心的清净最为重要。

佛光山的道场，建在山明水秀之中者固然有之，但多半是设在喧嚣闹市的高楼大厦里，楼下往往是美容院、KTV，在深夜里饱受噪音侵扰。初来乍到者，不明其理，以为怪事，久而久之，也明了个中奥妙：幽兰长在深谷里，因此只能孤芳自赏；牡丹性喜南地，所以北地之人无缘亲炙。如果太坚持表面的清净，反而无法对一切万物发挥正面的力量，必得了解佛法的真谛，和光同尘，不执不拒，如莲花一般出淤泥而不染，在暑热中吐露芬芳，才有办法让更多人分享清凉美意。

经常有很多人羡慕我定力很够，其实我自知并非与生俱来，而是佛法带来的利益：少年时出家学佛，我从排班、经行、静坐、念佛里修习耐烦的定力。青年时来到台湾，我在衣食缺乏，生活艰困中，增长坚毅的定力。中年时法缘渐佳，我从接引信徒，谈话开示里，培养说话的定力。老年时云游传教，我从乘坐十数小时的飞机，与信徒一次合照数十张照片，应邀出席几个钟头的斋饭供养中，成就适应时空的定力。懂得将佛法运用在日常生活中，就有办法随缘自在。

许多人告诉我：佛法里的“诸行无常”、“诸法无我”，让他们感到害怕。其实这些都是世间的实相，不能逃避，也无须惊惧，如果我们能顺应真理而行，将会发现：无常真好，无我真美!

我回想自己本来并不聪慧，但因为体会“无常”，所以我不气馁，加紧功行，终能以勤补拙；我原先一无所有，但由于了解“无常”，因此我不放心，努力奋斗，故能以福慧庄严一切；遇到挫折失败，因为深明“无常”，我培植因缘，最后定能转危为安；徒弟顽劣，由于知道“无常”，我耐心辅导，使顽廉懦立，终会成为良才法匠。因为世事无常，所以文明才得以进步；因为生命无常，所以未来才抱有希望。能够以佛法的观点看待一切，从世事无常中汲取经验，就有办法处理多变的人生。

“诸法无我”并不是说没有了我，而是指世间诸法都是因缘和合而成，没有一个固定独立的实体存在。懂得“无我”，能够放下小我，融入大我，方能拥有更多；体悟“无我”，博得布施成就，分享众生，就能处处有我。

五十年前，我因为割爱辞亲，出家为僧，将身心奉献尘刹，所以才能拥有三千法界。来到台湾以后，我因为舍去北投静修的机会，投入大众之中，所以才能在佛教文化事业上有所建树；三十年前，我走避荣华名利，来到偏僻的高雄乡镇弘法利生，所以才能发展出闻名世界的佛教重镇；十年前，我卸下道场的一切行政职务，胸怀法界，才能将佛教推展到世界各地。甚至我将自己的寺院送给同道，舍给学生，所结的法缘更广；我把每次出国弘法所得到的红包供养，悉数馈赠给当地寺院，因此成就了海外道场的建设。紧握不舒的拳头，怎能掬握秋毫，更遑论宇宙法界？能彻悟佛法的无我真理，进而喜舍布施，才有办法享受更多丰美的果实。

一灯能照破千年晦暗，一灯也能分灯无尽，光照大千。拥有佛法的喜悦，应该让众生共同分享。昔时，维摩诘居士授予天女“无尽灯”法门，使得天宫大众同受法益；佛陀在临入灭时，于法华会上，授记诸阿罗汉皆当成佛，并嘱咐他们，亦当为后世弟子授记传法，于是娑婆世界有了无穷的希望。

我虽自愧才薄德浅，但于大觉佛陀的圣教总是念兹在兹，力图发扬，所以我举行过不下千百场皈依典礼，借着常住三宝的功德，开发大众自性三宝的灵光；我努力兴办各种佛教事业，顺应各种众生的根机，将佛法的智慧传递给十方大众；我提拔徒众法子晋升住持，亲授袈裟法衣；我创立佛光会檀讲师制度，为入选者亲颁证书。

如今，传灯不仅是神圣的使命，也成了一本书的名字。天下文化公司将我数十年来的弘法生涯记录成册，以此为名，公之于世。社长高希均教授在记者会上说：“……四十年来，台湾经济是一种奇迹，而星云大师将佛光山组织得有条不紊，让佛教无远弗届送至全球各地，也是另一种奇迹……”对于他的赞美，我愧不敢当，因为这一切都不是我个人的功劳，而是千千万万的佛子们在佛法的感召之下，发心努力，携手缔造的佳绩，这就是为什么我常说：

“有佛法，就有办法！”

诵经念佛是佛法，正知正信是佛法，发心立愿是佛法，忍耐谦让是佛法，尊敬包容是佛法，持戒禅定是佛法，清净中道是佛法，无常无我是佛法，喜舍布施是佛法，传灯授法是佛法……乃至四无量心、六度四摄、惭愧感恩、因缘果报等都是佛法。离开了世间，就没有佛法。有了佛法，生活在世间上的人才能够拥有幸福美满的人生。所以，“有佛法，就有办法”。

为信徒添油香

我经常在弘法途中顺道巡视佛光山各别分院。有一次，到台中东海道场，住持、当家向我报告该寺的建设、法务、制度、活动等进展的情况，可以看得出他们度众的用心，于是嘉许他们的努力。但是偶尔谈及信徒来往情况时，住持告诉我：“过去，信徒张顺发先生每个星期都固定来参加共修法会，但是现在却很少来了。”

当家接着说：“以前张居士对于本寺活动非常热心地参与护持，最近确实没有看到他了。”

我告诉在场的住众：“这是因为你们没有为信徒‘添油香’啊！”

大家面面相觑，有一位弟子不解地说道：“信众前来听经、礼佛、用斋、喝茶以后，总想要添油香，作为他们与佛祖之间的往来，为什么现在反而要我们僧众为他们添油香呢？”

我告诉他们：“佛教的发展固然需要信徒添油香，但是信徒给予寺院多少赞助支持，所以我们也要为他们添油香。”

大体而言，信徒的油香有所谓的“十供养”：香、花、灯、涂、果、茶、食、宝、珠、衣，而我们出家人也应该以主动的招呼、和悦的笑容、亲切的关怀、人格的尊重、真挚的慰问、困难的解决、热忱的服务、信仰的法财、完善的设施、智慧的建议等十种美好的供养来为信徒添油香。

记得三四十年前在宜兰雷音寺和高雄寿山寺弘法时期，一大清早，做完早课，我就开始主动地招呼信徒拜佛、喝茶，同时还为他们开示说法。那时许多信徒只要一有空，就喜欢往道场跑，有些家庭主妇听得入神，甚至忘了回家煮饭。信徒一批一批地来，我经常在佛殿一站就是一整天，但是却做得满心欢喜，因为总觉得为信徒添油香是在礼敬未来诸佛，乃无比神圣之工作。如今这些信徒虽已年老，然而他们的儿孙辈依旧来，我开辟佛光山，首创许多佛教活动为信徒添油香。记得一九六九年台北的朝山团第一次前来，当团员们礼过佛，吃完饭，正准备走时，我突然想到，信徒为常住添油香，我也可以为信徒添油香啊！于是临时将团员集合起来，为他们讲说“人我相处之道”，即所谓的“你对我错，你大我小，你乐我苦，你有我无”，一名信徒临走前，高兴地对我说：“讲得实在太好了，让我受益良多，我以后要常常带亲友来这里。”目送他们法喜充满地上车，我决定以后要更积极主动地为信徒添油香。

是年，佛光山筹备大专佛学夏令营，正愁无钱可用时，我见到一名头戴斗笠、打着赤脚的老婆婆在炎热的阳光下拾级而上，即命慈庄前往招呼，没想到她临走前留下一个纸包交给慈庄，里面居然是一沓五万元的台币，让大家喜出望外。多年前，马来西亚的黎姑也因为我主动照顾她上下坡台，回国后竟以大笔款项资助佛光山的教育事业。有人见我无求自得，而其他的法师向她化缘却都不能如愿，于是问她为什么对佛光山情有独钟，她答道：“因为星云大师不会嫌弃一个穷酸模样的老太婆。”世间事互为因果，懂得设身处地为信徒添油香，信徒自然就会想到要为寺院添油香。

随着时代的发展，僧信二众必须齐心合力，才能将佛教的资源凝聚起来，为众生谋取更多的福利。所以我组织“国际佛光会”，将在家信徒凝聚起来，授予各种技能；后来我又设立“檀讲师”制度，鼓励信众由弟子升级为老师，并且为他们编写弘法教材，主持训练讲习会。看到大家跃跃欲试的样子，我深深相信：以人格的尊重为信徒添油香，不但是在实践佛法的平等观，更是在奉行佛陀示教利喜的精神。

因此，僧之所以为“宝”不一定要高高在上，而应该以众生的喜悦为喜悦，以众生的忧苦为忧苦。向来只要能力所及，举凡信徒的要求，我都尽量满其所愿，尤其当信徒有病苦丧葬时，我更是竭尽己力，前往慰问。例如现任台湾女中医师公会理事长的胡秀卿女士，多年来经常以佛理开导病人，抒缓疾苦。当她从小离开的亲生母亲舍报时，我不但亲自前往拈香吊唁，更送上一些奠仪给她的兄弟们作为母亲安葬之资。此后她不知多少倍回报于我，并且数十年来以稳健的台风、优美的嗓音，在我的佛学讲座中担任司仪，更不知摄受了多少信众。

香港佛经流通处的创办人严宽祜居士，目前担任国际佛光会世界总会副会长，前年在台湾因心肌梗塞住院开刀时，我亲往慰问；去年十二月到美国弘法，我听说他在休斯顿休养，也特地错开行程，飞去探望。因为我总是想到，严居士一生舍身舍命，利教利人，不但在台湾成立严宽祜文教基金会弘法利生，近来更于大陆筹划以漫画弘扬弘法，并且对各佛学院颁发奖学金，对各佛教道场赠衣赠食，信众如此为佛教添油香，我们僧众又何尝不能为信徒布施欢喜，添加油香呢?

去年四月底，我的心脏也出了毛病，当手术完毕后，被推往加护病房时，承蒙一名护理人员的悉心照料，使我安然度过有始以来最漫长的一天。我突然感触良深：人生在世，谁都有失意落寞、恐惧无依的时候，这时最需要的就是亲切的关怀。观世音菩萨遍游法界，救苦救难；地藏菩萨久居地狱，利济众生。凡我佛子也应效法前贤，施以慈悲，给予欢喜，发心做众人的依怙，以此为大家添油香。

记得三十多年前，一位信徒因先生有了外遇，想要自寻短见，由于我的一句“以恨不能赢得爱，要以爱才能赢得爱”，后来不但挽回了她的婚姻危机，也使她丈夫成为忠实的佛教护法；皈依三宝的基督教牧师高登博士夫妇，被教会撤职排斥，我知道以后，嘱咐西来寺为他解决生活问题，后来他全家人矢志为佛法的国际化而努力。多年来，我深深感到，以解决困难为信徒添油香，不但形成信众与寺院之间的桥梁，也增进了佛教的力量。

二十多年前，九个结伴来山参访的大专学生误餐，我特地为他们炒饭、热菜，不意他们临走时竟掏出十倍以上的代价——九百元添油香，这在当时是一笔很大的数目，对于常住的经济不无小补。望着他们手舞足蹈地踏出大门，我也沾染一份欢愉的气氛。去年，林素芳居士家里遭雅贼光顾，什么都没有被偷，唯独挂在墙上一幅我写的字不翼而飞，让他非常难过。我辗转获悉此事，立刻再写一张嘱依德转交，他收到以后，感动地说道："我一定为佛光会的发展全力效命以为报答。"其实在我来说，这些都只是举手之劳，不足挂齿，却让对方心悦诚服地为佛教奉献心力，可见以热忱的服务为信徒添油香是多么的重要。

佛光山刚开山时，公路局第三工程处处长倪思曾先生首次莅临。当时朝山会馆尚未建好，我们请他在佛学院的斋堂吃饭，他坚持要添油香，我连忙说不必，彼此坚持了好一会儿，后来，我说："既然处长您这么诚意，那就添个大油香吧！如果能将大树乡这条黄泥路铺成柏油路，对地方建设将是一大贡献，本寺当感激不尽。"他欣然应允，并且说："大师！如今我才知道您的道场原来不只限于佛光山啊！宇宙才是您的道场，全地球的人都要为您添油香啊！"对于他的过誉，我愧不敢当，然而抱着热忱的服务精神为全球的信徒，乃至为十方的众生添油香的确是我的心愿。三十年来，佛光山各地别分院普门大开，供应斋饭，不知接引了多少众生皈依在三宝座下，而西来寺为信徒们接机送机更是远近驰名，乃至现在国际佛光会各地协、分会也都遵守"来时欢迎，去时相送"的信条，让旅游各地的会员们备感宾至如归。

过去的丛林，从广纳海单到普参接心；从文疏回向到普同供养，乃至对于个别信徒的寿诞祝祷、新居洒净，无一不是在为信徒添油香，而过年赠送春联、灶符，供应腊八粥，也是古代高僧大德们为信徒添油香的美意，后来奉行全国各地，被百姓们视为消灾免难的象征。四十多年来的弘法生涯，虽然崎岖颠簸，但我未尝忘记祖师们的慈心悲愿，除了奉行古制外，更顺应时代，印赠日历手册作为新春的祝福，分送手珠、项链、小佛像、钥匙圈等佛教纪念品，希望信众戴在身上，放在车上，都能够享有平安的人生。

此外，我依照年龄、性别、嗜好、职业的不同，举行各种弘法活动，以契理契机的课程，让他们得以将佛法应用在家庭上、工作上，增添生活的美满；我录制佛教唱片、录音带、录像带，在展演殿堂举行梵呗音乐会，让清净的佛曲为大众涤尽尘虑；我在台湾广播电台开辟佛教节目，在台湾三家电视台宣流法音，在世界各地讲经开示，让佛陀的教言为人类指引正确的方向；我撰文出书，发行佛教典籍、杂志，编纂佛教藏经、词典、年表，让文字般若发挥净化心灵的效果。

极乐世界以七宝楼阁、水鸟说法为众生添福利；琉璃净土以衣食无缺、离诸欲染为有情增安乐。我虽力有未逮，唯愿效法诸佛如来的大悲愿力，以完善的设施、舒适的环境为信徒添油香。因此，为便利社会大众的需要，我设立会议室、图书馆、会客室；为解决香客的吃住问题，我兴建檀信楼、玉佛楼、云居楼；为信徒子女的教育着想，我举办儿童学校、才艺辅导，创办中学、大学；为了行者的修持，我兴建禅堂、佛堂、礼忏堂、抄经堂；为了病者的疾苦，我成立助念团、医疗队，兴设施诊所、安宁病房；为了安养老者，我创建老人之家、仁爱之家；为了利乐亡者，我兴建万寿园、玫瑰陵。

半甲子来，从入寺出家到驻寺弘法，从兴寺安僧到借寺度众，我深深感到：寺院不但是清净庄严的安乐地，也是人生旅途的加“油”站；不但是往生佛国净土的移民局，也是现世饱餐法味的“香”积国；不但是信徒香客的百货公司，更是芸芸众生的慧命之家。因此伟大的信徒懂得尽心尽力地为道场添油香，能干的僧侣设法以服务奉献为信徒添油香。彼此添油香，是多么美好的互助因缘啊！

学佛要学吃亏

一九四一年我受具足戒时，得戒和尚若舜长老在教礼时和我们这群新戒说：“你们出家受戒要学的东西很多，最重要的就是要记得学佛，要学吃亏。”这一句话我谨记在心，对于我一生的做人处世有很大的受用。

说到吃亏，大多数的人不喜欢，因为人都喜欢讨便宜。我们不妨想想，如果别人的便宜给你讨了去，他就非得要吃亏不可，世间哪有给你永远占便宜，别人永远吃亏的事情呢？如果我们仔细观察那些贪婪无厌、喜欢占便宜的人，其实到头来真正吃亏的人，必然是自己。像现在社会上被金光党骗财的人，大都懊悔一时的利欲熏心；反观一些看起来吃亏的人，结果才是真正占了大便宜。

像大禹治水，三过家门而不入，因为他为民谋福，宁愿自己吃亏，但到最后，大家公推他为帝；著名的“管鲍之交”，旁人都说管仲在占鲍叔牙的便宜，但是鲍叔牙却处处为管仲说话，后来还推荐他做宰相。然而从另外一个角度来想，正因为鲍叔牙肯吃亏，所以不但交到一个好朋友，而且为国举才，利益了全国人民。我们看中外历史的忠臣义士也是因为肯吃亏，结果救国救民，力挽狂澜于既倒，而自己也能流芳百世，永垂不朽。所以，讨便宜未必真讨便宜，吃亏也未必真吃亏，真正来说，吃亏才是在讨便宜。

我有幸亲承若舜长老的教诲，在丛林参学时期就体会到吃亏的妙用。记得那时大家都很穷苦，我每次得到一点什么东西，宁愿自己没有，也要分给同参道侣；目睹烧水、行堂等工作必须起早待晚，花费劳力，没有人愿意承担，我就自动挑起来做；听到师长同学有什么困难，我也毛遂自荐，设法帮助；甚至有时候同学们做错事，担心他们挨罚，我还自愿代受处分。也曾有年长的同学劝我："你这样会吃亏的啊！"但我谨记着若舜长老的话。结果几年之后，像我这么一个头脑并不聪明，又没有受过什么正规教育的乡下孩子，居然学习到许多做事的技巧，也锻炼出强健的体魄来，我对"学佛要学吃亏"这句话更加增长了信心。

直到现在，我虽然年逾古稀，无论做什么事情，我仍然一马当先，甚至还做"不请之友"，指示徒众安排我多教一点课，让我多做一点事。我始终认为，一个人的辛苦，只要换来大家的欢喜，何吃亏之有呢？

我不但宁可自己吃亏，多承担一些事情，有时也会给人冤枉，受诸多委屈。自己只要自觉心甘情愿，没有什么事情不可承担，而且经常拣别人不要的来做。一九四八年，南京华藏寺的住持将寺产几乎败光，世局又动荡不安，佛教界没有人愿意接管这个烂摊子，眼看这间寺院就要被地方恶霸占去。刚好我和一些同道们从宜兴来到南京，听说此事，便提议和寺方接洽，结果在荫云和尚的撮合下，接管了华藏寺。我们排除万难，整顿僧纪，并且兴学校，办工厂。在这段期间内所吸收的行政经验，对于我后来建寺办学都有着莫大的助益。

到台湾来的因缘，也是由于不怕吃亏而捡来的便宜。一九四九年春，智勇法师组织了"僧侣救护队"，临时退却，我那时连台湾在哪里都不知道，但是看到"僧侣救护队"群龙无首，即将散失，便自告奋勇，负责带队，就这样，我与一干人等来到了台湾。

当时台湾的佛教被列为神道迷信之流，地位十分低下，尤其从大陆来的僧侣，三天两头就被抓去盘查询问，甚至锒铛入狱。许多人开始另谋出路，我也曾打算到其他地区，如香港、马来西亚、瑞士等有因缘的地方，但是好不容易筹足了路费之后，听说一些同道有的没有身份证，有的没有入境证，无法在台久居，也急于到其他地方去。我心生不忍，于是将仅有的钱分送给他们做盘缠，自己继续留在台湾。没想到后来居然能在这里结了许多法缘，开展出另外一片天地，俗语说："塞翁失马，焉知非福？"我一直相信：随顺因缘，助人为先，"因果"必定不让你吃亏的。

四十多年前，地处台湾东北的宜兰还是一个没有开发的乡镇，从台北前往宜兰必须搭乘四五个小时的煤炭火车。到了宜兰，因为要通过二十多个山洞，所以脸庞、耳朵、鼻孔全都沾满了黑色的煤炭，再加上那里生活条件很差，请来的法师没有一个愿意待在那里弘法，因为连上一个厕所都要行走二十分钟到火车站去方便。我知道以后，便束装前来，就这样，我在宜兰一待就是数十年，至今户口仍在宜兰。虽然创建佛光山，但从来没有离开的念头，我在这里建讲堂，设立幼稚园，成立佛教歌咏队、弘法队、学生会、儿童班，成为新佛教发展的基础。我想当初如果害怕吃亏，继续待在人文荟萃的台北，可能就不容易有如此的成就，台语有一则俗谚，说："佛祖疼憨人。"大概就是这个意思吧。

一九六七年，褚伯思夫妇将全部资金投资在高雄大树乡的一块丘陵地上，想要开建一所海事专科学校，结果和合伙人意见不合而作罢。但这块地因土壤贫瘠，麻竹遍布，高低不平，到处兜售都无人肯买，褚氏夫妇一家老小的生活，甚至债务，顿时面临问题。我知道以后，为了替他们解危，立即让售高雄市中山一路三十四号佛教文化服务处的房屋，以所得款项买下这块丘陵。闻者莫不说我是个傻子，因为一来，我和褚氏夫妇素昧平生；二来，这两块地的价值简直有如天壤之别。我力排众议，节衣缩食，搭草寮，开荒地，三十多年来，在这里奠定佛教文化、教育、慈善、弘法事业的基础，这座当初没有人要的丘陵，就是现在封了山大家还设法要来此一看的"佛光山"。直到如今，我们每个周末所举办的假日修道会，都是上千甚至数千人从台湾各地前来参加。回想当初种种，不禁礼赞若舜长老那句"学佛要学吃亏"，真是一句掷地铿锵的至理名言。

一九九六年，嘉义某管理学院虽申请立案，但没有经费开工建筑，不知如何是好，探询佛光山有没有接办的意愿。那时我们正在宜兰礁溪林美山探勘地形，筹建佛光大学，无论在财力、人力、物力等方面都十分吃紧，许多人劝我："如果另外再接办一所大学，恐怕十分困难。"但是我仍然坚持己见，付费接管，一面接下待建的工程，一面和有关部门进行申请开学事宜，一年不到，崭新的南华管理学院成立，两三年来，不但办学风评甚佳，而且已经举办了多次的国际学术会议。这又证明了，只要你心存正念，即使吃亏，也没有什么办不成的事情。

从华藏寺到僧侣服务队，从大陆到台湾，从台北到宜兰，从佛教文化服务处到佛光山……回想我和每一个地方的因缘几乎都是将别人不要的拿去做，但我都能做得不负众望，不仅将佛教发展到五大洲，而且为佛门办了许多事业；从普门中学到南华管理学院，我也是咬紧牙关，接下别人未完的事业，虽说是多少血汗，多少辛苦的结晶，但能为佛教界、教育界竖立一个现代化、国际化的形象，不也是意义非凡吗？所以，后来我常教导弟子们不要怕吃亏，多承当，多担待，正好可以考验我们的信心，我们的慈悲，我们的道念，我们的能力。

中国有一则故事，叙述阎罗王审判两兄弟，问他们将来投胎为人，要做受的人生，还是给的人生。哥哥说：希望能做一个为人付出的人；弟弟说：希望能做一个接受别人所有的人。后来，阎罗王依照他们的愿望，哥哥投生在一个富贵人家，终其一生乐善好施；弟弟投生在一个以乞丐为生的人氏，终其一生皆以乞讨为业。这虽是一则寓言，但也说明了：一个人懂得付出，不计较吃亏，才能拥有一个富有的人生；一个人如果锱铢必较，只知道接受，却吝于付出，必定是一个贫穷的人生。中国有一句俗话说："吃亏便是福。"真可以说是先人智慧的结晶。

我经常怀念和煮云法师之间数十年不变的交情，他过去和我在一起旅行，坐车、住宿都是我去付钱，可是一到了吃饭、照相，他都抢先中间座，走在前面站。有人说他喜欢讨我的便宜，但我却心甘情愿地吃亏，而且很喜欢他讨我的便宜，因为我很体谅他青少年时穷久了才会如此，更何况他真情善良，没有心机，甚至经常对我的弟子说："煮云没有福报，有的东西也守不住，不像你师父，到哪里都能所愿成就。"其实我的所愿成就也都是从吃亏来的。

记得四十多年前在宜兰弘法的时候，每逢法会，我都请前来参加的信徒们顺便在寺院用斋。那时大家的经济都不富裕，许多人携家带眷来吃斋饭，才添几角的香油钱，因此每次法会办下来都入不敷出。有些人就劝我不要办斋，但我还是宁愿自己吃亏，结果一次一次办下来，信佛教的人越来越多，像依空、慧龙、李宗德、林清志、杨梓滨等，那时候都还是小孩子，由于曾经结下这段法缘，他们长大之后，有的跟随我出家，有的在各地帮我办佛光会，实在是当初始料未及之事。所以后来佛光山各别分院的住持、当家向我抱怨，许多上班族的人在吃饭的时间总喜欢到寺院来赶斋时，我总是告诉弟子们："人家肯来吃饭，是看得起我们，我们应该感谢他们给你添福的机会。"

佛教的出家人有两种不同的方向，一种是弘法利生，一种是经忏佛事。一般人很感谢经忏佛事的法师，一堂功德佛事下来，不但磕头跪谢，还自动送上红包供养。但是对于弘法的法师，一般人比较不了解他们的重要性。尤其在以前民智未开的时代，你要弘法，不但自己要花钱租场地，装电灯，还得拜托人去听你讲经。他们来听经，你还要感谢他们前来捧场。

由于弘法利生看起来是一条很吃亏的路，所以过去很多出家人不喜欢发心弘法。但我却认为弘法是佛教的根本，因为菩提种子一旦撒播出去，将来的收成必定不可限量。所以我宁可自己小小牺牲，也设法到各处去弘扬佛法，而且办理免费的佛学班、夏令营等，结果接引了许多知识分子前来信仰佛教，我们一起奋发努力，将台湾的佛教从老年的佛教带向青年的佛教，从迷信的佛教带向正信的佛教，从拜拜的佛教带向闻法的佛教，从寺院的佛教带向会堂的佛教……这不全都是肯吃亏得来的成绩吗？

慈航法师曾说："如果你和哪个人过不去，就叫他去办学或办杂志。"而我在全世界，寺院建了一百多间，国际佛光会在世界各国重要定点都成立有总会、协会一百五十多个，由佛光会办有中华学校、《佛光世纪》以外，也已办了十六所佛教学院及中学、大学、杂志社、编藏处、经典翻译中心等，虽说是多少血泪辛酸，但是为社会培养了多少人才，为佛教扎下了多少的基础，这些事情深远的意义不是只看表面的吃亏所能计算的。

尽管我为了佛法的弘扬，为了大众的利益，做了许多吃亏的事情，但了解吃亏三昧的人还是不多。像南华管理学院创办之初，我就规定不收学杂费，一些学者认为办高等教育应该采取高学费制度，让有经济条件的人来读书；

也有许多关心佛光山的人恐怕这样一来，我们要担负更多的银行债务。但我觉得佛法之前，人人平等；大学之前，也应该让人人有机会读书。

我经常看到许多清寒子弟虽然资质优秀，但是因为学费太高，只好望着大学的门槛兴叹，心里觉得很可惜。再说，现今的时代，功利主义挂帅，连教育都变成一种商业交易，长久以来青年学子缺乏感恩的美德，所以我也想换一个方式来引导社会的风气。基于这许多理由，我还是坚持实行不收学杂费的制度，一年之后，我就收到学生的感谢函，最难得的是，我在学校举办成年礼的时候，许多青年学子都自动报名来参加，这在过去几乎是不可能的事。我不在乎将来他们是否信仰佛教，但是我想如果莘莘学子能在这所学校的教育下，建立正确的人生观，甚至社会大众能因此对经济价值观念重新思考，估定了解吃亏哲学的美妙，那我就可说是“赚”到了。

一向以来，对于佛教界的事情，我即使自己生活困难，也设法予以支持。近十年来经济比较宽裕，我经常开办僧伽讲习会、寺院讲习会，不但将自己的经验倾囊相授，而且还将一套套新编的藏经、《佛教丛书》送给大家，连弟子都在笑我又在做吃亏的傻事。而我则认为与其自己珍藏，不如供养一切有心人士，让所有的寺院都能具备健全的制度，让所有的佛教徒都能拥有正确的理念，让大家都一起来光大佛教，弘法利生，让整个社会风气改良，人心净化起来，不是一件很美好的事吗?

我不但经常资助佛教寺院及其他公益社团，也劝信徒对他们作一些布施。弟子不明白，问我:“佛光山的建设需要那么多的经费，你还教信徒捐给别人，不是白白吃亏了吗?”对于这个问题，我的哲学是:“该是你的，即使吃亏，还是你的。”

记忆最深刻的是数年前，我将天下文化出版公司给我的版税捐给花莲基督教门诺医院，信徒知道以后，纷纷赞叹，我告诉他们:“你们也可以捐给他啊!”像罗李阿昭居士依言捐献之后，看到我要开办佛光卫视，更加感动，所以掏出不止数倍的钱给我作为电视台的筹备基金，甚至张姚宏影、陈郑秀子、薛政芳等人，一个个跟进。所谓“我为人人，人人为我”，世间一切诸法本来平等，不增不减。吃亏，即非吃亏也。

目前，社会上有许多人觉得拜神比信佛好，因为拜神可以向神明祈求功名利禄，佛教却教人要布施喜舍、忍辱负重，这些看起来都是让自己吃亏的事情。其实，凡事皆有因果，布施、忍辱，看起来是别人占便宜了，其实自己才是真正的受益者。像我终生都因为吃亏而让我的佛道更上一层楼，因为吃亏而使得佛教事业更加兴隆发达。所以，在此奉告大众：吃亏不但是修行最讨巧的方式，也是做人处世的不二法门。

六根互用

佛教认为人生和宇宙之间的关系，是由六根、六识、六尘互相牵连而成。根，有生长的意思。六根，指眼、耳、鼻、舌、身、心六种能生起感觉的器官。尘，是动摇、污染的意思。六尘，指色、声、香、味、触、法六种能污染身心，并且动摇变化的境界。识，是认识、了别的意思。六识，指眼、耳、鼻、舌、身、心六根，和色、声、香、味、触、法等六尘接触时，所产生的眼识、耳识、鼻识、舌识、身识、心识等六种认识、了别的作用。因此，以现代的话来说，六根是生理的器官，六尘是物理的世界，六识是心理的作用，三者构成了整个世界。其中，六根追逐六尘，而后产生六识，所以“六根”又常被称为“六根门头”，意谓六根居于守门的地位，其重要性可想而知。

一般人都认为“六根互用”是诸佛菩萨才具有的能力，其实，诚如《华严经》所说：“心、佛、众生，三无差别。”众生本来就具有“六根互用”的潜能，因此有些人经过练习之后，不必用耳朵听声音，眼睛也可以看出声音来；肉眼即使没有接触，身体也能感触到外境的状况，像聋子，虽然听不到你的声音，但是看到你嘴唇动的样子，也能会意明白；盲人，虽然见不到东西，但是靠着触摸，也能了解周围环境的状况；哑巴，虽然不能讲话，但是借着比手画脚也能沟通彼此的情谊；一些口足画家，虽然身体有着某些残缺，但是靠着其他健全的器官，也能谋生自立。修行到某种程度的人，就更不用说了，像文殊菩萨能看出八岁龙女具有龙象之资，奕尚禅师能从森田敲钟的声音中听出他是佛门栋梁，云盖守智禅师从洞山克文的臭布裙中嗅出真理的法味，珠光禅师能尝出“无心之茶，柳绿花红”的色味，这一切都说明了有办法的能力。经典里说观世音菩萨耳根圆通，可以用观看声音的方式救苦救难，更是众所周知的事实。依据我多年的佛法体验，有办法是经由练习、修行得来的功夫，对我们人生的扩大、升华有很大的助益。

有趣的是，不但人类具有六根，如果我们仔细观察植物，将可以发觉植物虽然只有生机，没有生命，但是它们也具有六根的功能。像一些爬藤植物，有的攀着墙壁往上爬升，有的缠绕着其他的大树，作寄生的发展，你能说它没有眼睛的功能吗？花草树木如果经常听到优美的旋律或主人的称赞，就会长得茂盛青翠，这不就相当于耳朵的功能吗？植物有光合作用，而且在空气污浊的城市里，长得比较干瘪瘦小，如果罩在没有空气的地方就会死去，可见植物也有鼻子的功能。植物吸收土里的水分和养分才能活下去，好比人要进食喝水一样。植物如经移植，会产生水土不服的现象，中国有句话说：“橘逾淮而北为枳。”不也证实了植物有身体的功能？根据科学家实验，如果有人拿起斧头作状要砍杀植物，甚至只是心里在想，而未行诸动作，植物内部都会显示明显而高亢的波动，这不也类似植物有心的功能吗？

至于动物，和人类一样具有六根，而且有些比人类更出色，像蚂蚁，能以嗅觉辨识路径，知悉安危，以触角分辨食物，知道敌友；鸽子具有良好的记忆力，在通讯不发达的时代，就是靠它来传递书信；狗的听力奇佳，所以常被训练用来寻找逃犯、失物、毒品、炸药等。这些都是人类所不及，但是因为人类联想、推理、分析、综合的能力比较强，所以便自称为“万物之灵”。

“六根”如同家族的联合国一样，不但彼此合作，有时还能相互为用，例如，耳朵突然听到了什么声音，眼睛就会帮忙朝着声音传来的方向看；鼻子感觉不到的特色，可以用舌头尝一尝味道；眼睛看到远处有什么好东西，手就要去拿，脚也会帮忙走过去；身体上破了一块皮，马上眼睛看，手去摸，各种感官都会给予帮忙。

可惜的是，人类往往由于不能善用六根，而为自己带来很多烦恼，甚至惹来杀身之祸。例如，眼睛喜欢见到美色，耳朵喜欢听闻好音，鼻子喜欢嗅到香味，舌头喜欢品尝珍馐，身体喜欢触感细滑。如果顺从己意，就贪着执取；如果违逆己意，就嗔怒怨恨。我们的情绪在这喜恶之中，每天不知波动起伏多少次。其实，事物本身没有美丑净秽之别，分别往往来自我们主观的感受，例如臭豆腐，喜欢吃的人吃得津津有味，不喜欢吃的人，则避之唯恐不及。明月出云，在情侣看来诗意盎然，在小偷看来是破坏好事。

此外，同一个人对同样一件事，在不同的情境下，也会有不同的感受。例如，我们高兴的时候，整个世界都很顺眼；生气的时候，看到什么东西都讨厌；悲伤的时候，目睹花儿也会落泪；恐惧的时候，一点点事物也可以引起惊惧。像“杯弓蛇影”、“风声鹤唳”、“草木皆兵”、“望梅止渴”等中国成语故事都足以说明六根的感觉虚幻不实。

曾经有两则很有趣的故事，生动地刻画出六根是不可以全然依恃的：

第一则故事是说，日本人侵略中国时，重庆方面接获情报：“日本来了一架飞机。”电话的另一头急切地问：“你再讲清楚！是多少架飞机？”“是一架。”结果,传到第二个人时,“是一架”被听成“十一架”;再传到第三个人时，“就是十一架飞机”被听成“九十一架飞机”，就这样，才一会儿的工夫，敌机的数目膨胀了九十倍之多。

第二则故事是说，有一个士兵提着两只鸭子走进办公室，当他看到平日不苟言笑的长官时，心情突然紧张起来，结结巴巴地说道：“报告鸭子，抓了两个营长来了！”周围的人哄堂大笑，士兵这才发觉自己说错了话。

六根就是这么淘气，经常地愚弄着我们。我们常听人说：“这件事情是我亲眼看到的！”“这件事情是我亲耳听到的！”“我明明是这样讲的，对方怎么会听错？”“我明明是这样做的，怎么结果会那样？”其实，即使是亲眼看到的，亲耳听到的，也不见得正确；亲口讲出来的话，亲手做出来的事，也不一定符合自己的原意。我们必须找出一个究竟的方法，来弥补六根的不足。

佛陀将我们的身体比喻成一栋房子，如果像主人翁一样的真心无法管辖这个房子，让六个像盗贼一样的六根住在里面，就会不得安宁。唯一的解决之道，就是唤醒沉睡已久的真心，叫他做好自己的主人翁，调御六根的盗贼成为自己的家兵家将，就能太平无事了。有些人没有抓到要领，以为将六根压制，不让它们为非作歹就好，其实这就好比将六个盗贼全都关起来，只能收一时之效，一旦释放出来，恶性未改，依旧会起惑造业。

过去有一个仙人收了两名徒弟，跟着他在深山里修道，仙人为了让徒弟早日证得仙果，从小就将他们与外界完全隔绝。等到两人长大的时候，仙人为了想要试验他们的道心，将他们带到一个热闹的都市里去。

"师父！那是什么啊？"小徒弟指着一个婀娜窈窕的妙龄女郎问。

"吃人的老虎！"仙人说的时候，看都不看一眼。

回到深山以后，仙人问这二个弟子："徒儿啊！你们今天下山走了一趟，觉得什么东西最好看？"

没想到两个徒弟都异口同声地答道："吃人的老虎最好看！"

经云："善恶是法，法非善恶。"俗谓："解铃还需系铃人。"既然是六根攀缘五欲六尘闯出来的祸，我们就必须引导自己的六根，超越五欲六尘的善恶，启发本自具有的般若智慧，来达到明心见性的目的。古时的禅宗大德用作务、问答、棒喝、参话头等教育方式，无非就是在借此让徒众们斩除迷执，断惑证真。今人所实施的视听教学、互动教学等等，固然在科技的运用上，或许更胜一筹，但论及实效，却不如祖师大德的教法灵活，直指人心。

记得我十二岁出家时，师长们就教我们要闭起眼睛，练习眼观鼻，鼻观心，结果观久了以后，连上下台阶，拐弯抹角，都可以不用眼睛看，用心观照就可以感触得到。有的时候，老师又要我们眼观六面，耳听八方，并且即席点名，问你问题，让你不得不振作精神，提起意志，强行了知周遭的环境。这样训练了一段时日之后，我的心思变得细密周全，六根也变得机警灵巧起来。

有了这些体验之后，我知道六根并非生来如此，可以经由训练来增强能力，所以我很认真地学习。例如，我最初看报纸的时候，觉得内容很多，但仍然坚持自己在繁忙中抽空读完，一段时日以后，阅读速度自然增快，如今，报纸一摊开，岂但是一目十行，简直是一目了然。我曾经担任过六年的《人生》杂志编辑，刚开始学习校稿时，也是备觉辛苦，甚至看上好几遍，都校不出错字，但进入熟练情况之后，就十分驾轻就熟了，错字好像会自己浮现出来，告诉我：它就在这里。我读书、写作的时候，经常专心到废寝忘食，往往另外一件事情进来，才醒觉过来，但是竟然一点也不觉得饿，也不想睡，这才想起小时候常听人说："我看饱了！""我听饱了！"原来，目看、手写、心想真的可以当饱。我平常睡眠不多，然而一旦决定要睡，无论行住坐卧，都可以入眠，不但不会受到外界干扰，而且时间一到自己就会醒过来，心里好像有一个时钟似的。随着年龄的增长，我更体悟到：六根、六尘、六识，诚如《楞严经》所说，是真心一念不觉才有的妄想分别，如果我们能够泯除对待，去妄归真，则朗朗乾坤就在当下。

常有人问我："怎么能同时处理那么多的事情？"这就是有办法的功夫了！回想我在佛学院就读时，最高兴的事莫过于到斋堂行堂，为几百个人添饭加菜了，因为我可以一次舀出适当的分量，很准确地放在每个人的碗里，不让一粒米饭、一滴菜汁流到桌子上，也能够很迅速地完成任务，让大家吃得欢喜。最让我得意的是，我可以一面手动脚走，一面感受周遭的情况，一面想计划，打腹稿。我发觉一旦心灵保持清净安详，眼、耳、鼻、舌、身、心六根既可以个别活动，也可以互相协调。及至年长，经过世事磨炼，书本上的知识稍能融会贯通，成为活的学问，因此我在开示的时候，即使没有准备，内容和事例也会如镜花水月般浮现脑海，脱口而出；我在开会的时候，能够一面看文件资料，一面听人发言讲话，一面想着如何裁决。后来法务倥偬，身边总是围了一堆人，吃饭也不得闲，边夹菜，边听讲，边回答，还得边招呼新来的人坐下，但是我都能忙中有序，提纲挈领，把事情一件一件解决妥当。

此外，我能用眼睛一看，就看出来者的心事；用耳朵一听，就听出报告的重点；很多人来我这里，责怪某甲不对，我却可以从话里面得知某甲的优点；有些事情被大家所否定，我却能够一语道出它的重要性。像园艺组每次剪树，总有人向我投诉，说他们破坏了庭园的美感，我默不作声，因为我知道台风侵袭的时候，大家一定会看出他们的功劳来。过去有一个沙弥，大家都埋怨他不够庄重，脾气又大，建议常住开除他，但是我却看得出他很聪明，假以时日，必定会走出一条路来。果然数年前，他为教界一位长老完成了全集的电子书。

禅门里有一段故事，即使在今日的社会仍富有启示的意味：有一天，玄沙师备禅师向大众开示时，说道："诸方长老大德常以弘法利生为家业，如果说法的时候，遇到盲、聋、哑这三种病人，要怎么去接引他们呢？假如对盲者振犍槌，竖拂尘，他又看不见；对聋者说任何妙法，他又听不到；对哑者问话，他又不会言表，如何印可？"大家听了，都不知道如何回答。

其中的一个学僧就将这段开示向云门禅师请益。云门禅师听了以后，即刻说道："你既然请问佛法，应该礼拜！"学人依命礼拜，拜起时，云门就用拄杖向他打去，学僧猛然后退。

云门说："你不是盲人嘛！"又大叫："向我前面来！"学人依言前行。

云门说："你不是聋子嘛！"停了一会儿，又问："你懂吗？"学僧回答："不懂！"

云门说："唉！没有盲、聋、哑的人，如果有，你才是真正盲、聋、哑的人。"学僧闻言，若有所悟。

社会上有许多人本来不聋、不盲、不哑，却因为心地不明，以致成为盲、聋、哑者，更有甚者，闻善言而不着意，见人好而不欢喜，口里说不出好话，不是比聋子、盲人、哑巴还不如吗？反观海伦•凯勒，既聋又盲，却能够凭着学习的毅力，成为世界闻名的教育家。她利用鼻子的嗅觉，可以判断自己到了哪一个国家；她利用手指的触觉，可以感受到音乐优美的旋律；她虽然六根不全，却能做到有办法，造福社会。有人说："健康就是财富。"但许多人往往拥有了宝贵的财富，却不知善加珍惜，为大众创造幸福的生活，比起海伦•

凯勒，岂不汗颜！所以，我更加勉励自己要慈眼视人，察纳善言，勤说佛法，多做佛事，永不休息，好让我笨拙的六根为世间留下善用。

我趁云游世界弘法之便，参观过各地的名胜古迹，每次六根融入久远时空的那一刻，我往往情不自禁地和历史人物同悲同喜。所以，当人们对于法门寺地宫的香光庄严叹为观止时，我却依稀感觉高僧大德焚身殉教的烈火迎面而至；当人们对于罗马技击场的雕梁画栋称许不已时，我却好像嗅到君主暴政的血腥扑鼻而来；当人们对于伦敦塔桥的古意盎然流连欣赏时，我却似乎看到骨肉阋墙的悲剧历历在目。如今世界上许多地方仍烽烟四起，战祸不息，我常在想：时空轮回数百年之后，今日的人将是明日的成堆白骨，但人类是否记取了教训，达到世界和平的境地呢？念及此，我更加发心地弘扬真理，甚至发愿生生世世永做和尚，度化众生。

从乡村到都市，从国内到国外，每一场的弘法，我无不是有办法，尽心尽力。虽说如此，每年我在香港红磡体育馆讲经，一听说万人以上，座无虚席时，我都感到无比惭愧，因为我看到大家伫立在寒风中排队索票，冷在他们的身上，却也冷在我的心中；每年我在台北“国父纪念馆”说法，面对听众热情闻法的时候，我更觉得赧然以对，因为我看到许多人因为位子坐满了，有的贴墙而立，振笔疾书，有的站在外面听广播器传出来的声音，辛苦在他们的脚上，却也辛苦在我的心里。所以，我衷心希望大家不要只听到我在麦克风里传出来的声音，要用心耳听听我心里的声音；不要只看到我在台上说法的情景，要用心眼看看台下闻法者的虔诚；不要只赞叹我一个人讲经的辛苦，要赞叹所有人的共襄盛举；不要只将法喜留在现场，要将法喜带回大家的家里。

“善于将六根互相为用”的人，就能够扩大自己生命的领域，因为从一沙一石中，我们可以看到无限的世界；从飞湍鸣涧中，我们可以听到真理的声音；从刹那法缘中，我们可以感受永恒的未来；从明月清风中，我们可以体悟清净的自性。所以从今天起，让我们一起以六根来创造我们的净土，让我们共同用六根来散播欢喜的种子，让我们将来都能享有丰盛的菩提花果！

行善与教化

一九九九年，我已经度过一个甲子的出家生活，假如有人问我："为什么要出家？"我会回答："为了圆满人生，做个好人。"他若继续问我："如何圆满人生，做好人呢？"我会毫不迟疑回答他："行善与教化。"的确，回想起来，行善，是我这一生努力的目标，教化，是我们出家人对社会应有的责任。"行善与教化"可以说就是我一生努力的目标。

仔细回忆起来，影响我行善性格最多的人，是我的外婆——刘王氏老太太；培养我教化责任感最大的，是我剃度的恩师——志开上人。虽然我生长在农村的家庭，但我从小就有慈悲的性格，见到一个穷苦的人，我会心生怜悯，恨不得将自己所有的东西掏出来给他；即使听到山上一个老公公可怜的故事，我也当真地想尽办法去救济故事里面的主人公；对于小动物，如小猫、小狗、小鸟、小鸡等等，我更是爱护有加，甚至经常为了它们的饮食，自己都忘记了吃饭，家人中只有外婆赞美我，说我有慈悲心。及至今日，我虽做不到舍身救世的言行，但对一些小事小善，我确实喜欢周济疾苦，予人方便，想来与外婆的鼓励有十分密切的关系。

出家以后，师父志开上人要求我勤于读书、写作，培养聪明智慧，并且告诫我立志将来要讲经说法。记得有一回夜行，我打着灯笼为师父照路，师父指着微弱的灯光，说道："我不希望你用灯光来为我照路，只希望你将来能用佛光照亮世人。"后来我在焦山念佛学院，他在栖霞山，一听说我写了文章在报纸上发表，马上就叫人坐火车到镇江购买这份报纸；他一知道我在哪个场合参加学生讲演比赛得了奖状，也写信叫我将讲稿寄给他看。有感于师父对于我的爱护与期望，当我在台湾把《释迦牟尼佛传》完成之后，马上寄了第一本给他老人家评阅。后来听说师父被列为批斗的黑名单，不知与我寄书是否有关系；但他收到以后，仍设法将他的欢喜与欣慰写在香烟的锡箔纸上，托人带来给我。我接到他的音讯，真是感激涕零。此后，我对于外婆鼓励我的慈悲及师父鼓励我的教化度众，更坚定誓愿一生奉行到老死为止。

为了实践行善与教化，我总是努力告诉自己要勤行效法诸佛菩萨“福慧双修”与“悲智双运”的精神，因为行善要有福德慈悲，教化要有般若智慧，才能广度众生。

所以，数十年人生一路走来，有人主张放生，我就举办放生法会，但是我觉得在放生之后，更要紧的是“放人”。多少人在水深火热中，等待着我们援助；多少人在饥寒交迫下，等待我们救护；多少单亲家庭需要春风吹拂；多少孤独老人等待暖流到来；多少四肢不全的伤残人士，需要阳光；多少家遭急难的不幸者，盼望援手。所以我对放生行善的观点，总觉得行善也是教化人间。

有人说为人看病很重要，我也成立诊所医院，为穷苦的人免费诊疗，但我觉得佛教的使命，治心比治身更重要，所以我设立云水医院，不但送医疗到偏远地区，而且派有善说佛法的法师随队出诊，随机、随缘为病患解答生活疑难，做心理上的辅导及开示。因为我觉得，心病好了，会增进身体的健康。

有人说养老育幼很重要，我也办养老院、孤儿院、托儿所、幼稚园，但是我觉得并不单养老育幼重要，生、老、病、死都是人生重大的问题，所以我开创佛光山的时候，决定要将人一生所有生、老、病、死的问题都能用佛法解决，让佛光山的内容，可以成为“人一生的慧命之家”，甚至我鼓励大家应当今世往生佛光净土，不必等到来生。

说到教化，有人说兴学、出书很重要，我不但兴建佛教学院，培养弘法人才；兴建普通小学、中学、大学，培养社会人才；办理佛教杂志，弘扬佛陀的真理；开设佛教出版机构，宣扬佛陀的法音；我更觉得应该进一步效法佛陀的观机逗教、应病与药及观音的普门示现、随类应化的精神，关照到所有不同层次，不同需求的众生。因此，对于喜欢念佛的信徒，我为他们组织念佛会；对于喜欢参禅打坐的信徒，我为他们设立禅堂，开办禅坐班；对于想要学习各种技艺的信徒，我为他们开设佛教插花、素食烹饪、书法抄经等班级，让他们在学习的同时，也领略到佛法的奥妙；对于前来拜佛，而不知如何安顿儿女的信徒，我举办儿童班、安亲班，让他们无后顾之忧；甚至看到有些信徒前来道场，既不是来拜佛，也不是来求法，而是心中有苦闷，想要找人诉说，我就设立客堂、谈话室、心理咨商，让他们前来倾吐心事，并为他们解决烦恼；看到有些信徒只是来寺院喝茶参访的，我就设立滴水坊，并且安排知客带领他们参观；看到有些信徒只是想来品尝素斋的，我就设立会馆餐厅，招待可口的素菜……甚至我标举“给人信心，给人欢喜，给人希望，给人方便”作为佛光人的工作信条，无非都是基于效法诸佛菩萨行善的慈悲，行教化的方便。

对于徒众，我也是量才为用：长于慈悲心的，我都鼓励他们从慈善事业；长于口才的，我就鼓励他们从事各种教学；长于行政的，我就安排他们到各教会去服务。就这样，各方的救灾救难、养老育幼、急难济助、家庭辅导、残障关怀、社会教化、监狱弘法、学院教书以及各种慈善、教育、文化、福利事业兴办起来。我们积极从事的原因，为的就是要让世间行善的人越来越多；甚至对于一些思考文才的青年学子，他们的思想灵活，智慧见解过人，我就鼓励他们著书立说，弘化十方，以实践佛陀示教利喜的本怀。

我抱持着“不舍一件善事，不舍一个众生”的理念去做事，常常最初得不到共鸣，但最后总能让大家明白我的苦心没有白费。佛光山刚开山的时候，经常有人将路边捡到的小孩送来山上，因为他们的到来，必须要到户政机关设立户口，但因没有人敢收养，我就叫他们登记在我的名下，跟着我俗家的姓，全都姓“李”。现在他们都成家立业，不但没有增加我的负担，而且生活幸福美满，令人欣慰。高雄县设立约可以容纳两百个老人的崧鹤公寓，要交由我认养照顾，许多人都和我说：“这可是一项很大的负担啊！”数年后一次供僧法会中，忽然看到许多七八十岁的阿公、阿婆们也走到台上表演唱歌、舞蹈，一副豁达开朗的样子，经司仪介绍，才知道原来都是老人公寓的居民，让大家看了都觉得感动不已。

与教化比较起来，行善实在是很容易的事情。我在佛光山建寺安僧、弘法度众、办学校、办杂志、发展文化教育，都是捉襟见肘，“日日难过，日日过”，但是办慈善事业却可以让我在紧急迫切的时候，得到及时多方的资助，例如，有一次佛光山支不出工程款，在万不得已的情况下，只得和“宜兰仁爱之家”借了五十万元，后来负责人一再向佛光山提醒，那种逼债火急的样子，虽然让人生气，却也感到我平日行善助人，能在紧要的关头得到慈善事业资助，心中还是十分安慰。

记得多年前，朝山会馆的服务小姐向我抱怨，许多信徒在朝山会馆吃完了饭，却将油香钱拿到育幼院去捐献，我安慰他们：“行善与教化都是度众的法门，不要因为捐献的去向而妄分彼此。”虽说如此，但是从这一件小小的事情上，就可以看出社会上一般人对于慈善事业的偏好。究其原因，不外是因为人人都能布施行善，人人也都能接受布施行善；但不是人人都能从事教化，也不是人人都能接受教化。

尽管有人行善后悔，慨叹“善门难开，善事难做”，其实行善只要随心随力，不望报答，实在是一件很美好的事情。例如，当大家看到生物学家将老虎、狮子养大之后，放回山林，那种欢喜踊跃的样子，不正说明了行善乃快乐之本吗？

不久前，圣地亚哥动物园花了数百万美金，将威鲸送回冰岛的家乡，引起了世人一致的喝彩，成为大家茶余饭后谈论行善的花絮。我也常常将被风吹落地面的小鸟拾起来抚养，将找不到妈妈的小松鼠捡回去保育，为它们取名为“满天”、“满地”，虽然它们长大之后，我都放回自然，任其遨游，但是多少年来，心中的祝福欢喜仍然不减。教化就困难多了，不但要观察众生的性格，耐烦地应机施教，而且往往好不容易度化了一个人来学佛，但就因为一件事情不能顺应他的心意，而前功尽弃。姑不论吾等凡夫福薄慧浅，即如大圣佛陀度众何止千万，但对于城东老母，虽然想尽办法，种种教化，还是无法接引她得度。对于提婆达多，虽然佛陀也是谆谆教诲，循循善诱，也无法抑制他累劫以来贪婪私心的习气，只有忍见他堕入地狱受苦受难。

虽说教化如此困难，诸佛菩萨及历代祖师大德们仍不减悲心，孜孜矻矻，行化各地，弘法度众，这是因为唯有教化，才能从根本上济助众生渡过苦海，到达解脱的彼岸。

佛世时，善德居士在家中设立大施会，供养各类宗教的出家人及一切贫穷、孤独、下贱乞讨的人，以为功德巍巍，但维摩诘尊者却说："真正的大施会，应该以法施为重，为什么你却只设立财施之会呢？"

印度阇婆国高僧求那跋摩尊者被迎请入京时，宋文帝亲自拜见，并且向他请法，问道："朕想要持斋戒杀，但是朕日理万机，实在难以两全啊！请示大师，我该如何是好呢？"求那跋摩尊者回答："帝王与凡夫的修持本来就因地位不同而有分别。君王拥有天下四海，地位超过世人之上，只要您一句好话、一项德政就能使文武百官、庶民百姓普受利益。这就是真正有意义的斋戒行善。"

可见行善固然要紧，教化更能契合佛心。像我每年在各地救济穷苦，但许多人拿了赈济品之后，不但没有谢意，而且丢下一句："下一次东西要再多一点啊！"那种贪求无厌的样子，真是令人慨然！

我也尽力养老抚孤，但一些人在舒适的生活起居中，仍经常争吵不断，那种嗔心炽盛的样子，委实让人叹息。无怪乎西哲有云："给他一张桌子，不如给他一块木板，教他如何做成器具。"所以，一九八八年，我举办"送爱心到泰北"活动，借着运送物资之便，发起"以设立工厂来代替救济"，承蒙泰北第三军军长的女儿李健圆小姐深表赞同，多次为此到台湾来募款，我也鼓励信徒给予支持赞助，可惜力量渺小如我们，仍如杯水车薪，无法解决问题。我也曾经多次到兰屿、绿岛、小琉球等地举行冬令救济，事后看到当地同胞心灵上的空虚仍然无法解决，令我体会到古人所言"救急不救穷"，诚乃经验之谈，想起"慈济功德会"在世界各处济贫救苦，功德无量，应该也深有同感，希望各界继续给予鼓励支持。

记得有一次信徒座谈会上，陈秋琴师姐举手发问："'行善'与'教化'

孰轻孰重？”慈容法师答道：“行善就好像孩子哭闹不乖的时候，父母塞给他一颗糖吃，使能暂时止啼；教化则好比父母花时间耐心教导孩子做人处世的道理，让他了解什么事情可以做，什么事情不能做。”陈师姐很有慧根，一听就了解到行善与教化的分别，从此多少年来，与夫婿刘招明居士两人出钱出力，护法卫僧，不遗余力。

也有人问我：“从事救济事业和建筑寺院孰轻孰重？”我觉得不必互相比较，因为众生各有所需，吃饭配菜固然可以当饱，喝牛奶吃面包同样也能充饥。我一生在五大洲建立一百多个道场，我觉得都不是居家，而是教化人心的学校，一个灰心失意的人进寺院拜了佛之后，往往能够鼓舞精神；一个事业受挫的人听到法师的一句开示，或许可以重建幸福人生。所以我常说：“寺院像加油站，能为人加油；寺院像发电厂，能为人充电；寺院像百货店，能让各人选取所需的佛法；寺院像医疗所，能诊治心病；寺院像慧命家，能长养心灵所需的养分。”寺院对于一个人如此重要，难道不是在行善吗？因此行善也好，教化也好，在我看来都是同等的重要。

然而，世间就是因为有很多分别，才会产生许多纠纷，如果能将行善与教化看成人之双臂，鸟之两翼，行善与教化不都是一样的吗？像我在荷兰建寺的因缘，是因为当地一个即将临终的老婆婆和儿子说：“如果没有出家人为我往生助念，死了我也不甘心。”后来她的儿子找到罗老居士念经，罗老居士又找到佛光山，千里迢迢请我去建寺安僧；澳洲许景河的女儿发生不幸的意外，中天寺法师给予种种支持，让他感觉到佛寺道场对于当地家庭、居民的重要性，此后学佛更加虔诚；还有许多旅行的人到新西兰有了一些意外，常常得到佛光协会干部们的各种协助，因而激发他们要在各地建寺；旅美企业家陈正男夫妇也是有感于我为他的父亲往生前往诵经祝福，后来不但资助佛光山各地道场及佛光大学图书馆的兴建，而且对佛教的文教事业热心捐输。佛光山许多道场及事业的兴建就这样先从行善开始，能进一步达到教化的功用。

有鉴于行善的重要，我在国际佛光会世界总会下设有“慈善委员会”、“急难救助委员会”，后来，台湾佛光总会里面也成立“慈善委员会”、“急难救助委员会”。有人问我：“为什么设立那么多种慈善的单位？”我告诉他：“行善还怕多吗？”最近巴布亚新几内亚因海啸而造成灾难，佛光会用直升机载救济物品前往赈灾，中南美洲哥斯达黎加、尼加拉瓜等国的风灾，佛光会也几次用货柜运送粮食前往济苦。《华严经》云：“但愿众生得离苦，不为自己求安乐。”但愿这一点点的善心美意，能让他们沾上一点法缘，能让他们生起追求真理之心，从此寻得人生的方向。更祈愿这一点点的财施回向给十方一切众生，让大家能够究竟离苦，共成佛道，则于愿足矣！

总之，行善是教化之初阶，教化是行善之究竟。今天我们的社会所普遍缺乏的，既不是丰盛的物质，也不是繁华的街市，而是行善与教化的心意及行动，所以目前我在各地提倡“三好运动”——说好话，存好心，做好事。如果大家能从彼此的关怀做到彼此的劝勉，从物质的共享做到思想的交流，从慈善的广被做到文教的发展，从环境的美化做到心灵的净化，相信我们的社会必定会更加安定和谐，我们的国家必定会更加富强康乐。

要有佛教靠我的信心

一九四九年，我初到台湾，当时局势混乱，人心惶惶，许多僧侣纷纷兴起逃避的打算。一天，煮云法师携函前来，说是在普陀山闭关修行的尘空法师写给我的。

尘空法师是太虚大师的高徒之一，曾经担任过早期《海潮音》杂志的编辑。抗战胜利初年，我在焦山“第一届中国佛教会务人员训练班”受训期间，有幸得与其亲近，他的慈心后学、长者风范，一直令我景仰心仪，顷接来鸿，自是欢喜不已。尤其在那兵荒马乱的日子里，有信自远方来，更是如抵万金，我迫不及待地拆开展阅……

“现代的僧青年，要有佛教靠我的信心，不要有我靠佛教的观念……”

当这一句掷地铿锵的金玉良言映入眼帘时，心中顿起无比震撼！在那个局势混乱的年代里，人人自危，朝不保夕，加以台湾佛教徒在当时缺乏正信，只知烧香膜拜，乞求福寿财利，使得佛教沦入迷信之流，自然得不到社会重视。而佛教界本身也在处处打击僧青年的信心：寺庙不肯接受外来僧尼挂单用斋，求见长老屡遭闭门羹，撰写文章不准刊出，讲经弘法也备受限制……遑论要靠佛教生存。就在这山穷水尽、走投无路的处境下，尘空法师的一句话，犹如强心剂，振奋起我的信心道念。是的，“人能弘道，非道弘人”，我们应该抱持着“佛教的命运操之在我”的使命感！我将这句话谨记在心，也传述给我的同道，互相勉励。

是年，我从台中到了台北，在短短的两天之内，我曾在南昌路某寺，被一长老责问：“你有什么资格跑来台湾？”到了中正路某寺挂单，也遭拒绝，因夜幕低垂，我只有紧紧裹着被雨水淋湿的衣服，在大钟下躲雨露宿。有一回，就在下午一时左右抵达基隆某山寺的那一刻，寺方接到命令，不准供应我们午饭，其实，我们连前一天的午饭都还没吃呢！想去投靠成子寮观音山，途中却遭大雨冲毁公路，只得忍着饥寒，逗留在车站里，望着狂风豪雨，心中盘算：不知还有何处可去？

灰蒙蒙的台北天空，崎岖难行的基隆山路……至今回忆起来，真是别有一番滋味在心头。我能咬紧牙关，度过那段难堪尴尬的日子，是因为我对佛教有着坚定无比的信心，我自觉：人为的苦难，正是在考验我们的道念与毅力；而比起佛陀在因地修行时所遭遇的种种磨难，我们这一点点挫折，真是微不足道。

好不容易，终于有一家寺院肯收留我，我开始奉献劳力以为回报，我每晨拉车采购；我日日清洗大众浴厕；我一天打八百桶井水供应寺众；一有空闲，我就扫除庭院落叶；我为病人和老人服务，将亡者抬去火葬；我在大湖看守山林；我在寺中典座行堂……我没有大用，但我有佛教靠我的心愿，我要让别人接受我，我才能有奉献佛教、服务众生的机会。

后来，妙果老和尚问我是否有住持法云寺的意愿，无上法师也有心将灵隐寺交给我管理，慈航法师极力推荐我至天龙寺讲经弘法，宋修振理事长鼓励我到德林图书馆读书……由此可见，佛教是温馨的，佛教是重视人才的，只是我们要先建立起“佛教靠我”，而非“我靠佛教”的决心。

一九四九年至五二年期间，虽默默无闻，但也凭着一股“舍我其谁”的奉献热诚，为所当为。京剧名旦顾正秋女士在永乐戏院演出《火烧红莲寺》，我写信向她非议剧情诬蔑佛教；朱时英居士欲更改《觉群》的宗旨，我提出异议；台湾当局呼吁“取缔”拜拜，我撰文反对，主张应正名为“改良”拜拜；我为花莲大地震奔走募款赈灾；凡此别无他意，只是一心想让佛教有靠我的机会。

要做到“佛教靠我”，并非速成易事，还需要有坚强的忍耐力量，能经得起百般的阻难。记得过去上海沪剧团计划将拙著《玉琳国师》改编成话剧，在台北上演，有人告诉他们不要和我来往；台湾广播电台邀我撰写广播稿，有人去信要他们停止；甚至台北师范学院请我讲演，海报都已经张贴出去了，还有人有办法叫他们取消；章嘉大师提名我代表台湾佛教会参加在尼泊尔召开的世界佛教徒友谊会，居然也有人能将全案取消……这一切一切都不要紧，我自信能耐得过千锤百炼。后来，我和弟子在台湾广播电台制作“佛教之声”单元，达六年之久；我在台湾从台视到中视、华视主持佛教节目，转眼已有十几年的历史，甚至我现在每讲三分钟，华视还给我六百元台币的酬劳；而在各大专院校间的讲演，已经多得无法应付。现在我不必代表什么会，参加什么会，我在一九九二年五月中成立的国际佛光会，就已经将佛光普照全世界了。

因此一个人不要害怕被别人打倒，能打倒自己的不是别人，而是自己！

四十年的岁月，瞬目即过，回想来时路，其间所遭遇的艰辛困苦，真是笔墨难以形容，我之所以能够坚固道心，无怨无悔，尘空法师的至理名言——“要有佛教靠我的信心，不要有我靠佛教的观念”，诚然是非常重要的。

修行的真义

“现在的人常说要修行，其实只不过是将修行当做‘懒惰’的代名词而已！”

印顺长老四十年前刚从香港来到台北时，曾经对我如是说，诚乃掷地有声之高论，若非真正明师是无法讲出这么深刻的感言。这句话使我数十年来无时不警惕自己：我要做一个真正的修行人，可不能用修行作为懒惰的借口。

记得有一回，道源法师在佛光山讲授《大乘起信论》，课后我送他回寮休息。在路上，他忽然对我说：“修行！修行！都快把佛教‘修’得没有了！”

这种高瞻远瞩的见地，也只有心怀悲悯的菩萨才会因深思时弊，而有所发抒。

我曾多次周游世界，看到一些先进的文明国家，他们国家大路旁的教堂林立，他们的博物馆中都是宗教文物。如系信仰基督教，则全国人民强调他们是基督教的国家；如系信仰回教，则全国人民口口声声阿拉真主；而我们台湾，大都视宗教为余物，我们佛教的主持者，并不鼓励弘法利生，不重视世法欲乐，不讲究牺牲奉献，大都强调明哲保身，或入山修行，或自我关闭，致使佛法衰微，圣教不能深入社会人群，修持与生活脱节，真理与大众远离，让邪魔外道到处横行，让迷信愚昧到处猖狂。孰令致之？谁能令之？怎么不让有心人唏嘘慨叹！

中国佛教自明清以降，因政治的迫害，由社会走入山林，由资生转为自修，遂一蹶不振，所幸今日由于教界大德之努力弘法与信众的大力护持，佛教又有了一番繁盛的风貌。但有些人却不明时务，妄学皮毛，或放着如来家业不去荷担，整天高喊修行闭关，或弃置十方信施的慧命不顾，只在个人修行上着眼。他们无视福利社会的责任，乃至丢下世间一切成就的好因、好缘、好事。

试问倘若大家入山苦修，佛教的命运，苍生的疾苦，将何以为度？

曾经有一位信徒这么说："师父！如果你们都去闭关，或入山修行，谁来接引我们，教化我们？"

诚然，修行是非常重要的！但修行绝非以遁世避俗来作为逃脱现实的借口，也不能以此自我标榜，徒博虚名；更不可巧立名目，哗众取宠。修行并非空洞虚无的口号，而应该是脚踏实地的自我健全，牺牲奉献。

自惭我出家已有五十余年，至今依然庸庸碌碌，慧解固然不足，修行也不算精进。不过，我这一生中确实不曾以修行作为懒惰的借口，反而我发心服务，勤劳负责，从不好逸恶劳，敷衍塞责。

青少年时期，我在丛林参学，从栖霞律学院到宝华山学戒堂，从焦山佛学院到金山天宁寺的禅堂，无论在律门、教门、宗门，我都刻苦砥砺，认真学习，随众上殿、出坡作务、春夏禅七、秋冬佛七，甚至行堂、典座、香灯、司水，更要上山砍柴，河边担水，我也都任劳任怨，全力以赴地为全寺数百人辛勤服务。寒来暑往，日复一日，年复一年，十载星霜，就这样一转而过，我不知道这样是不是修行？总之，我都能直下承担，法喜充满地度过这段基础的参学时期。

劳动筋骨的苦行实在微不足道，物质生活的艰难才是难以想象。当时中国社会历经战乱，百废待兴，民生困苦，我的常住由于僧多粥少，经济更是拮据，因此三餐往往是以杂粮稀粥糊口，清汤淡水，或是夹着砂石、鸟粪的豆腐渣、蛆虫爬满了的萝卜干，经年累月少有油水下肚，遑论温饱。衣服破了，只有用纸糊补；鞋底磨损，就以木片粘上；没有袜子，便捡拾别人破旧不堪的弃袜穿上，聊胜于无，一切因陋就简。多少年来，身无分文，写了好几封家书想跟母亲报个平安，却一直无法投递，因为根本没钱购买邮票，所以一封信今年写了，放到明年，明年写了，等到后年，遥遥无期，始终无法寄出。

物质缺乏的生活也还算是小事，在精神上，每天还要接受无理的要求、严厉的打骂、不尽的冤枉、无穷的委屈，甚至不准你抬头多望世间一眼，不让你对别人多说一句语言，受气折磨，折磨受气。尽管如此，我都能逆来顺受，认为这是“当然”的教育，也是一个出家人“当然”的修行，故而能无怨无悔地完成修道基础。

那时，我虽年轻，求证心却非常殷切，希望能加紧修持，但是想到自己对人间毫无贡献，对师门又无建树，怎敢对常住有自私的妄求？怎敢远离大众而独自修行？因此，只有在不碍工作、不为人知的情况下过午不食，刺血写经，深夜礼佛，打坐参禅，偶尔也一年半载的禁语不言，或闭眼不看，或利用假期禁足，以埋首经藏……凡此不一而足的密行体验，虽然没有令我豁然开悟，却长养了我对佛法的信心道念。

不过，我要告诉今日的青年学子：我的学习修行，从来不敢离开僧团而寻求独居；也从来不敢要求离群，自我任性；因为我觉得修行只是自己在生活中默默地密行，不值得标榜，不值得夸耀。如同一只小鸟，羽毛未丰，离群以后，会不知道回来。教团的可贵，就是初学者的安乐窝啊！

一九四九年，初来台湾，身上一文不名，各处挂单，备受奚落。为了感激中坜一家寺院留单，遂从事拉车、买菜、打水、清厕、看守山林等卑微的工作，服务寺众，以为图报，继而在南北各地奔波授课、弘法、撰文、写书。一九六七年，我创立佛光山，度过与刺竹为伍、与洪水搏斗的开山初期，并且在经济困厄中筹建各种文教、慈善事业，期使佛法能普及社会。我不断发菩提心，立坚固愿，其中遭遇的困难与艰辛，在心中也觉得这是一个修行人应当如此的考验。

一九八五年退居后，到美国闭关半年，以便让后继者能顺利做事。出关以来，在课徒之余，还经常应各地信众的邀请，席不暇暖地在岛内外奔波弘法，建寺安僧，更为信众成立佛光会，期使佛法光大寰宇，庇佑全球。

回想我的一生就这样无时无刻不在分秒必争中度过，自愧未能深入经藏，智慧如海，但确知自己总是将我所了解的佛法行于日常，与生活相结合。例如：我不积聚钱财，而能喜舍结缘；我不向外妄求，而能承担一切酸甜苦辣；我能甘于淡泊，在忙碌的行程中，以茶泡饭果腹充饥；我能随遇而安，席地而睡；我能斗室读书，车内写作；我能与人为善，满人希望；我能刻苦耐劳，不计毁誉；我能乐说不倦，给人欢喜；我能感恩惜福，不念旧恶；我能守时守信，不坏承诺；我能坚持理想，不畏难苟安……我不高谈修行，只一心一意，如理而行。

因此，我拜佛学佛，但我不希望成佛做祖；我布施行善，但我不想上升天堂；我念佛行持，但我不欲往生莲邦。我志不在了生脱死，我志只在多培养一些佛道资粮，我只愿生生世世在人间，做一个具有平常心的和尚而已。

生死，岂是那么容易了脱？没有历经千生万死，不经三大阿僧只劫，哪里能轻易地了生脱死？我之所以提倡人间佛教，乃遵照太虚大师“人成即佛成”的理想，实践六祖“佛法不离世间觉”的主张。我们不需离世求道，在世俗人间，讲经弘法是修行，服务大众是修行，福国利民是修行，五戒十善是修行，正见正信是修行，结缘布施是修行，慈悲喜舍是修行，四弘誓愿是修行。人间的佛陀，不舍弃一个众生；人间的佛教，不舍弃一点世法。我们认为，乃至行住坐卧，扬眉瞬目、举心动念、示教利喜……哪一样不是修行？为什么舍弃人间佛教，要学习不食人间烟火的道家仙术，才叫做修行呢？

修行，修行，我们要靠真正的修行、真正的德行、真正的慈行、真正的福行、真正的智行，让全法界一切众生都能接受真正的修行，让大家心中有佛法，生活有佛法，人人有佛法，普世都有佛法！

不要让阿弥陀佛代替我们报恩

佛教道场往往对发心捐献的信徒说：“功德无量！将来阿弥陀佛会保佑您。”对于前来贡献劳力的义工，也总是说：“功德无量！将来阿弥陀佛会接引您。”凡是对佛教有贡献的人，寺院的主事者经常都会说：“阿弥陀佛会添福赐慧。”每当听到这种说法，我心就想：“信徒为佛教奉献布施，为什么要麻烦阿弥陀佛来报恩？我们佛弟子又为佛教做了些什么？信徒为佛教发心服务，为什么要劳驾阿弥陀佛来感谢？我们怎能推诿责任，坐享其成？”

我一直觉得，我们不应该由阿弥陀佛代替我们报恩，而应该自我承担这份感谢的责任。因此，凡是对佛门有贡献的缁素大德，不一定对我个人很好，我都很乐意尽己所能来报答他们。像赵茂林居士不仅曾在佛寺、救济院、大专院校佛学社团、广播电台等处弘法，而且经常到各地监狱布教，达二十年之久，我敬仰他这份度众的热忱，因此在佛光精舍留了一个房间给他养老，最后往生时，又将他的灵骨安厝在佛光山的万寿堂。

张剑芬居士是三湘才子，经常应邀为佛教撰序作诗，拟写碑文，然而到了年迈多病时，教界竟无人前往照顾致意。我知道以后，为他多次付费洗肾，希望能尽绵薄之力，代佛陀来感谢他毕生以文字般若弘法利生的贡献。

戈本捷居士曾参加佛教译经工作，并且帮忙编纂《佛光大辞典》。在他晚年时，我接他们伉俪二人同来佛光精舍居住，颐养天年。一九九一年，戈居士往生，我当时刚好骨折开刀出院不久，特地坐着轮椅前往灵堂为他拈香。他的夫人周法安女士感动之余，匍匐叩谢。戈夫人说她是皇族后裔，只向天子、父母跪拜，这是她生平第一次向外人行此大礼，我听了觉得真是愧不敢当，因为我只是做佛陀的侍者，代为致意罢了。

张少齐居士早年来台时，曾创设健康书局，出版佛教书籍，后来又成立琉璃印经室，影印大藏经，他的琉璃精舍，经常都有诸山长老海会聚集，商讨教事。《觉世》旬刊是他在一九五七年创办的刊物，后来交由我接办，至今已有四十余年的历史。张居士可说是台湾佛教文化的源头耆宿，但到了晚年，却门前冷落车马稀。我向来十分感念他为佛教的种种辛劳，于是在美国为他找了一栋房舍以为安养之用。

我刚成立东方佛教学院时，曾聘请方伦居士为学生授课，但当他往生时，我却为他张罗丧葬事宜；唐一玄居士也是那时的老师，后来他虽然到别处教书多年，我还是每个月定期将俸钱送到他家。有些人问我：“他们已经离开佛光山多年了，为什么你还一直如此予以厚待？”我觉得，他们除了教授佛子以外，著述也很丰富，我这样做，无非是感戴他们为佛教作育英才及著书立说的贡献，从来不认为自己是在施恩于人，顶多是报恩感念而已。

年少时，每读到《阿弥陀经》的回向偈“愿以此功德，普及于一切，上报四重恩，下济三途苦……”，心中不免生大惭愧，虔诚诵经的功德殊胜，固然不容置疑，但是我们滥厕僧伦，为什么要将报恩济苦的责任推给阿弥陀佛呢？故当下立志效法阿弥陀佛慈悲喜舍的精神，在娑婆世间散播欢喜、自在，为大地众生布施安稳、无畏。

太虚大师曾在文章中写道：“……我母之母德罕俦……”我觉得这句话用来形容我的外婆是最恰当不过了。她一生行善助人，念佛不断，慈悯有加。在我的记忆里，她每天都到佛堂帮忙服务，从来没有说过别人一句不好。当我在台湾听到她逝世的消息时，真是悲痛逾恒，然而关山远隔，未能立即前往料理后事。尽管大家都说她的修行这么好，一定会往生极乐世界，但我总觉得自己也必须略尽心意，所以后来在家乡建了一座塔堂，安厝她的灵骨。

家师志开上人生前对佛教尽心尽力，牺牲奉献，对我更有亲赐法乳、长养慧命的恩德，我除了立誓以此身心奉尘刹之外，更为他修葺墓塔，奉养他现在的家人，以期能报厚恩于万一。

至于生养我的母亲，我虽然不能经常随侍在旁，但我购买房舍解决她的居住问题，请人照料她的日常起居，我在生活上让她不虞匮乏，在精神上让她安乐自在……她的一切需求，我都设法满足。更重要的是，我广度有情，视天下的众生如父母，因此凡是她所到之处，普天下的信徒也都待她有如上宾。

雪烦、惠庄、合尘、真禅、圆湛等长老，过去与我有间接师生之缘，我不仅派人时予供养，数年前还亲自接待他们到美国参观。虽然自愧力有未逮，无法使其亲炙弥陀，畅游净土，唯愿尽己所能，先让他们享受西方国家的文明设施。

四十年前，我还是一文不名的时候，承宜兰雷音寺的妙专老尼师接纳，让我在那儿安住弘法；又蒙圆明寺的觉义老尼师提供安静房舍给我专心写作，让我在那里完成《释迦牟尼佛传》、《玉琳国师》等书，使我得偿文字度众的夙愿。后来他们相继年老过世，我为其重修寺院，再塑金身，使法脉永存，以为报答。

对于弟子们，我固然极尽教养之责，当他们的父母寿诞，我也敦促常住准备礼品礼金，让他们带回祝贺，聊表心意。每年节庆法会，佛光山都循例替生者消灾祈福，替亡者诵经超度。此外，更定期举办亲属会，接待徒众的家人来山一游，享受“诸上善人共聚一处”的乐趣，凡是年老体衰，未能前来者，我也命有关单位亲自送礼慰问。我衷心希望借此微诚薄意，代替佛陀感谢这些“佛门亲家”送儿女来山学佛修道，弘法度众。

过去，经常看见同道规劝信众赶快念佛，以求往生时极乐圣众现前迎接。我那时常想，念佛虽好，极乐也妙，但为什么不赶快解决他们现前的苦恼，让他们先在心灵上找到一片净土，在生活上得以少忧少恼呢？

所以当我开辟佛光山时，就决定要善加规划，使信徒生亡都能在此安养，让大家不仅在死后才能蒙受佛恩，即使在现世也能得到法益。

因此，在“接引大佛”边设“万寿园”，将墓地公园化；又建“万寿堂”，供奉灵骨。周遭环境优美，前临绿水，后靠青山，二六时中，梵音不断，期使亡者都能在三宝的庇佑下，长眠于此。为使老病之人都能享受佛光照耀，我兴建“佛光精舍”，安养耄耋老人；设置“安宁病房”，照顾临终病患；办理“佛光诊所”，为人免费治疗；成立“云水医院”，送医药到偏远地方……区区心意，只盼能为佛陀分担些许忧劳。

刚来台湾时，有一位同道和我说：“大陆的寺宇气派恢弘，比较能够摄受人。”我乍听之下，觉得哪里的道场不都一样吗？心中颇不以为然，但后来比较研究的结果，发觉的确有几分道理。我想起经中叙述极乐世界黄金铺地、七宝楼阁、八功德水、微风舒怀等情况，不禁对阿弥陀佛的善巧方便敬佩万分。所以后来自己建道场殿堂时，也非常注重式样格局，总是力求外部的大方庄严、富丽堂皇，内部的美观舒适、怡人心脾。虽然无法做到行树罗网、水鸟说法的境地，但是我购苗植林，爱护禽兽，使来山游客都能享受林园风光；我搬沙运土，移山倒水，建设净土洞窟、佛教文物陈列馆、展览馆，让朝山信徒均能领略文化之美；我恪遵古制，取法现代，成立禅堂、念佛堂、礼忏堂，令佛子们都能在此获得法喜禅悦；我用心擘画一桌一凳、一瓦一石，希望凡是来这里的一切众生，均能涤尽尘虑，增长菩提。

在佛光山的大雄宝殿、大佛城等地方，我曾听到弟子们对发心添油香的信徒说："谢谢！阿弥陀佛会加被您的！"当下心里十分纳闷："为什么不请信徒先到客堂喝茶，到朝山会馆吃饭，让他们直接感受净土之乐呢？"这两个地方可说是佛光山最初的建筑之一，目的就是方便信徒香客歇脚、用餐，虽说与西方净土的思食食至相去甚远，唯愿一份美味的供养，能使大众身心柔软。近十年来，我们又兴设信徒服务中心、麻竹园、檀信楼，派人为信众服务，解答佛法问题，固然各种设施与弥陀世界的法音宣流比之，可说是望尘莫及，但盼一颗虔诚的心意，能让大家般若心花朵朵开。

每到初一、十五，寺院中必诵《宝鼎赞》："端为世界祈和平，地久天长；端为人民祝康乐，福寿绵长。"五十年前，我在丛林中参学时，经常反复咀嚼这些词句，当时的佛教寺院大都沿袭明清的山林模式，我深深觉得：爱国利民不是光用嘴唱，凡我佛子应该走入社会，以高超的教养来净化人心，改善风气，才能实际对国家民族有所贡献。所以，当我来到台湾以后，每到一地，我都极力宣扬佛法，白天讲经，晚上写作，有时还替人排难解纷，消弭怨怼。后来，更举办大型佛经讲座及万人法会活动，以使更多人均沾法益；同时又兴设各种文教事业，期使法义能广为流布，影响深远；成立各类慈善事业，希望鳏寡孤独废疾者不但皆有所养，同时能得到法水的抚慰。如今，各种佛光事业遍布全球五大洲，希望对于当地社会安定能有稍许助益。

一九九四年十二月，我在台北听说东京佛光协会会长西原佑一的父亲往生，特地赶赴嘉义，为其拈香。西原会长把老先生的灵骨安厝在佛光山时，和我说道："现在我先将父亲送来此地，将来我们全家人都要到这个'佛光净土'来。"这番话令我想起曾有一位信徒欢喜地向别人说："我的娘家在台中，以前我常到东海道场礼佛，嫁到温哥华以后，又经常去温哥华讲堂听经闻法，没想到现在移民澳洲，居然还可以看到佛光山的法师！我每去一处，都有佛光山的寺院能让我念佛、念法、念僧，真是太幸福了！”当这些话辗转传入我的耳际时，心中不禁生起无限欣慰，虽然目前要做的事仍然很多，但是至少多年的愿心已开始逐渐实现。

西方的极乐世界只有一个，并且必须广修三福，念佛纯熟，才能往生彼处，而人间净土却到处都有。只要我们有心，无论走到哪里，都能共沐在佛光之下，享受法水的润泽。我们要将人间建设成佛光净土，当世就能代替阿弥陀佛来报答众生的恩惠。

满树桃花一棵根

一九九四年四月，是我十年来的第三次赴大陆探亲。从扬州来的兄弟，从广西来的姐姐，从上海来的表亲多人，都来到南京的雨花精舍，挤在母亲的床前。母亲看到三四十位子孙济济一堂，围绕在身边，沉思了一下，若有所感地说出一句：“满树桃花一棵根。”这句话表面的喻义是说，儿女们虽然散居各处，但都来自同一个家庭；再深一层的意思，是希望子孙们做人处事都能够懂得饮水思源的道理，注重根本，因为唯有根本稳固了，才能枝叶繁茂，花开果成。虽然母亲已经过世三年了，但每次想到“满树桃花一棵根”这句话时，仍带给我无限的追思与启示。

记忆中的母亲生长在贫困的家庭里，不曾上过学堂读书，也不认识字，然而由于她从小受到香火戏剧及讲古故事的熏陶，对于因果、忠义的道理了然于心，所以不但通达人情世故，在成语诗词方面也能够运用自如，尤其母亲务本重源的性格，提纲挈领的做事原则赢得大家一致的尊敬与赞叹。

母亲一生中最欢喜的事便是为人排难解纷，但有些人却批评她多管闲事，母亲则经常对我们说："排难解纷是正事，不是闲事。"记得小时候，邻居一位做媳妇的因为婆婆待她不好，跑来向母亲诉苦。母亲听完了之后，告诉她："你婆婆到我这里来，都在说你的好话，说你如何勤俭持家，如何相夫教子……"就这样一席话，便解开了婆媳之间的芥蒂，从此和好如母女一般。

诸如此类的事情不胜枚举，母亲都能以三言两语解决，令大家佩服不已，其中也曾遇到对方恩将仇报的情况，而母亲也总能本着不卑不亢的态度，大事化小，小事化无。记忆中最深刻的，是邻居一位姓解的老先生在家里被水桶绊了一跤摔死了，由于无钱办理后事，全家坐困愁城，母亲好心承诺为其购买棺木，立即搭船到城里备办所需，就在回程的船上，才听说解家的儿子解仁保因为贪财，找了很多人将尸体抬到我家，想要嫁祸于父亲。母亲立即退回寿衣、棺木，回到家中，见邻人的尸体已腐烂发臭，血水都流了出来，老实的父亲又被巡捕逮往扬州收押，但是她仍然不慌不忙，一如平常般料理家务。当案子被送往苏州高等法院时，因为解家无人敢出面，而母亲在回答法官的问话时，不但简明扼要，而且神态自若，所以当下就被宣判无罪。

数年之后，我出家在佛学院就读，母亲竟然不念旧恶，来信要我为解仁保找一份工作。家师志开上人有感于母亲宽大的胸襟，将解仁保找来，在寺院里从事打杂的工作。而母亲与我虽然关山远隔，但她的明理与宽容对我一生的影响却至为深远。随着年纪长大，我深深体会到在这个世上，不必怨恨，不必不平，凡事都应该以平常心来对待，以尊重心来包容，世上没有不能解决的事情。

母亲不但是左邻右舍口中慈祥恺悌的老奶奶，也是儿孙心中"无缘大慈，同体大悲"的大菩萨。有一个晚上，孙子李俊、李正向一个叫卖豆花的小贩买了一些豆花回来吃，母亲知道了以后，感叹："这么冷的天，还在外面卖豆花，一定很缺钱用。"说罢，立刻叫他们多拿些钱给那个卖豆花的人。还有一年春节前夕，她为孙子李春来买了一双新鞋，但在回程的路上看到一个穷苦的人在寒冬中赤足行走，不禁心生悲悯，立即将家里的鞋子送给了对方。眼见春来回家找不到新鞋，焦急万分，母亲在一旁说道："找得到，是好兆；

找不到，是佛光普照。”春来听到这句颇富禅机的话，念及奶奶一向乐善好施，知道鞋子一定是被送出去，所以穿着旧鞋，也过了一个愉快的好年。

像这些故事，都是母亲往生之后，儿孙们在谈话时透露出来的轶闻。我在感动之余，经常思忖着，母亲的一生真如“桃花满树”般，缤纷灿烂，馨香远播，令人怀念不已，这其中的原因，正如她生前所说：“我不是在为自己做善事，就算我明天会死，我还是要继续行善积德。我之所以做善事，只不过是想留一点因缘给别人罢了。”正因为这无相布施的点滴因缘，为她带来宽广的世界。母亲能返璞归真，感悟到心存善念才是人间至真至美的“桃花源”，可说是一个深具慧根，而又真正生活在幸福中的人。

一九七八年，我联系上母亲之后，十多年之内，我曾千方百计将她老人家迎奉到日本、美国等地会面、小住。每次我问母亲：“住得还习惯吗？”母亲总是说：“江都是家，台湾是家，美国也是家……到处都是我的家，我在自己的家里，还有什么不习惯的？”再问她：“喜欢什么？”她回答：“不爱吃，不爱穿，就爱大家聚在一起。”一九九〇年，母亲在洛杉矶安养期间，不慎将腿骨跌断，被送往医院开刀，那时我正在澳洲弘法，她在病榻上一直告诉围绕身边的徒众们：“不可将这件事告诉你们的师父，让他安心去弘法度众。”等我得知以后，母亲几次传话给我，都说：“不痛！不痛！”并且要我宽心，不要耽误行程。母亲出院之后，一再告诉大家：“我这一次因跌倒而骨折，开了两次刀，不但没有痛，而且很快地好起来，这都要感谢佛祖的庇佑，还有西来寺和佛光山的法师为我诵经的功德。”是年二月二十五日，佛光山举行信徒大会，我亲自开车送母亲到会场与大家见面，在近两万人“老奶奶好”的问候声中，母亲毫不怯场地向大家挥手示意。到了台上，母亲向信众们说：“佛光山就是极乐世界，天堂就在人间。人人心中有个灵山塔，好向灵山塔下修。我要我儿子好好接引大家，让大家都能成佛。观音菩萨在大香山得道，我也希望大家在佛光山成道。大家对我这么好，我没有东西可以送给你们，我只有把我的儿子送给大家。”全场立即报以热烈的掌声。后来我私下问母亲：“你怎么可以把我送给别人，难道你不要我了吗？”母亲说：“这么多人需要你，我怎么敢独占？你已经不是我一个人的儿子了，你是属于大家的。”

一九九三年，为了让母亲居有所安，我在南京雨花台附近添购了一座洋房，定名为“雨花精舍”，但母亲从不将此地视为私有，经常要我派人到南京主持法务。

由于南京冬日严寒，加上几个儿孙辈都在美国，一九九四年，我设法将母亲接到阳光充足的洛杉矶长住下来。每逢佛菩萨诞辰纪念日，母亲虽然行动不便，但一定会使唤儿孙陪她到西来寺参加庆典。一九九六年佛诞节这一天，母亲尽管身体微恙，依然坚持坐着轮椅到西来寺礼佛，因为在她的心目中，没有什么比信仰更重要的了。不料在路上受了风寒，从此一卧不起，但母亲直至临终前，仍感谢佛恩加被。

凡此都可以看出母亲是一个随遇而安，以众为我，却又公私分明，注重根本的人。

平常我都是说法给别人听，但在母亲的身边，却只有听她说法的份，因为母亲随缘触目就能信手拈来，讲出许多深刻隽永的道理来。例如，母亲到大佛城礼佛，看到麻竹弯弯地垂下来，和扬州直挺挺的竹子大异其趣，便说：“在佛祖前面，什么都得低头的。”母亲在佛教文物陈列馆看到千手观音，就双手合十，赞言：“菩萨的千手是去帮助人的。”有一回，我陪她从山下走到西来寺，来到一扇铁门前，我掏出钥匙，告诉母亲：“我们今天改走后门，上去比较近。”母亲却答道：“上等人，主人迎上门；中等人，有人接待人；下等人，求人都无人。前门、后门不要紧，只要到了西来寺可以看到人。”到了西来寺的佛殿，我说：“我来点香给您拜佛。”母亲却回答：“佛祖哪里要我们的香？哪里要我们的花？佛祖只要我们凡夫的一点心。”有一次我在讲《金刚经》，不知道母亲就坐在后面听，等我下台之后，母亲批评我讲得太过高深，并且问我：“怎么可以告诉大家‘无我相，无人相，无众生相，无寿者相’呢？‘无我相’倒也罢了，如果‘无人相’，心中、眼中都没有别人，还修什么行呢？”听完母亲这一席话，我当下哑口无言，回想过去母亲所说的一切，乃至现在所坚持的“要有人相”，不正是在为佛陀“以人为本”的人间佛教写下最佳的批注吗？

母亲住在佛光山的时候，佛学院的学生曾问母亲：“奶奶！您平时修持的法门是什么？”母亲答道：“我一个老太婆，哪有什么修持法门？我只知道本住一心，从善心出发，地狱、天堂随心转，清净佛道、荣华富贵都在一念之间。”虽然母亲自谦没有修持，但是她以心为根本，平日用心待人，其实就是最切实的修行了。

记得我小时候，常看到母亲一大早起来，第一件事就是烧一大壶茶，而且每一餐一定会多烧两人份的饭菜，以备不时之客来到。直到年老，母亲还是很注重待客之道，尽管一大堆儿孙围在她的身边，只要有客人来到，不管对方的辈分是尊是卑，她都会嘘寒问暖，亲自招呼你坐这儿坐那儿，生怕忽略了任何一个人。而母亲与来客之间对答流利，出口成章，连我都自叹弗如。

统一企业创办人吴修齐居士特地上佛光山拜访母亲，当我介绍吴居士是“从小生意奋斗而成功发大财的大老板”时，母亲说：“前生有根机者，今世则鸿福无尽。”中国佛教会理事长赵朴初老居士前来南京探望母亲，母亲一见到他，便竖起拇指称赞：“了不起！了不起！”朴老说：“老夫人，您有福气啊！有一个既孝顺又了不起的儿子。”母亲从容地答道：“您才了不起，把中国佛教复兴起来，让大家都能修福修慧。”朴老环视房子一周，说道：“您住的地方很大，很气派。”母亲则回答：“您复建的寺院更大，更雄伟庄严。”母亲雍容得体的应对，总能让对方感受到诚挚的心意。

母亲也非常善于观机逗教，见到什么人，就能想到讲什么话。有一次，母亲正在和儿孙辈讲说抗战北伐的轶事时，看到几位在家的信徒前来探望她，突然口风一改，说起“劝世文”来。母亲说：“有一个儿子在外经商，写了一封家书给妻子，信中对妻子说：‘秋海棠身体保重，金和银随意花用；麒麟儿小心养育，老太婆不要管她。’哪知这封信，做妻子的秋海棠没有收到，反而给他的高堂老母收到，因此做妈妈的回了一封信给儿子：‘秋海棠病在床上，金和银已经花光；麒麟儿快见阎王，老人家越老越壮。’”

这段故事说完之后，母亲紧接着说另一段故事：有一头驴子驮了一个人，半路上不肯再往前走，主人打它，它就倒在地上。不久，来了一个仙风道骨的人，吟了一首偈子："前世穿你一双鞋，今生驮你十里来。"说后，突然不见。母亲慨叹地总结说："善恶因果丝毫不爽。"就这样一个故事接着一个故事，母亲可以口若悬河，让在场者莫不动容。最后，大家都异口同声地表示："今天社会风气败坏，老奶奶的话真有如警世钟声啊！"

看到出家的徒众来探望她，母亲就说："你们出家都是有根机的，出了家就算是受了一点委屈也是值得的，因为多受一次磨炼，就会多增长一份根机。一个人出家学佛，都是因为有根的关系（指有师父），你们要懂得珍惜，好好修行才是。"如果有人问她："出家有什么好处？"她会像背书一样，说道："出家，可以一修不受公婆气，二修不受丈夫缠，三修没有厨房苦，四修没有家事忙，五修怀中不抱子，六修没有闺房冷，七修不愁柴米贵，八修不受妯娌气，九修成为丈夫相，十修善果功行圆。"

有一回，母亲看到就读西来大学的徒众们前来请安，立刻打开话匣子，为大家开示："你们在团体人多，可以有意见，但要懂得融和啊！因为你们师父的事业大，佛法大，你们也要跟着他把心发得大起来。"说完，又换另一种语气，对前来参学的胜鬘书院学员们说："在家小姐在人间也可以修行，我常鼓励一个做法官的朋友说：'公事门中好修行。'后来，他把死刑改为无期徒刑，无期徒刑改为有期徒刑，十年的改为五年，这些受刑人受了恩惠，出狱之后，都改过向善，真是功德无量。带发修行，更方便在各行各业中积德。"看来，母亲还会为我教育徒众呢！

母亲对于我，也有很多的训诲——

一九九〇年，母亲来佛光山小住一个月，临别的时候，曾经向我谆谆教示："佛陀、庄周、孔子……都是有母亲养的，你收徒弟也要如母亲一样，要尽心地度他们成佛。"

一九九〇年，我与母亲在香港会面。当我即将出发到红磡体育馆主持佛经讲座时，母亲对我说："我们是多年枯木又逢春，你要用心把大家带到极乐世界去。"

这些话，言犹在耳，九十六高龄的母亲却已含笑舍报。母亲过世之后，岛内外徒众发起兴建“老奶奶纪念馆”，本来我认为母亲是我个人的，不必如此扩张其事，但大家都举出母亲的话——“满树桃花一棵根”为例，不约而同地说道：“没有老奶奶，就不会有师父；没有师父，我们哪里能在佛光门下安心办道？我们这样做，是为了让后代子孙们懂得追本溯源，发扬感恩报德的好事。”我感到所言有理，尤其母亲一生“给人信心，给人欢喜，给人希望，给人方便”，佛光山的精神，她全都做到了。念及于此，对于“老奶奶纪念馆”之事，我也就抱着乐观其成的态度。

回忆年轻时，禅门典籍中“临济儿孙满天下”的词句，激起我无限的壮志，我立誓要圆满临济祖师的弘愿，将佛法传遍世界各地，如今法水果真流遍世界五大洲。遥想佛世之后，多少祖师大德为了绍隆佛种，不惜身命，前仆后继，菩提种子就在他们的努力下，不断开花结果；而母亲尽管历经危难，但凭着对佛教坚定不移的信心，故能本住善心待人处世。所以，“根”的观念，诚然是十分重要的。今后，希望身为佛子的大家，不但要以历代前贤为“根”，努力发扬他们利众无我精神；自己也要健全起来，立志成为万世子孙的“根”。让我们根茎相连，将真理的光明延伸到永久的未来，将妙谛的影响扩展到三千世间。